Xiaofei Zhuyi Wenhua yu
90niandai Dushi Xiaoshuo Bailing Shuxie

消费主义文化与
90年代都市小说白领书写

周礼红 ◎著

中央编译出版社
Central Compilation & Translation Press

图书在版编目(CIP)数据

消费主义文化与 90 年代都市小说白领书写 / 周礼红
著. —北京：中央编译出版社，2014.6
ISBN 978 - 7 - 5117 - 2192 - 1

Ⅰ. ①消… Ⅱ. ①周… Ⅲ. ①都市小说 - 小说研究 -
中国 - 当代 Ⅳ. ①I207.42

中国版本图书馆 CIP 数据核字（2014）第 107509 号

消费主义文化与 90 年代都市小说白领书写

出 版 人：	刘明清
责任编辑：	邓　彤
责任印制：	尹　珺
出版发行：	中央编译出版社
地　　址：	北京西城区车公庄大街乙 5 号鸿儒大厦 B 座（100044）
电　　话：	（010）52612345（总编室）　（010）52612352（编辑室） （010）52612316（发行部）　（010）52612315（网络销售） （010）52612346（馆配部）　（010）66509618（读者服务部）
传　　真：	（010）66515838
经　　销：	全国新华书店
印　　刷：	北京京华虎彩印刷有限公司
开　　本：	787 毫米 × 1092 毫米　1/16
字　　数：	210 千字
印　　张：	16
版　　次：	2014 年 6 月第 1 版第 1 次印刷
定　　价：	65.00 元

网　　址：	www.cctphome.com	邮　　箱：	cctp@cctphome.com
新浪微博：	@中央编译出版社	微　　信：	中央编译出版社（ID：cctphome）

本社常年法律顾问：北京市吴栾赵阎律师事务所律师　闫军　梁勤
凡有印装质量问题，本社负责调换。电话：010 - 66509618

序

张鸿声

礼红的博士论文做的是诗歌方面的研究。他是我的老学生了，现在生活在深圳这样的一个大都市，整天看到的是五彩斑斓的巨幅广告，听到的是房价太高的议论，感到消费主义文化每时每刻的浸滋。近几年，他冒出一个想做都市消费文化方面研究的念头。虽然博士已毕业，但他仍有着进取之心，于是就来到北京，申请在中国传媒大学做博士后，我是他的博士后合作导师。在博士后论文开题报告时，我从他草拟的十个题目中挑选出"消费主义文化与90年代都市小说白领书写"作为博士后出站报告的题目。

随着市场经济的深入，产业结构的变动，白领阶层也出现在中国人的视野中，成为中国社会关注的对象。他们被认为是有品位、有格调和有消费激情的中国新兴中间阶层。消费主义文化与90年代的都市白领阶层有密切的联系。如何关注消费与处于萌芽阶段的中国白领之间的关系，渐渐地成为90年代都市小说表述的对象。消费主义文化对90年代都市小说的兴起产生了巨大的影响，都市小说不仅真实反映了现实中都市消费生活，也建构着想象中的现代性都市消费生活。部分白领阶层被消费主义文化赋予西方"中产阶级"想象。事实上，这不是白领真实的镜像，处于萌芽状态的白领阶层并没有达到西方中产阶级的地位。礼红的书稿从文学的角度分析消费主义文化对白领生活方式的影响，及塑造白领形象的叙事方法和白领形象的审美意义,进而分析白领阶层的文化精神怎样参与都市文化的建构。

书稿共分了七章:第一章消费主义文化与都市小说,第二章消费主义文化与白领消费方式,第三章消费主义文化与白领休闲方式,第四章消费主义文化与白领的婚恋观,第五章都市小说白领的叙事方法及美学意义,第六章都市小说白领的"西方中产阶级"想象,第七章白领的文化精神与都市文化的建构。这本书稿,首先,从文学的角度分析消费主义文化对白领生活方式三个方面的影响。一是消费主义文化对白领消费方式影响。白领消费方式主要包括品牌消费和环境空间消费,其趋势呈现从物到符号的变化,此变化反映了白领消费与白领身份认同之间的关系;二是消费主义文化对白领休闲方式影响。白领休闲方式主要包括外出旅游休闲、文化鉴赏休闲和体育锻炼休闲。此方式反映出白领追求休闲的"小资"情调;三是消费主义文化对白领的婚恋观影响。白领的婚恋观呈现出虚幻式的、合同式的和独立式的三种婚恋形态,但他们婚恋主调是"金钱享受"型。其次,书稿分析了都市小说塑造白领形象的狂欢化叙述、传奇化叙事、符码化叙事和性别化叙事的方法及白领形象的"都市民间"美学意义。再次,揭示部分都市小说白领被消费主义文化赋予"西方中产阶级"想象的神话,其目的在于建构现代性都市的消费社会,而不是白领真实生活状态。最后,书稿讨论了都市小说白领的文化精神与都市文化建构之间的关系。城市白领通过消费寻求身份认同的品位文化既利于都市文化的建构又易于坠入消费欲望的陷阱,因此研究"白领"在社会、文化和文学上具有重要意义。

书稿多有创新之处。从研究的意义来说,在社会层面上,这部书稿有利于掌握消费主义文化影响下的都市白领真实生存状况。一方面对白领消费现状的分析能够为我国当代社会分层的研究提供有益的思路;另一方面研究白领的消费有助于解决目前中国社会稳定的问题。在文化层面上,90年代以来,在经济全球化背景的影响下,消费主义文化对大众社会物质和精神领域强劲地渗透,分析消费主义文化的积极和消极影响,有利于繁荣社会主义文化,为社会主义精神文明建设提供经验。在文学层面上,90年代以来中国都市化进程加剧,消费主义文化影响到都市人的生活,中国都市小说自然地打上消费主义文化的印记。以往的研究较多从性别批评的角度分析90年代都市小说人物塑造,从消费主义文化视角切入90年代都市小说中独特的白领阶层研究实属少见。因此,从消费主义文化视角研究90年代都市小说中的白领的形成、生存状态和白领的文化精神,拓展了都市文学的研究领域。其次,在研究方法的选取方面,书稿综合运用文化学、文学和社会学研究方法。礼红试图打破文化学、文学和社会学的壁垒,以消费主义文化为视角,用文学文本的阐释方法来论述社会学范畴内白领群体的形成、生成状态、美学意义和文化精神。在观念创新方面,他认为文学中都市白领的"中产阶级"想象,并不是白领的真实镜像。他承认都市文学对现实都市消费生活既有真实的反映功能,也有对都市生活的想象功能。90年代中国白领群体处于萌芽状态,常被消费主义文化赋予西方的"中产阶级"想象,这其实是文学中都市现代性想象,并不是白领真实镜像,中国白领有着自身的特点。

  这篇序写得有点像书评。因为礼红跟着我做都市文学的研究,所以我就说些专业上的话。算是这部书稿的序吧。

张鸿声

2013年11月北京

目 录

绪 论 ·· 1

第一章 消费主义文化与 90 年代都市小说 ·································· 1
    第一节 消费主义文化在中国 ·· 1
    第二节 消费主义文化与现代都市 ······································ 8
    第三节 都市小说"白领"的出现 ······································ 13
    第四节 白领概念的界定 ·· 19

第二章 消费主义文化与白领消费方式 ······································ 46
    第一节 白领消费的趋势：从物到符号 ······························ 46
    第二节 白领品牌消费 ··· 49
    第三节 白领环境空间消费 ·· 56
    第四节 白领消费与白领身份认同 ···································· 61

第三章 消费主义文化与白领休闲方式 ······································ 84
    第一节 白领休闲的"小资"情调 ···································· 84
    第二节 白领外出旅游休闲 ·· 87
    第三节 白领文化鉴赏休闲 ·· 90
    第四节 白领体育锻炼休闲 ·· 93

第四章 消费主义文化与白领的婚恋观 ······································ 97
    第一节 "金钱享受"型的婚恋主调 ································ 97

第二节　合同式的婚恋形态 …………………………………… 101
　　第三节　虚幻式的婚恋形态 …………………………………… 105
　　第四节　独立式的婚恋形态 …………………………………… 110

第五章　都市小说白领的叙事方法及美学意义 …………………… 114
　　第一节　狂欢化叙事 …………………………………………… 115
　　第二节　传奇化叙事 …………………………………………… 118
　　第三节　符码化叙事 …………………………………………… 121
　　第四节　性别化叙事 …………………………………………… 127
　　第五节　"都市民间"的美学意义 …………………………… 130

第六章　都市小说白领的"西方中产阶级"想象 ………………… 132
　　第一节　文学中的城市研究范式 ……………………………… 132
　　第二节　白领的"西方中产阶级"文化想象 ………………… 137
　　第三节　90年代中国白领与西方中产阶级 …………………… 146
　　第四节　90年代都市小说想象的背后 ………………………… 152

第七章　白领的文化精神与都市文化的建构 ……………………… 162
　　第一节　白领寻求身份认同的品位文化 ……………………… 162
　　第二节　白领享乐主义消费的误区：坠进欲望的陷阱 ……… 168
　　第三节　都市小说白领形象塑造与消费张力场 ……………… 176

结　语 ………………………………………………………………… 181

参考文献 ……………………………………………………………… 185

附录1 ………………………………………………………………… 196

附录2 ………………………………………………………………… 220

后　记 ………………………………………………………………… 235

绪 论

一、研究背景及意义

随着市场经济的深入，产业结构的变动，白领阶层也出现在中国人的视野中，成为中国社会关注的对象。再加上消费主义文化在中国的传播，他们被认为是有品位、有格调和有消费激情的中国新兴中间阶层。消费主义文化与90年代的都市小说中白领群体有密切的联系。如何关注消费与处于萌芽阶段的中国白领之间的关系，渐渐地成为90年代都市小说表述的对象。消费主义文化对90年代都市小说的兴起产生了巨大的影响，都市小说不仅真实反映了现实中都市消费生活，也建构想象中的现代性都市消费生活。部分白领阶层被消费主义文化赋予"西方中产阶级"想象。事实上，这不是白领真实的镜像，处于萌芽状态的白领阶层并没有达到西方中产阶级的地位。本书从文学的角度分析消费主义文化对白领生活方式的影响，及塑造白领形象的叙事方法和白领形象的审美意义，进而分析白领阶层的文化精神怎样参与都市文化的建构。

因此，本书研究意义主要有三个方面：在社会层面上，有利于掌握消费主义文化影响下的都市白领真实生存状况。一方面对白领消费现状的分析能够为我国当代社会分层的研究提供有益的思路；另一方面研究白领的消费有助于解决目前中国社会稳定的问题。在文化层面上，90年代以来，在经济全球化背景的影响下，消费主义文化对大众社会物质和精神领域强劲地渗透，分析消费主义文化的积极和消极影响，有利于繁荣社会主义文化，为社会主义精神文明建设提供经验。在文学层面上，拓展了都市文学的研究领域。90年代以来中国都市化进程加剧，消费主义文化影响到都市人的生活，中国都市小说自然地打上消费主义文化的印记。以往的研究较多从性别批评的角度分析90年代都市小说人物塑造，从消费主义文化视角切入90年代都市小说中独特的白领阶层研究实属罕见。因此，从消费主义文化视角研究90年代都市小说中的白领的形成、生存状态和白领的文化精神，拓展了都市文学的研究领域。

二、研究文献综述

国内研究现状：关于消费主义与90年代都市小说中的白领研究国内大致有两类成果：其一，有关消费主义文化与90年代都市小说的研究。王晓明教授的《在新意识形态的笼罩下——90年代的文学与文化分析》一书讨论消费主义文化对90年代广告、时尚杂志、建筑、电影和文学的影响[1]；邵燕君教授的《倾斜的文学场——当代文学生产机制的市场化转型》一书涉及消费主义文化与90年代都市小说产生的生产机制[2]；陈继会教授的专著《新都市小说与都市文化的精神》对都市小说中反映的消费主义文化进行较多的批判[3]；吴福辉教授在《关于都

---

[1] 王晓明主编：《在新意识形态的笼罩下——90年代的文学与文化分析》，南京：江苏人民出版社，2000年。

[2] 邵燕君：《倾斜的文学场——当代文学生产机制的市场化转型》，南京：江苏人民出版社，2003年。

[3] 陈继会：《新都市小说与都市文化精神》，合肥：安徽教育出版社，2012年。

市、都市文化和都市文学》一文中提出都市文学在消费主义文化的影响下如何理解都市人与城关系的问题①。其二，有关90年代都市小说人物塑造的研究。张颐武教授在《职场文化与都市白领的文学想象》一文中论及了白领的"中产阶级"想象②；张鸿声教授的论文《文化缺失——当代都市文学论略》简略地提及了小说中白领形象③；陈晓明教授在《走向新状态：当代都市小说的演进》一文指出有关白领阶层的小说开始在都市文学中已占有一席之地④；孟繁华教授的论文《物欲都市的迷乱与反抗》论述了在物欲都市中迷乱与反抗的都市人物形象⑤；张学昕、赵欣的论文《守望在城市空间的"空心人"——90年代"新都市小说"人物形象分析》以"70年代以后"作家群的"新都市小说"创作为着眼点，分析其小说所展现的人物形象群落——"空心人"，概括这一创作现象的具体美学特征及精神走向⑥；叶立新的论文《都市文学中的两种'新'形象》从形象模式和特性角度分析了都市文学中新富人形象和新新人类形象，指出两种形象的产生是都市环境下欲望化叙事的结果，而作家叙事态度的变化则进一步昭示着消费主义、享乐主义对中国文学的负面影响⑦。

---

① 吴福辉：《关于都市、都市文化和都市文学》，《上海师范大学学报》，2007年第2期。

② 张颐武：《职场文化与都市白领的文学想象》，《艺术评论》，2010年第1期。

③ 张鸿声：《文化缺失——当代都市文学论略》，《理论与创作》，2005年第4期。

④ 陈晓明：《走向新状态：当代都市小说的演进》，《文艺争鸣》，1994年第4期。

⑤ 孟繁华：《物欲都市的迷乱与反抗》，《山花》，1997年第8期。

⑥ 张学昕、赵欣：《守望在城市空间的'空心人'——90年代'新都市小说'人物形象分析》，《大连民族学报》，2001年第1期。

⑦ 叶立新：《都市文学中的两种'新'形象》，《求索》，2003年第2期。

国外研究现状：在国外研究中较多的是齐美尔、凡勃伦、波德利亚和布迪厄等人从社会学的角度分析消费主义与白领分层之间的研究；虽然李欧梵的专著《上海摩登》涉及消费主义对30年代海派文学的都市人的影响①，但是鲜有学者从消费主义文化角度论述90年代都市小说白领形象。

综上所述，在国内有关消费主义与90年代都市小说的研究，讨论了消费主义与90年代小说产生的背景、都市人的生存方式、人物的形象、小说的叙述策略等多方面的影响，涉及消费主义与都市小说人物塑造的文章较多零散在专著中，没有系统地论述消费主义与90年代都市小说中人物塑造之间的关系。有关90年代都市小说人物塑造的研究，虽然涉及消费主义与90年代都市人物的塑造，但是塑造得较多的是"空心人"形象、新富人形象和新新人类形象。张颐武、陈晓明、张鸿声等人只是提及白领形象，但并没有从消费主义文化视角论述这一形象的生存状况，涉及到消费主义文化与90年代都市小说的白领形象塑造的专著并不多。在国外消费主义文化与白领阶层的研究，较多的是从社会学的角度讨论消费主义文化与白领分层之间的关系，而从文学的角度讨论消费主义与90年代都市小说白领之间关系的研究却寥寥无几。站在前人研究的基础上，本书试图打破文学、文化学和社会学的壁垒，以专著的形式从消费主义文化视角研究90年代都市小说中白领的形成、生存状态、美学意义和文化精神，从而填补中国当代都市文学研究的空白。

三、本书创新之处

本书创新之处主要有三个层面：首先，在研究领域方面，拓宽都市

---

① [美]李欧梵：《上海摩登——一种新都市文化在中国》，毛尖译，北京：北京大学出版社，2001年。

文学研究的领域。90年代以来中国都市化进程加剧,消费主义文化影响到都市人的生活,中国都市小说自然地打上消费主义文化的印记。以往的研究较多从性别批评的角度分析90年代都市小说人物塑造,从消费主义文化切入以专著的形式研究90年代都市小说白领形象的视角实属罕见。因此,从消费主义文化视角研究90年代都市小说中白领的形成、生存状态、美学意义和文化精神,拓展了都市文学研究领域。其次,研究方法的选取方面,综合运用文化学、文学和社会学研究方法。本书试图打破文化学、文学和社会学的壁垒,以消费主义文化为视角,用文学文本的阐释方法来论述社会学范畴内白领群体的形成、生成状态、美学意义和文化精神。最后,在观念创新方面,认为文学中都市白领的"西方中产阶级"想象,并不是白领的真实镜像。本书首先承认都市文学对现实都市消费生活既有真实的反映功能,也有对都市生活的想象功能。90年代中国白领群体处于萌芽状态,常被消费主义文化赋予西方的"中产阶级"想象,这其实是文学中都市现代性想象,并不是白领真实镜像,中国白领有着自身的特点。

四、研究目标

本书从文学的角度分析消费主义文化对现实社会中白领群体形成原因、白领消费方式、白领休闲方式、白领婚恋观、白领文化精神的影响,并通过塑造白领形象的叙事方法探寻白领形象的美学意义,试图真实地反映正在成长的白领生存状况和文化精神,而不是被赋予的"西方中产阶级"想象,进而分析白领阶层的文化精神怎样参与都市文化的建构。

五、研究内容

第一章 消费主义文化与都市小说。首先,对西方消费主义文化进行梳理，西方主要消费主义文化理论有齐美尔的"时尚"消费论；凡勃伦的"炫耀性消费"思想；波德里亚的"符号消费"论和布迪厄的"品位区隔"论。其次，分析90年代中国都市已具备消费社会的土壤，在消费主义的影响下都市小说与现代都市消费生活互相阐释互相印证。再次，讨论白领出现在都市小说的原因及本书研究白领的范围。白领的范围主要是指市场化企业被雇佣的非体力劳动的人员；白领形象主要在北京、上海、广州和深圳等地的都市小说中有所反映，其中北京的都市小说以邱华栋的小说为代表；上海的都市小说以王安忆、卫慧和棉棉的小说为代表；广州的都市小说以张欣和张梅的小说为代表；深圳的都市小说以缪永和谢宏的小说为代表。最后，界定白领的概念，并将西方美国白领阶层形成过程和中国白领阶层形成过程进行比较，以突出90年代中国白领的特点。

第二章 消费主义文化与白领消费方式。白领的消费方式受到消费主义深刻的影响，并在都市小说中有所反映。首先，讨论白领消费的发展趋势：从物到符号。白领较多追求的是物的符号意义，而不仅是物的使用价值。其次，讨论都市小说白领受消费主义影响主要存在两种消费方式：一是品牌消费，主要包括名牌的衣服、首饰和高档的车、房等消费；二是环境空间消费，主要包括购物广场、咖啡厅、西餐厅和酒吧等场所消费。再次，讨论白领消费深层的文化意义是要建构自己的身份认同，白领主要通过建立群体归属感和个体的自我识别来追求自己的社会地位。最后，讨论影响白领的消费与身份认同之间关系的动力因素，白领归属感的缺失、社会地位的恐慌和自我实现的渴望是影响白领消费与身份认同之间关系的动力因素。

第三章 消费主义文化与白领休闲方式。白领的休闲生活打上了消费主义文化的烙印，在都市小说中也有所反映。首先，讨论白领休闲生活的"小资"情调，白领一般有较高的学历背景、不菲的收入，以脑力为资本，享受着窗明几净的舒适环境；他们衣着光鲜，谈吐风雅，虽然生活节奏紧张,休闲生活却经营得有声有色,到处都透出文化品位。其次,讨论白领的三种休闲方式:一是外出旅游休闲,卫慧、棉棉等人的小说常展现出白领的这种休闲生活;二是文化鉴赏休闲,是指一些小说经常描写白领们去音乐厅、歌剧院和电影院等具有一定文化品位地方的生活方式,在很多都市小说都描绘了白领们这种休闲生活;三是体育锻炼休闲,是指一些小说中的白领经常去保龄球馆、网球场、羽毛球场、高尔夫球场和游泳馆等地方放松自己,很多都市小说大肆宣渲染了白领们这种休闲生活。

第四章 消费主义文化与白领的婚恋观。婚恋观是价值观中重要组成部分,消费主义文化对转型期白领阶层的婚恋观产生了重要影响。首先,讨论90年代都市白领的主流婚恋观,部分白领的婚恋观从80年代"爱情至上"的主流向"金钱享受"的主流转变。其次,讨论"金钱享受"婚恋观两种具体的表现形式:一是合同式的婚恋形态,主要指一些女白领有自己的爱情标准,但没有发展自己的"第一桶金",只能利用美貌和身体,迎合着男人的消费欲求,和男人达成一种契约,以此去换取个体主体性伸张的空间,性交易完成,马上分道扬镳。二是虚幻式的婚恋形态,部分白领想通过时尚的追求,来重新确定女性自我形象,往往借助和男性的性关系来重构自己对"虚幻"婚姻的向往,她们却又在"虚幻"的时尚婚恋中迷失自己。最后,讨论独立式的婚恋形态,也有一部分白领抵制了消费主义的金钱诱惑,寻找自己纯美的爱情,形成独立式的婚恋形态。

第五章 都市小说白领的叙事方法及美学意义。白领的生活方式深受消费主义文化的影响,这样便出现了与相适应地塑造白领形象叙事方法。首先,探讨白领形象塑造的叙事方法的四种方法:一是狂欢化叙事,是指巴赫金所解释的"狂欢节"和文学情景中的"狂欢节化",这正暗合了当代中国的这种社会与文化转型。卫慧、棉棉等人早就用享乐和放纵来反对"正统女性伦理"对女性身体的束缚,宣扬一种世俗化的价值观。二是传奇化叙事，这与明代末叶的世俗化和市场化才子佳人小说有相似之处，它强调叙事之"奇"，用跌宕的情节将人间离合情怨写得淋漓尽致。张欣的白领小说常采用这种手法，但不同的是，张欣常将这种才子佳人式的喜剧结局改造为金钱美人式的悲剧结局。三是符码化叙事，是指用符号来指代小说人物的真实姓名的方法，西方卡夫卡等人的小说惯用这种方法。在邱华栋的白领小说也常存在这种写法，人物常以符号出现，反映了被物异化的迷失人，这和三十年代新感觉派叙事有相似之处。四是性别化叙事，是指在消费主义社会里女性常被塑造成为男人的消费品，呈现出男强女弱的趋势。在王海玲和张欣的小说中这种叙事特别明显。其次，讨论"白领"的"都市民间"美学意义，这种形态由消费主义文化所致，它以一种新的文化祛魅、道德与宗教祛魅的价值观诠释市民生活方式。

第六章 都市小说白领的"西方中产阶级"想象。90年代有部分都市小说把白领想象为"西方中产阶级"，这不是白领的真实生活状况。首先，分析城市文学研究中两种研究范式：一是再现论的城市文学研究，另一种是表现论的文学中的城市研究。其次，概括了想象中"西方中产阶级"文化的特征为时尚的前卫姿态、品牌的档次追求和优雅闲适的情调。这些文化特征无异都打上消费主义文化的烙印。再次，指出90年代中国白领和当前西方中产阶级的区别和联系。最后，揭示在消费主义语境中90年代都市小说想象背后存在的问题：一是用消费地图遮蔽了底层经验的表达；二是用"优雅"遮蔽白领身份的焦虑。

第七章 白领的文化精神与都市文化的建构。这一部分主要讨论白领文化精神与都市文化及都市小说之间的关系。首先，讨论白领的文化精神。白领的生活方式深受消费主义的影响，从而形成白领的文化精神，其包括两个方面：一是寻求身份认同的品位文化；二是追求欲望的享乐主义文化。其次，讨论白领追求身份认同的品位文化的积极意义。总体上说，这种文化是大众文化的表征，其对都市市民文化的建构具有积极意义。再次,讨论白领享乐主义消费的误区,白领享乐主义消费极易陷入消费主义文化"欲望"的陷阱,这也是消费主义文化影响不利的一面,其对都市文化建构具有负面作用。最后,讨论作家在都市小说中塑造白领形象时要注意的问题。作家在小说中塑造白领形象时,要警惕"中产阶级"想象,正确处理好节俭与奢侈,激情与理性、主动与被动、雅与俗的消费张力关系,这是书写白领品位文化的重要环节。

六、拟研究的关键问题

本书拟研究的关键问题有以下三个方面:首先,如何分析消费主义文化对都市小说中白领的消费方式、休闲方式和婚恋观的影响。其次,怎样理解都市小说通过狂欢化叙述、传奇化叙事、符码化叙事、性别化叙事方法来塑造白领形象及其白领形象的"都市民间"美学意义。再次,如何讨论文学中的白领文化精神与都市小说创作之间的关系以及白领的文化精神在当前都市文化建构中的作用。

七、拟采取的研究方法

本书拟采取的研究方法:首先,文本分析和理论阐释相结合。把消费主义文化理论和90年代都市小说文本结合起来,强调文本和理论相互回证或印证。其次,历时分析和共时归纳相统一。既要对消费主义文化理论做一番梳理和考察,同时也分析消费主义文化、都市文化和都市文学之间的内在关系。再次,综合运用诠释学、社会学、文化学、符号学和文学的研究方法。从理论和作品入手,对消费主义与90年代都市小说中白领进行全方位、跨学科的综合研究。

第一章 消费主义文化与都市小说

在本章，首先，对西方消费主义文化进行梳理，西方主要消费主义文化理论有齐美尔的"时尚"消费论；凡勃伦的"炫耀性消费"思想；波德里亚的"符号消费"论和布迪厄的"品位区隔"论。其次，分析90年代中国都市已具备消费社会的土壤，在消费主义的影响下都市小说与现代都市消费生活互相阐释互相印证。再次，讨论白领出现在都市小说的原因及本文研究白领的范围。最后，界定白领的概念，并将西方美国白领阶层形成过程和中国白领阶层形成过程进行比较，以突出90年代中国白领的特点。

第一节 消费主义文化在中国

一、消费主义文化的界定

在讨论消费主义文化与20世纪90年代都市小说这一命题之前，有必要先对消费主义文化的相关概念做出初步界定。消费（consume）一词，按照雷蒙·威廉斯的说法，其最早的含义是"摧毁、用光、浪费、耗尽"。① 关

---

① ［英］迈克·费瑟斯通：《消费文化与后现代主义》，刘精明译，南京：译林出版社，2000年，第20页。

于消费主义的起源,一般都将消费主义文化追溯到18世纪的英国中产阶级时代,及19世纪的法国和美国的工人阶级兴起时代,认为当时的广告、百货商店、度假胜地、大众娱乐及闲暇等的出现,可能就是消费文化的起源。一些研究还着重指出,美国在两次世界大战期间,就已显露了消费文化的发展迹象:广告、电影业、时尚和化妆品生产、传阅的大众报纸、杂志和拥有无数观众的体育运动,使得众多的新品位、新秉性、新体验和新理想广泛传播开来。① 而消费主义文化的兴起和对人们的思想产生深刻的影响,并引起思想理论界的关注,大概在上世纪五六十年代开始,后工业时代的高速经济发展,引领消费社会。

近20年来,在对消费主义的众多研究中,马克思主义、符号学、人类学和社会学是最重要的理论。② 马克思对"商品拜物教"和"异化"劳动的批判成为20世纪西方马克思主义批评的理论起点和思想资源,卢卡奇、马尔库塞、阿多尔诺等对商品的物化本质进行了批判。符号学研究从对物的文化意义的探究开始,将日常生活中消费的物和消费行为自身作为文本解读,探究其作为意义符号和载体的内涵与意义。罗兰·巴特、鲍德里亚、凯尔纳、德赛都等对消费文化的符号学意义做出了重大贡献。法国思想家布尔迪厄从社会角度阐释符号空间和社会空间之间的关联,通过"惯习"、"文化资本"、"场域"等关键性概念阐述了消费文化的本质。

鲍德里亚突破传统马克思主义政治经济学的理论框架,进行"符号政治经济学批判"理论建构,从消费社会商品的符号学分析入手,指出当代社会是一个不断生产出各种消费符号的世界。鲍德里亚的消费社会

---

① [英]迈克·费瑟斯通:《消费文化与后现代主义》,刘精明译,南京:译林出版社,2000年,第165页。
② 罗钢,王中忱主编:《消费主义文化读本》,北京:中国社会科学出版社,2003年,第27页。

理论具有广泛影响，是消费文化的重要理论基石。当代社会被鲍德里亚称为"消费社会"，是文学艺术等文化形式世俗化的基础，物的"丰盛"是消费社会形成的物质前提，商品化是消费社会的基本逻辑，符号操纵是消费逻辑的核心，盲目拜物的逻辑形成了消费的意识形态①。在全球化与跨国资本主义的历史发展中，消费主义文化在当代社会起主导性作用。消费社会的生活越来越具有符号化的特征，人们尽情享受着符号价值带来的种种欲望快感。符号价值是新的消费文化的核心，其本身还承载着一定的意义和内涵。从物的消费到符号消费，从消费话语到消费文化，消费文化强调的不是商品的使用价值，而是其符号价值和意义，正是通过符号编码或符号逻辑的作用，商品才被赋予了意义。而决定和生产符号意义的工具和决定力量在于资本和传媒。

英国学者费瑟斯通这样说过，"使用'消费文化'这个词是为了强调，商品世界及其结构化原则对理解当代社会来说具有核心地位。这里有双层的含义：首先，就经济的文化维度而言，符号化过程与物质产品的使用，体现的不仅是实用价值，而且还扮演着'沟通者'的角色；其次，在文化产品的经济方面，文化产品与商品的供给、需求、资本积累、竞争及垄断等市场原则一起，运作于生活方式领域之中。"② 而"遵循享乐主义，追逐眼前的快感，培养自我表现的生活方式，发展自恋和自私的人格类型，这一切都是消费文化所强调的内容"。③

关于消费文化的本质，丹尼尔·贝尔曾经有过一个非常形象的说法，"在过去，满足违禁的欲望令人产生负罪感。在今天，如果未能得

---

① ［法］让·鲍德里亚：《消费社会》，刘成富，全志刚译，南京：南京大学出版社，2001年，第32页。

② ［英］迈克·费瑟斯通：《消费文化与后现代主义》，刘精明译，南京：译林出版社，2000年，第18页。

③ 同上，第165页。

到欢乐，就会降低人们的自尊心。"① 他据此总结认为，消费主义是跨国资本在市场中生产出来的一种社会文化关系，它是享乐型的生活方式。消费主义的发生与人们满足生存的根本要求没有直接关联性。人的欲望即心理欲求，才是消费主义发生的逻辑起点和最终诉求。"与众不同的特征是，它所满足的不是需要，而是欲求。欲求超过了生理本能，进入心理层次，它因而是无限的要求"。②

文化意义上的消费，有别于经济上的消费。正如有论者指出：消费主义（consumerism）是指这样一种生活方式，消费的目的不是为了传统意义上实际生存需要（needs）的满足，而是为了被现代文化刺激起来的欲望（wants）的满足。换句话说，人们消费的不是商品的使用价值，而是它们在一种文化中的符号象征意义。③ 合理地满足实际生存需要的消费与无度地占有符号价值的消费是两种基于不同类型的生活伦理、观念、价值的生活方式和生存状态，所以研究者也常将消费主义叫做消费主义文化—意识形态。本文所说的消费主义是基于上述的理解。

二、消费主义文化在中国的传播

在20世纪70年代后期，随着中国改革开放的推进，消费主义文化是否在中国出现，要真正辨析清楚，确实不是一件容易的事。但是不管理论界的学者如何看待消费主义在中国的出现，它是与中国改革开放密

---

① [美] 丹尼尔·贝尔：《资本主义文化矛盾》，赵一凡等译，北京：三联出版社，1989年，第117页。
② 同上，第88页。
③ 陈昕：《救赎与消费——当代中国日常生活中的消费主义》，南京：江苏文艺出版社，2003年，第7页。

切相关。一方面，是改革开放促进了社会经济的发展，经济技术力量，直接参与改造人民的社会生活，并且产生了深刻的影响，奠定了消费主义文化产生的经济基础；另一方面，改革开放使各种外来文化思潮得以在社会各个层面涌动，间接地影响了人民的社会心理，分化或消解了单一的社会意识一统天下的局面，给消费主义植根于人们的思想意识中预留了足够的自由空间。

中国的改革开放是在经历了十年"文化大革命"的惨痛之后的1978年进行的。在这之前，人民的物质生活极其单调，所有的一切都在高度计划的调控下进行的，到了1992年中国全面推行市场经济，中国城市化进程加剧，物质产品极大丰富，人们的消费水平也进入相应的高速持续增长阶段。据有关资料统计，1979年至1993年，我国居民的消费水平由1978年的175元增加到1148元，增长6.9倍，年均递增14.3%，扣除价格上涨因素，增长1.57倍，年均递增7%。其中，城镇居民由383元增长到2480元增长5.5倍，年均递增14.3%，扣除价格上涨因素，增长1.57倍，年均递增7%。① 在物质消费方面，粮食、植物食用油、肉、禽、蛋、食糖、水产品和纺织品、日用品的消费量都有明显的增长；居住条件也大大改善；高档耐用消费品迅速进入普通居民家庭，并不断升级换代，其速度之快在国际上也不多见。《中国统计摘要1993》显示的数据为：1992年人均粮食消费达到466.4斤，食用植物油为12.6斤，城市居住面积为7.1平方米，电视机每百人为19.4台。② 这些数据显而易见地表明了中国改革开放的成就。但将这些数据与国际比较，我们也可以发现，中国普通居民的消费结构受到了消费主义文化的影响，最明显的表征就是高档耐用消费品的相对超前消费。虽

---

① 陈昕：《救赎与消费——当代中国日常生活的消费主义》，南京：江苏文艺出版社，2003年，第102页。

② 《中国统计摘要，1993年》，北京：中国统计出版社，1993年，第71页。

然90年代初中期中国居民的总体生活水平只相当于日本50年代或50年代初期,但是日本1970年的每百户彩色电视机拥有量也只有26.3台,而我国1994年城镇是86.2台。尽管70年代初电视机的生产技术和成本与90年代不可同日而语,但仍然可以说明我国城镇家庭在这一领域里的消费相对超前。1988年具有中上等发达水平的前苏联,其居民总体生活水平也比中国高,但在主要耐用消费品的拥有量方面也同样低于我国城镇,每百户彩色电视机的拥有量为39台。① 但是在一些属于基本需要的几个重要方面,我国则明显滞后。作为人类的最基本需求,食品被认为是将首先得到改善的消费领域,但实际上中国反而明显落后于1970年的日本和1980年的苏联。以鲜蛋为例,日本每人平均消费就达到17.17斤。② 在医疗卫生以及教育等方面,我国的消费支出就更是不如发达国家。我国1990年医疗总支出占GNP(国民生产总值)的3.5%,发展中国家平均是4.2%,发达国家到达9.4%,我国公共教育开支占GNP的比重多年来一直徘徊于2.5%以下,1990年是2.3%,发达国家是4.9%。③ 因此可以说,从国际比较来看,我国普通居民的基本需要其实尚未得到应有的改善,而且整个生活水平离发达国家还有很大的差距,但正是在这样的条件下高档耐用消费品却迅速进入我国居民家庭。特别是在我们这样一个有着丰富的饮食文化传统、格外重视吃的国度里,这种消费方式无疑让人感觉有点反常。某种意义上,这也是西方发达国家的消费主义文化在我国蔓延的一种具体表现。的确,改革开放给我国带来经济增长的动力的同时,也为西方发达国家的消费主义

---

① 陈昕:《救赎与消费——当代中国日常生活的消费主义》,南京:江苏文艺出版社,2003年,第116页。
② 《中国统计摘要,1994年》,北京:中国统计出版社,1994年,第58页。
③ 陈昕:《救赎与消费——当代中国日常生活的消费主义》,南京:江苏文艺出版社,2003年,第118—119页。

文化的推行提供了便捷的条件。

中国城市的发展也是消费主义文化发展的一个重要因素。在西方国家，城市是消费主义文化发轫的渊薮。在城市相对发达，人口密集，匿名性强，个人原有的社会纽带松弛，为体现自身的地位和价值，消费就成为了一种手段，用以建构个人的认同和与他人发生关系。此外，城市的相对发达，媒体的相对集中，传播更为迅捷，是都市消费主义文化扩张的有利条件。改革开放以来的中国城市，确实具备了西方消费主义文化传播及迅速扩张的条件。自改革开放以来尤其是从90年代开始，消费主义文化正从四面八方包围我们。"我们所看的动态图像，我们所读的书刊杂志，我们所到的公共场所，全都充满着精心策划地用以激起我们欲望的商业信息。这些商业信息包裹在一种让人心动的美轮美奂的生活方式中。高强度的广告轰炸，或许并不能让人们记住几个广告，然而，铺天盖地的广告，即使不能推销出某种特定的产品，但通过反复强调购买什么可以解决生活中的问题。"① 因此，在90年代中国，把消费作为自我表达和身份认同的已不仅仅是那些先富起来的人群，普通工薪阶层乃至尚未脱贫的家庭子女，也同样想喝可口可乐，也同样愿吃麦当劳、肯德基，也同样希望拥有大屏幕彩电和高级组合音响，并且同样将象征着地位、财富和荣耀的私人汽车和别墅当做生活新的光荣与梦想。因而可以说，尽管中国人的平均生活水平与发达国家相比仍有很大的距离。但消费主义文化却以强劲之势扩张和渗透到了社会的各个阶层和利益群体。对此，王晓明在其主编的《在新意识形态笼罩下》一书中也敏感到了这一点，"在今天，'新意识形态'早已经渗入社会生活的各

---

① 成伯清：《现代消费与青年文化的建构》，南京：南京大学出版社，2000年，第78页。

个层面。"① 而那些以守护灵魂家园为文化使命的文人更是早在90年代初就意识到"今天时代的热点不在精神而在物质,不在追求完美而在追求舒适。形而上学的道永远救不了近火,形而下的器则有益于生存——我们面临的将是一个世俗、浅表的、消费文化繁荣的时期。"②

第二节 消费主义文化与现代都市

研究消费主义文化与都市小说的关系,都市与消费和文学三者之间的关系是绕不开的核心问题,都市小说通过文学策略的书写折射现实之城的同时,也通过语言和想象构建文学之城。在此过程中,都市、消费、文学通过文学这个空间和角度形成了对话和互动,消费与都市在小说互相阐释互相印证。因此,都市化成为无法忽略的重要话题。

西方最早的市镇出现于公元8世纪到10世纪,也就是以哥特式教堂和市政厅为代表的中世纪市镇。文艺复兴时期,随着航海业的日趋发展,像佛罗伦萨、威尼斯这样的欧洲名城,已经将其发展的生机与商业贸易联系在一起。直到十七世纪,当工业革命造就了大批产品,并依托枪炮的威力占领了广大市场,西方的城市势力不断增强,现代化的城市就此基础而创建了起来。到19世纪末工业文明的兴起,与此相关联的工业化、现代化、都市化是西方现代学术的重要现实背景。尼采、海德格尔、萨特、法兰克福学派、伯明翰学派、后现代、消费文化等重要的思想家及流派几乎都以此作为其理论基础和出发点,都市体验、都市表达和都市美学成为现代美学现代文艺的基础。西方都市文化研究历史较长,在社会学、人类学、地理学、建筑学、美学等多门学科都取得了较

---

① 王晓明:《在新意识形态笼罩下》,南京:江苏人民出版社,2000年,第20页。

② 宋遂良:《漂流的文学》,《当代作家评论》,1992年第6期。

高成就。在西方文学中,都市小说的创作和研究都有不少经典之作。

作为一个历史悠久的文明古国,中国是最早产生都市的国家之一,而且在很长一段时间里,都市的建设和发展也一直走在世界的前列。远在三千多年前的商代,就已经出现了初具都市规模的都邑。到了西周,这种都市雏形的都邑便演化为颇具规模的都市。西周的都城镐京及丰京都已成为全国政治文化中心;而唐代的长安、宋代的卞京更是拥有数十余万户的大都市。可以说,在走出中世纪之前,中国的都市无论人口抑或是都市本身的繁荣富庶,都是西方城市所无法比拟的。

安放在农村自然经济基础上的中国古代都市,以及在此基础上衍生的近代中国都市,显然都不是严格意义上的现代都市。以皇宫为中轴线构成的古北京城,其所象征的皇权政治,很明显是农业社会家族制度的延伸或浓缩,而其他那些被称为大城市的地方,更不过是乡村集镇的简单相加,或者说是后者的放大而已。长期生活在这小农经济开创的种种场景中的人们,怀抱着传统的观念,享用着传统智慧对当下生活的惠顾,根本无法滋生出现代意义上的人文观念或都市意识,更毋宁说产生消费的冲动和梦想。

值得一提的是20世纪20年代末至40年代的上海。可以说,近现代中国唯一真正脱离了依附于政治的古典都市概念、并以发达的工商金融业和消费性文化构成现代都市空间的,就只有此时段的上海。上海在近现代中国是个"异数",其成为"异数"的主要缘由在于其租借身份。西方列强用炮火迫使上海开渠并在此建设租借的同时,也把当时最先进的市政建设、公用事业以及西方的一套治理都市的管理方法和物质文明带进了上海,最明显的表征莫过于一批高层、高密度的现代建筑拔地而起,迅速与西方的建筑潮流相衔接。根据《上海百年建筑史》所做的不完全统计,从1929年到抗战爆发的1937年,上海建成的10层以上的高层建筑至少有 30 座,"高层建筑已成为房地产投资的主要方面"。① 这一时期发展最快、建造量最大的是商业类和供城市各层次市民使用的各种娱乐类公用建筑。南京路上历时 10 年先后建成的先施公司(1917)、永安公司(1918)以及 19 层的新永安大楼(1933)、新新公司(1926)和大新公司(1936)标志着大都市商业现代化与现代百货公司时代的到来,也代表了南京路最为繁华的 10 年。而外国商人在经营工商业的同时,也把西方的消费主义的生活方式带进了上海。在这方面,吴福辉的《都市漩涡中的海派小说》做了非常生动的描述,本文不再赘述。当然,这些同时也构成了 30 年代上海新感觉派文人争相言说的题材,并由此给当时的文坛留下了一道独特的景观。然而可惜的是,这样一种现代都市消费主义景观在建国后被计划经济和单一的意识形态所抹杀,以至于上海在很长一段时间内难以凸显昔日繁华的景象。

1949 年新中国成立之后,乡村成为革命乌托邦的象征,建设社会主义新农村在政策层面、实践层面都有着充分体现。《创业史》、《红旗谱》等革命题材和乡土题材的文艺高歌猛进成为文艺主流。而都市成为社会主义改造的对象,市民阶层成为一个贬义词,"小市民"等同于庸俗、无聊,工人阶级才是领导阶级,《上海的早晨》等所谓城市题材集中反映的就是城市社会主义改造的过程。文艺的题材被划分为工业题材、农业题材、军事题材等,城市被有意遮蔽和忽略。当然,现实中的城市依然具备绝对的优越性,城市户口是一道无法跨越的鸿沟,无情的隔开了城乡的距离。

改革开放后,城市迅速发展,乡村也出现了工业化、城镇化趋势,城乡对立既是现实问题,也带了文化领域的转型困惑。此时城乡二元对立思维盛行,在文化领域中表现为对传统乡土美学的留恋与赞美,企图

---

① 伍江编著:《上海百年建筑史(1840—1949)》,上海:同济大学出版社,1997 年,第 116—117 页。

以乡土美学对抗城市文化成为潮流,例如寻根文学、市井文学、地域文学等都是在此文化背景下产生的。莫言的《红高粱》等一批小说经由电影传播后,甚至被西方解读为中国传统乡土文化的化身。进入90年代中后期以来,都市化进程加快,上海、北京、广州、深圳等现代化都市涌现,其商业化和消费性明显加剧。城市的功能和景观发生巨大变化,往日以行政、工业为主要功能的城市逐渐成为消费的核心。由于国际化大都市以欧美发达城市作为坐标,西方都市为参照体系的全球化格局逐渐渗透,中国都市逐渐走入世界视野成为关注焦点。

从都市化诸多表征看来,90年代与80年代之间存在一个明显的断裂带,在文化上表现为城乡对立的话题不再是中心,对城市内部问题的关注成为新的焦点。"城市这个空间,第一次取代了乡村而成为代表中国现代化发展和社会现实的中心舞台,城市文化终于构成了独立于农业文化的文化实体,拥有了自己的价值形态和生存方式,由此成为中国文化当下和未来的发展轴……城市已不仅仅是一个地理概念、社会概念,它还是一个内涵极其丰富的文化概念——它意味着一种与乡村完全不同的生活方式。城市正在重新规范人与人的关系、重新注解人性本身、重新赋予人们各种基本的价值理念和社会意识。"① 日前公布的《中国现代化报告2007》也指出了现代化进程中国都市正在发生的巨大变革。②

当然,光有物质层面上的繁华与富足尚不能成为消费主义文化产生的必然逻辑,关键在于一个都市的空间是否有建构消费主义文化空间的特征。关于空间,曼纽·卡斯特认为:"空间是一个物质产物,相关其他物质产物——包括人类——而牵涉'历史地'决定的社会之中,而

---

① 戴锦华:《隐形书写》,南京:江苏人民出版社,1999年,第267页。
② 陈晓明:《表意的焦虑——历史祛魅与当代文学变革》,北京:中央编译出版社,2002年,第428—429页。

这些社会关系赋予空间形式、功能和社会意义。"① 在此意义上，曼纽·卡斯特把人类创造形式——城市看做是"社会的表现"，把空间看做是"结晶化的时间。"② 由此可见城市空间的文化意义不仅仅体现为一种结构化的存在，即：既是物质空间，同时也是行动空间和社会空间，既是人类行为实现的场所和人类行为保持连续的路径，又是对现有社会结构和社会关系进行维持、强化或重构的社会实践的区域，更重要的是体现为文化诉求的展示方式，成为一种心理、意义的空间。

城市空间要具备建构消费主义文化空间的特征，应该在结构化和文化诉求的展示上与消费主义空间相契合。也就是说，在城市空间活动的消费者，能够通过对物的符号元素，以及行动符号元素的选择和组合来表达和交流某种主观意义和客观信息。我们知道，消费既是通过消费物品作为"社会识别系统"行为的表达性活动，同时也是对某种意义和信息的符号进行消费的象征性过程，正如布西亚指出的，消费是一种符号的系统化操控活动，被消费的东西，永远不是物品，而是关系本身。③ 无论是表达性消费抑或象征性消费，一方面消费者要受制于既有的社会意识形态、价值规范与经济条件，通过商品与商品的符号消费获得社会认同与自我认同，另一方面消费者在对类型化商品的选择过程中，实现以其主观认识和需要为前提的个性意义的再创造结果，正是这两者共同构成了消费主义文化空间的实质性内容。

最具有里程碑意义的表征无疑是城市百货商场的出现。百货商场成

---

① ［西班牙］曼纽·卡斯特：《网络社会的崛起》，夏铸九等译，北京：社会科学文献出版社，2001年，第504页。
② 同上。
③ ［法］尚·布西亚：《物体系》，林志明译，上海：上海人民出版社，2001年，第223—224页。

为消费者"自由与平等"、"快乐与富裕"的符号和象征,① 成为充满欲望的符号世界,也成为供奉、朝拜商品的庙宇——购物的教堂。在这里我们不仅看到消费者对商品及其意义的个性化理解和选择,而且还注意到商场是如何转变为各种用途不同的空间的:青少年将其用作碰面、幽会、展示并消费时尚的空间;女士们常常做只试穿不购物的"无产阶级式的购物,"母亲与孩子以及老人,消费着商场的暖气和冷气,在冬天,商场则成为不少人的室内运动。而新出现的购物中心,主题乐园、博物馆,更是以构建蒙太奇世界和超现实世界为能事,使城市空间布满了影像和文化记号,并深深地烙上了消费主义的印记。

由此,我们不难发现这些都市空间显然具有建构消费主义文化空间的特征。对此,内径大学戴锦华教授曾论述道:"90年代,在中国都市铺展开去的全球化风景,尽情地渲染着金钱的魅力和奢华的物的奇观。不仅是商场、商厦,也不仅是短短几年间爆炸式的星罗棋布地分散于中国主要城市的麦当劳、必胜客,而且是充满'欧陆风情'的'布艺商店'(家居、室内装饰店)'饼屋'(面包房,这一次是来自台湾译名)、咖啡馆、酒吧和迪厅,是拔地而起的'高尚住宅'区,以及以'一方世外桃源,欧式世家别墅'、'时代经典、现代传奇'或'艺术天地'为广告、名称的别墅群。"②

第三节 都市小说中"白领"的出现

20世纪90年代是消费主义文化在中国都市渗透的年代。人们开始对物质利益和世俗生活表现出前所未有的兴趣,这些变化都有别于80

---

① 王宁:《消费社会》,北京:社会科学文献出版社,2001年,第159—160页。

② 戴锦华:《隐形书写》,南京:江苏人民出版社,1999年,第267页。

年代的人们对理想情怀和形而上学的追求。随之，文学也逐渐摆脱传统观念的束缚，最大限度地逼近形而下的日常经验，呈现多元化的创作格局。其中新都市小说便是不可忽视的一元。都市小说虽然结构单调和语言粗糙，但它却把视线投向了社会转型复杂多变的都市文明，记录了普通都市人的生存状态和精神状态，并借以表达都市意象和都市情绪，从而为自身开辟了广阔的阅读空间，成为90年代当代文坛上一个引人注目的创作现象。

客观地讲，中国都市文化经历了一个漫长而艰难的发展过程。30年代的新感觉派小说作为殖民文化的产物，第一次完整地再现了现代都市特有的畸形商业繁荣、快速的生活节奏以及都市人所面临的强大心理压迫。但从整体来看，它缺少一种对城市的批判和反思意识。这与中国都市文明发展的相对滞后有着必然联系。因为中国一直没有形成真正意义上的都市。建国之后，延续着文艺的"工农兵"方向，乡土小说创作繁盛，都市一度从文学作品中隐退，直到80年代前后期，都市文学仍然被大多数作家看做是某种异己的存在力量。而从创作主体的角度来看，中国作家内心深处那种无法释怀的乡土情结使他们对农业文明、乡土记忆有着与生俱来、难以割舍的依恋。而城市在其视野内则是一个污秽冷漠、纸醉金迷的病态空间。这就使他们往往缺乏一种自觉的、真正意义上的"都市意识"。因此，尽管以往的都市文学能够提供五彩缤纷的生活景观和光怪陆离的世态百相，却从没有超越传统的"城乡文化冲突"主题和审美模式，更没有把握住都市生活的精神内核。到了90年代，随着高科技的迅速发展和城市化进程的推进，中国的都市才真正突飞猛进地繁荣起来。相应地，新都市小说摆脱乡土文学制约和挤压，在消费主义文化的影响下以崭新的艺术之态脱颖而出。

第一章　消费主义文化与都市小说

一、消费主义文化对 90 年代都市文学的影响

消费社会的来临，改变了 90 年代文学生存的土壤。对此，文学评论家陈晓明认为，"现代以来的中国社会一直就处在频繁的变革，我们多次经历剧烈的暴力革命的改变，但这些都是在现代性的框架内变革，对于文学来说，它并没有根本性的改变。文学艺术始终充当现代性变革的前锋，因而它总是最集中地体现了中国现代性的那些本质特征。文学始终具有强烈的意识形态特征，它以宏大的现代性寓言化形式生动表现民族—国家的历史建构。如今，消费社会来临，文学一直怀有的历史冲动严重退化，那些个人化和私人性的体验成为文学赖以生存的土壤。每个写作者都处在不同的方位，他们面前没有历史，也没有文学的历史。"① 在 80 年代，先锋派的挑战性经验，文学的形式主义策略，以及各种形而上的冲动和乌托邦的想象，都曾为文学理论和批评提供了重新叙述的资源。而文学理论和批评的话语生产动力（或机制）很大程度上又恰恰在于文学作品的反叛性和革命性，在于文学作品与现实及其历史主流的逆反上。但现在，"文学艺术与消费社会之间的关系主要呈现为一种适应同化的形式，文学越来越趋向于成为消费社会的一部分，它与流行音乐、时装表演、影视广告等量奇观。文学与文化的界限也愈来愈模糊"。② 这样消费主义文化对 90 年代都市文学大致产生了三个方面的影响。

第一，消费主义文化直接参与了文学作品的生产与传播，文学的生态环境和价值取向因之发生了重大的改变。1993 年初，有学者撰文对

---

① 陈晓明：《表意的焦虑——历史祛魅与当代文学变革》，北京：中央编译出版社，2002 年，第 428—429 页。

② 同上，第 431 页。

消费时代到来后市场化对文学的导向作用作了分析预测："毫无疑问，全面走向市场的中国当代社会必将得到前所未有的正规重视乃至一段时间内过分的夸大与强调。大部分文学生产力将逐渐从政治辐射下走出而卷入经济轨道运作，其意识形态色彩日渐淡化而商业气息将愈加浓厚。这不是谁喜欢不喜欢、情愿不情愿的事，这是时代的潮流。留给作家个人的权利仅仅是选择与被选择，而个人与社会双向选择的结果便导致文学的分化。"① 的确，消费时代下的文学生产主体已不再是单纯的作家，读者及出版商也部分地参与了文学的生产，并且后者对文学形态的影响力正逐渐增强。置身于这样情境下的作家大多接受了文学商品化这一事实，因此自觉地把迎合读者的喜好作为自己的艺术追求。与此同时，走向企业化经营的文学期刊和出版商，为了更大限度地引导读者购买书籍，也开始借鉴西方的畅销书运作机制。他们一方面竭力挖掘、扶植有市场效应的作家及作品，另一方面充分利用传媒的力量倾力开拓文学作品的销售市场。一些文学期刊编辑的好恶和大众的口味在某种程度上决定了一部分作品的命运。由于考虑到经济效益问题，编辑们不得不采取一些炒作手段来迎合读者和市场，这使期刊操纵下的文学尽管热闹却少了些许自然和宽容。正如黄发有所发现的："刊物对作家作品的'群体性'的重视远远超过'个性'，对于适合自己办刊思路的'个性'能够极力栽培，对于不合自己胃口的'个性'就拒之门外"。② 因而在90年代的文坛，我们不仅读到了文稿竞买、签名售书的新闻，而且还见到了以商标注册的形式发行的"布老虎"丛书的问世。这些现象细心推敲都可以从消费主义文化这一视角中探寻到文学话语流变的初始源头。

---

① 朱向前：《1993：卷入市场后的文学流变》，转引自《1993：世纪末的喧哗》，济南：山东教育出版社，1998年，第2页。

② 黄发有：《文学期刊与90年代小说》，《十博士直击中国文坛》，北京：中国工人出版社，2004年。

第二，打上消费主义烙印的都市景观成了中国90年代作家倾心选择的题材。很大一部分都市题材的小说都有关于酒吧、咖啡馆、餐馆、购物中心、超市的描写，而且许多地方还是故事发生的重要场所，是主人公性格演变的推进器。就酒吧而言，它不仅成为都市消费的时尚之所，也是当代作家的标志性空间符码，酒吧等于时尚等于欲望等于纸醉金迷，"90年代的中国终于找到了一种存在的空间，找到了适合我们这个时代的精神症候的温床（或者说我们构筑了这样一种文化空间）：昏暗的、颓废的、感官的、动摇的、无法自持的空间，在这里人们释放感性（肢体在摇滚节奏中疯狂地独自起舞仿佛不再受到智力的控制）、驱逐灵魂（灵魂在酒精的作用下糜醉了睡着了）酒吧是90年代中国最好的舞台"。① 来势汹涌的消费社会不只是为都市大众提供了一些光怪陆离的消费图景，而且给都市大众的生活方式和价值观念造成了强有力的冲击，作为时代中的人，作家同样也真切地体悟到了都市大众深刻变化着的心理和态度，面对消费社会呈现的这一新的写作资源，作家们很自然地找到了自己艺术表现的新的切入点。比如一直沉湎于乡村感情、钟情于书写商州世界的贾平凹，进入90年代以后便开始直面与解读都市，并接连创作了以表现都市人生存状态的《废都》与《白夜》；先锋小说作家在90年代的文学转向就更具代表性。我们知道以北村、格非为代表的一群先锋作家，是因独特的形式主义文本策略以及各种形而上的冲动和乌托邦的想象，而闻名于80年代后期文坛。但是进入90年代后，他们都摒弃了象牙塔式的文本建构，标新立异的话语运作以及技术之上的形式狂欢。他们不再沉迷于纯粹的文本实验，也不再以域外的现代艺术作为重要的效仿对象，而开始以现实主义笔致及其从容平淡的语言格调，注视着人类在消费时代的精神存在境遇。《周渔的喊叫》、《欲望的

---

① 葛红兵：《世纪末中国的审美处境——晚生代写作论纲（中）》，《小说评论》，1999年第4期。

旗帜》等作品就是他们回应时代的产物。

第三，消费主义文化对作品的作者也产生了深刻影响。进入90年代之后，随着市场经济的发展和国家对出版机构的补贴的取消，文学出版进入市场流通范围，作家也进入市场流通范围。在这种情况之下，自由作家或者说是自由写作者再次出现。对他们的身份，在不同场合有不同的说法，"体制外写作"、"自由撰稿人"、"自由写作者"等，都是对他们的称谓。这样许多作家的创作价值取向也发生了变化。他们的小说中故事不仅总是讲述物欲、性爱、商战等，故事的场景总是热闹的街道或夜晚的酒吧，以及有一台电视机或电脑的卧室等等，消费主义文化的影响还深入到作者处理作品的无意识中。这主要体现在一些消费社会的典型特征，诸如强烈的速度变化的感觉，时尚化的趣味，唯美主义的风格，狂欢的格调等，正在融进90年代小说的叙事，并且也在促进90年代小说叙事产生新的审美表现和风格趣味。

二、都市小说中"白领"的描绘

在90年代，随着消费主义文化的盛行，"白领"这个词开始越来越频繁地出现于普通民众的口头。"白领"，喻指当下中国社会结构当中的中间层，尤其是以消费能力来区分的中间层。在90年代一些都市小说不惜笔墨的描写这一批"率先致富"的"白领"（"成功人士"）的生存状态。他们身穿名牌，驾着名车，住在豪华别墅或公寓里，经常出入于高尔夫球馆或高级酒吧，出手阔绰，与这个社会大多人过着完全不同的生活，也追求着别样的情趣。正如卫慧小说《甜蜜蜜》中男主人公出场，穿着"一身范思哲的时装"，剃着"时髦的寸头"，戴着"一副酷毙了得墨镜"，洒着"一点淡淡的古龙水"，喝着"一杯掺了 Bacardi 朗姆酒的可乐"全套行头一望即知价值连城，以至于他自己都迫不及待宣称自己是

"一个现代后工业社会的模范俊男","随时可以迷幻和惊奇"。在张欣和邱华栋的小说中也出现了一大批"白领"主人公。

第四节 白领概念的界定

我们对白领这个名词并不陌生。但是,对白领阶层的含义,以及与之相关的社会、经济、文化、历史因素等方面的认识却并不完全清晰。白领职业者为什么会在20世纪初的西方社会大量的出现,它们的出现给西方社会带来哪些影响?国内外对以上问题的研究成果大致可以分为三类。

第一类是关于白领阶层的人员构成及其阶级、阶层属性等问题的研究论著。其中索贝尔的《白领阶层,从结构到政治》[1] 一书,系统归纳了目前西方学者对白领阶层地位和概念的五种划分。与此相关的研究还有詹姆斯的《种族、阶级和性别划分的历史考证》[2]、卡特的《资本主义、阶级冲突和新中产阶级》、丹尼斯·吉尔伯特的《美国阶级结构》。美国学者C.赖特·米尔斯的《白领:美国的中产阶级》[3] 提出了以职业划分阶级的新观点,而德国学者于根·科卡的《美国的白领工人

---

[1] Richard Sobel, *The White Collar Working Class: From Structure to Politics*, New York: Praeger, 1989.

[2] JamesA Delte, *Lines That Divide: Historical Archaeologies of Race, Class and Gende*, Knoxville: University of Tennessee Press 2000.

[3] [美] C.赖特·米尔斯:《白领:美国的中产阶级》,杨小东译,杭州:浙江人民出版社,1987年。

1890—1940》①，海曼的《新工人阶级——白领工人和他们的组织机构》②，阿姆斯特朗的《白领工人、工会和阶级》③ 等书中提出另一种观点，即随着白领阶层的不断增加，在二战后其数量超过了蓝领阶层，尤其是低层白领在薪金和待遇上也和蓝领阶层相差无几，他们之间的界限也越发模糊，认为白领阶层已发展成新的工人阶级。

第二类是关于白领阶层兴起的原因方面的成果。这方面的成果颇多，但是主要集中在经济和教育等领域。从经济角度分析白领阶层兴起原因的专著主要有罗伊（Roy）的《社会资本：美国大企业的兴起》④、托马斯的《美国社会经济的历史》⑤、小艾尔弗雷德·D.钱德勒的《看得见的手——美国企业的管理革命》，这些学者的专著中介绍了美国现代企业的兴起，以及管理权和经营权的分离后产生的不同的管理阶层，并且随着企业规模的不断扩大，出现了越来越多的管理人员和技术人员，同时妇女也加入到工业企业的队伍中，极大地扩充了白领阶层的人数。国内与此相关的著作有梁茂信教授的《都市化时代——20世纪美国人口流动与城市社会问题》、王锦瑭教授的《美国现代大企业与美国社会》、恭维敬的《美国垄断资本集中》。从教育角度分析白领阶层兴起原因的专著主要有克雷明的《学校的变革——美国教育中的进步主

---

① JurgenKocka, *White Collar Workers in America 1890 – 1940*, London：SAGE Publications Ltd, 1980.

② Richard Hyman, *The New Working Class? White-Collar Workers and Their Organizations：A Reader*, London：Macmillan, 1983.

③ Peter A Armstrong, *White Collar Workers, Trade Unions, and Class.* London：Croom Helm, 1986.

④ William G Roy, *Socializing Capital, The Rise of Large Corporation in America*, New Jersey：Princeton University Press, 1977.

⑤ Thomas C.Cochran, *BUSiness in American Life, A History*, New York：McGraw-Hill, lnc, 1972 .

义，1876—1957》①、威比的《1870—1920年美国秩序研究》，这些论著认为这一时期工业化和城市化体系的发展和逐步完善，亟须大量专业人士和相关的服务人员，同时这种需求的增多又需要教育的辅助作用。国内与此相关的论文有丁平的《试析19世纪中期到20世纪初期美国高等教育改革及其作用》、柳屹立等人的《美国高等教育对其产业结构现代化的影响》。

第三类是关于白领社会生活和经济地位的成果。这方面研究比较著名的是斯图亚特的《中产阶级的兴起：美国城市的社会生活》②一书，此书分析白领（新中产阶级）的收入问题促使他们有能力和条件选择宽松而舒适的生活环境。他们在社会经济等方面的积极参与对整个社会起到了重要影响，堪称社会发展的稳定器。与此相关的研究论著还有罗伯·S. 特林德的《米德尔顿：当代美国文化》、托马斯·K. 麦格劳的《现代资本主义：三次工业革命中的成功者》、G. 威廉·多姆霍夫的《当今谁在统治美国》、卢瑟·S. 利德基的《美国特性探索》。

在上述论著中，对于白领阶层兴起和生活方式的研究多偏于二战后，19世纪末到20世纪有关白领的研究则相对匮乏和零散，不够具体、系统，特别是关于西方白领的形成和生活方式与中国白领的形成和生活方式的比较的研究非常罕见。

关于"白领"的概念，在20世纪初已在西方社会出现，大致有三种解释。第一种解释认为，"白领"是脑力劳动者，"蓝领"是体力劳动者。这种解释是最初由莱德勒作出的，他把白领确定为"所有不从事纯粹体力工作的雇员"。典型的白领办事员、誊写员。第二种解释认为，

---

① Lawrence A. Cremin, *The Transformation of the school: Progressivism in America Education, 1876–1957*, NewYork: Alfred. A. knopf. Inc. 1962.

② Stuart M. Blumin, *The Emergence of the Middle Class: Social Experience in the American City, 1760–1900*, Cambridge: Cambridge University Press, 1989.

白领是雇主的助手和伙伴,他们在社会上承担四类职能,即行政事务;设计、计算、研究、分析等技术工作;监督、管理、控制;经营商业、买卖。这四类职能的共同点是:以前它们都曾经是雇主担任的。第三种解释认为,白领具有两个明显的标志:从工作环境看,白领从事的是"科室工作"而不是在车间同机械打交道,他们在工作时穿着工作服;平时上街时的一般服装,而无须穿工作服;从工作对象看,白领多是与文件、文字、符号以及与人打交道,而蓝领的工作对象是物。作出这种解释的是瑞士社会科学家罗杰·吉罗德。白领概念的界定存在争议,本节在白领界定概念时,将从市场化企业、雇佣和被雇佣的关系、体力劳动和非体力劳动三个方面进行考察,将白领定义为市场化企业中被雇佣的脑力劳动者。并将西方美国的白领阶层形成过程和中国白领阶层形成过程进行比较,进而突出90年代中国白领的特点。

一、西方美国白领的形成

(一)美国白领概念的界定

从19世纪末开始,各种研究白领的理论层出不穷,按照西方学者对美国当时的白领阶层地位的划分,可归纳为四种观点:第一种观点认为白领阶层是新中产阶级。美国社会学家米尔斯在《白领——美国的中产阶级》一书中提出此观点。第二种观点认为,白领阶层是工人阶级或新工人阶级。第三种观点认为,白领阶层是新小资产阶级。代表人物是希腊的科斯·普兰查斯,他认为在资本主义国家中,除了无产阶级和资产阶级这两个直接队里的阶级之外,"人数最多"、"力量最强大"的是所谓的"新小资产阶级。"第四种观点认为,白领阶层是新阶级。巴枯宁是知识分子新阶级论的始作俑者,所谓新阶级就是从事管理的阶级。管理国家的经济和社会事务,需要复杂的知识和技能,也就不可避免地导致知识分子的专权,成为新的管理阶级。

关于当时美国的白领阶层的界定,人们较多倾向于米尔斯的观点,米尔斯认为白领是金字塔形的职业群体,他们既有相同之处也有较大的差别,他认为:"这些共同之处构成了与企业主和雇佣劳动者相重叠的作为一种大体上的金字塔的新中产阶级的主要特征。我们不能从任何一个分层的向度——技术、功能、阶级、地位或权利,来充分界定白领人群。他们通常都处在这些向度的每一个或这些描述性特征的每一个的中间位置。从他们与其他阶层的相对差异方面进行界定,要比任何绝对方面进行界定可行得多。""应该牢记的是,在定义的所有要点方面,白领人群都不是一个紧凑的水平式的阶层。他们并不具备一个能够界定自己的核心的、明确的功能,虽然一般说来他们的功能和老式中产阶级一无二致,虽然他们使用的符号,与他人打交道,承担协调、记录和分配之职;但是,他们是作为非独立的雇员来实现这些职能的,这样,他们具备的技能有时在形式和所需的心智上是与许多雇佣劳动者相似的。"① 根据国内现有的研究成果,笔者认为对白领阶层的界定可以从以下几个方面展开讨论:

首先,从财产的拥有的情况看,白领是处于无产被雇佣的角色。在老式的中产阶级(无论是自由农场主还是小企业家)中的大多数人都拥有自己的财产,而新中产阶级(白领)则大多数没有自己能够独立经营的财产,他们未了获得工作的安全感,一开始就依附于大的财产上成为雇员。因此,从财产方面说,他们的地位和普通劳动者一样。

其次,从劳动力类型来看,他们属于脑力劳动者,大多数工作于商业、建筑、银行和其他服务机构或是在工业中的办公部门,和体力劳动相比,他们的工作全部或主要是非体力的,高技术的。他们不是依靠

---

① [美] C. 赖特·米尔斯著:《白领:美国的中产阶级》,周晓虹译,南京:南京大学出版社,2006年,第58页。

"物",而是依靠"智能",依靠组织与协调制造"物"的人们的社会机器而生存。

再次,从职业构成上看,白领是从事办公室职业的薪给阶层。主要包括政府中的雇员、专业性的技术人员、企业界的销售人员、服务行业中的服务人员。这些白领大致可以分为三类:一是政府或企业中的管理人员;二是专业技术人员,包括科研人员、工程技术人员、会计、心理学家、教师、医生等;三是广大的办事员、办公室工作人员、普通文职人员、销售人员等。

最后,从生活方式看,白领的职业特点决定了他们有稳定而丰厚的收入,注重适当的消费。工作中可以穿戴日常外出或上街的服饰,在居住区位上倾向选择舒适、宽松的同质性郊区生活,多以子女为中心的核心家庭模式,并且突出地表现为对教育的重视,文化品位较高。

白领阶层是美国最不容易划分的阶级群体,在 19 世纪末 20 世纪初期,白领阶层刚刚兴起,其数量和规模还不是很突出,其收入、生活方式、职业特点和中产阶级非常相似。但笔者不赞同人们用"中产阶级"称呼新中产阶级——"白领",我们在研究白领阶层不仅要参考地域的标准,更要参考时代的标准。此时的新中产阶级与老式中产阶级有着本质的不同。所以我们将这一时期的白领阶层定义为管理人员、专业人士、办公人员、推销员等组成的无财产的雇佣阶层——新中产阶级。

(二)美国白领阶层兴起的原因

19 世纪后期美国白领阶层出现的根本原因在于迅速发展的工业化,它促成现代公司的兴起,教育的发展、政府和企业中的科层化管理模式的出现。正是这些诸多因素的出现,推动了整个社会阶层的改变,从而促使新中产阶层(白领)从老式的中产阶级中分化出来。

1. 现代科层化管理的公司出现

19 世界末美国工业化的发展,促进了工商企业的进步,是推动整个社会变更的根本力量。19世纪末美国社会由农业社会转变为工业社会，新的生产部门出现了，传统的个人或合伙企业被现代工商企业取代。内战以后美国进入了一个通过合理化的科层制和机械化大生产来提高利润的时代。随着煤、石油和电力等新能源的开发和使用，以煤为燃料的蒸汽动力使生产摆脱了水力动力的地域限制，促成了工业部门的重新分布。石油的开采和使用不仅为现代工业提供了新能源，而且石油业自身也是新兴的工业部门。交通部门和通讯部门的技术突破使商品在全国大规模流通成为可能，为大量分配提供了技术保障。铁路、电话、电报公司是美国大工商企业的先驱，其经营管理模式已具备了现代企业的雏形。从这些企业公共特点看，大多数以控股公司为标志，纵向或横向联合生产与管理也颇为普遍。尤其是在19世纪最后的十年，公司合并浪潮迭起，托拉斯化趋势非常明显。①

大规模生产实现以后，企业必然面临将大量商品推销出去的挑战。为了不断开辟新的市场，企业通过建立自身的销售部门来取代以往批发商、零售商的职能，最终实现大量销售。这些机构由支薪经理领导，负责产品的销售和分配以及当地的广告事宜，规划产品自出厂到批发商的流程。与此同时，一些企业继续增强自身实力，遂兴起了公司合并浪潮。宏观上，一般通过横向合并和纵向合并的方式，各种托拉斯垄断组织或控股公司兴起。从19世纪70年代到20世纪20年代美国企业界出现两次合并浪潮。② 横向合并主要通过协调不同经营单位的成本和提高生产率来增加利润。纵向合并主要是制造业向前发展建立自身的销售系统，向后发展建立自身的采购系统，由此形成产、供、控股公司，即指

---

① BoB Cart: *Capitalism, class Conflict and The New Middle Class*, London: Routledge Kegan Paul, p.90

② [美]小艾尔弗雷德·D.钱德勒：《看得见的手——美国企业的管理革命》，重武译，商务印书馆，1987年，第326—327页。

在其公司持有足够数量的股票，以控制其经营管理，董事会用此办法掌握公司的政策，并通过决定子公司的产品价格、销售政策、老子关系和生产来消灭竞争。通过控股公司资本不仅可以集中控制数家甚至数十家企业，而且还可以藉此大量融资，降低成本、决定价格，垄断市场。系统管理出现在 19 世纪末，公司老板通常在公司内划分许多部门，同时任命专职部门经理负责。专责经理制度实施后，美国公司就出现了金字塔式的科层管理制度。① 在最顶层是公司董事长，其次是高层管理，包括各董事会成员，下面分设各部门经理，每个部门都是作为独立的企业而运转，其下设置底层管理，这些管理人员又雇佣其下属——监工和助手——来监督工人队伍。到 20 世纪 20 年代，现代的科层管理制度在美国工商企业中确立，不仅促进了经济的发展，也改变了整个阶层结构，新兴的白领阶层正是在这种新旧交替中从老式的中产阶级中脱胎而出。需要指出的是，老式中产阶级一般包括两部分人，一是指在新的资本主义生产方式完全确立之前处在小商品生产下的各种小生产者或独立生产者，即小工业家、小商人、小食利者、手工业者；另一类老式中产阶级是指取代独立生产者地位的中小农场主、中小企业家和其他财产所有人②。技术的进步使垄断资本的统治日益扩大，独立的小生产者日益受到排挤，一部分变成无产者，其余部分在社会经济生活中的作用日益缩小，大批中小其余的破产使他们在整个社会阶级结构中的地位日益衰落。

2. 第三产业的迅速发展

美国的工业化和城市化的发展引起了产业结构的变化，第三产业即

---

① ［美］小艾尔弗雷德·D. 钱德勒：《看得见的手——美国企业的管理革命》，重武译，商务印书馆，1987 年，第 2 页。

② 王锦瑭：《向帝国主义过渡时期美国阶级结构的变化及其影响》，《武汉大学学报》，1988 年第 5 期。

服务业的快速发展，则在外部范围上为白领的兴起创造了条件。

经济部门可分为两类，即物质生产部门和非物质生产部门。第一、二产业属于前者，第三产业（服务业）属于后者①。非物质生产并不能够独立存在，还得以物质生产为基础，如果非物质生产部门发展的好，则会对物质生产部门起促进和推动作用。服务业是由各种不同行业组成的产业，其门类繁多。大致可以分为流通部门，主要包括商业、交通和金融保险业；个人服务部门，主要是家庭服务；公共服务部门，包括政府部门及其他服务业。从另一个方面讲，服务业提供的是劳务而不是货物，他们的"产品"大都是以无形的形式出现，可以分为专业性服务、私人服务以及公共服务。美国的服务业在四十年间发展迅速，在有些地区的发展甚至超过了制造业。工业化和城市化是促进美国服务业发展的主要因素。

美国的经济学家维克多·福克斯之处："服务业是随着工业革命的产生而发展的。"② 美国服务业发展与工业发展有着密不可分的联系。一是随着人均收入水平的提高，人们对生活服务业的潜在要求不断上升；二是工业化程度的提高促进了分工的深化，为了进一步提高生产效率，工业企业内部服务外部化成为必然，如内部的会计、法律、技术、信息处理等服务业外部化后，得到迅速发展；三是随着工业化程度不断加深，借助新技术的劳动生产率得到不同程度的提高，由劳动生产率带动生产服务业迅速发展，促进服务业整体效益的提高。

城市化也是与服务业的兴起十分相关，城市化的形成推动了服务业的发展，而服务业又促进城市的繁荣。首先，城市化改变了人们的消费爱好。城市化促进了公共事业的发展，城市管理和建设也进行了相应的

---

① 夏炎德：《欧美经济史》，北京：三联书店，1991年，第737页。
② 王垂仍：《服务业、竞争、合并》，北京：中国对外翻译出版公司，1987年，第4页。

改革。人们对公共服务的需要和偏重于警察、消防、卫生等方面的服务随着社会进步、居民收入水平增加而扩大。其次，城市化的发展也对建筑业提出了更高的要求。随着人口的增加和机构的完善，需要提供更多的住宅、商店、办公室等公共建筑。再次，城市化的发展带动了旅游业等相关产业的发展。如大型宾馆、饭店等餐饮业和超级市场的发展，结果造成各部门的经理和各层主管的增多。最后，为满足教育、金融服务业、宗教活动、医疗保健、零售商业的需要，城市生产和人口都随之增加，这就需要建立一个更复杂的社会服务网络系统。如警察、消防和卫生等方面的服务。

3. 教育"提升机"的作用

教育的改革和发展是白领阶层成长的"提升机。"因为教育的主体教师本身就是白领阶层，同时在专业教育机构中培养出来的人才也增加了其进入白领阶层的可能性，正如家长们普遍认为的"教育通常能为他们的孩子提供一份白领的职业。"① 美国南北战争之后，工业化的发展与城市的大量激增，促使美国大踏步地走向现代化，普及教育迫不及待。美国由农业社会迅速发展为工业社会，经济中的技术构成空前提高，不发展教育就难以输送合格的劳动大军。同时美国又是移民国家，从欧洲到来的移民在政治意识、宗教信仰、文化水平和生活习惯上都与本土美国人和早期的英国移民极为不同。不同种族杂处一国，难免矛盾摩擦。为了解决这个难题，美国需要大办公民教育，以学校为熔炉，对新公民进行美国化教育。

19 世纪末 20 世纪初，美国教育步入了规模不断扩充和具有美国特色的教育体制时期。"为更多人提供更多的教育"，成为这时期美国教

---

① Clyde and Sally Griffen. *Natives and Newcomers*. New York: Harvd University Press. 1978. p83.

育发展的主调。从学校体制看,由幼儿教育、初等教育、中等教育、高等教育以及师范教育和职业教育构成完整的教育系统。①

首先,美国各州陆续普及义务教育,幼儿教育和初等教育逐步实现。19世纪20年代美国兴起的公立学校运动,到19世纪末已见成效,美国各州陆续普及义务教育。在1852年,马萨诸塞州颁布了美国历史上第一部义务教育法,到1898年已有32各州和准州实施了义务教育。

其次,从19世纪70年代开始,美国提出了普及中等教育的要求。美国完成了由"8·4"学制到"6·3·3"学制的改革任务,有力地促进了中等教育的改革和发展。在美国中等教育走向大众化和普及化过程中,不但学校数目增多,职能也日趋分化,出现了职业中学。这类学校开设了一些职业性课程,如家庭经济、手工训练、工业训练和商业事务等。这被认为是"对日益增长的工业化、城市化和专门化的社会需求做出的初步的、基本的反响。"② 20世纪初,由于国家急需大批有文化和懂技术的熟练技工以适应各种职业的拘束需要,提供越来越多的职业教育成为可能。1917年,美国国会顺利通过综合性的职业教育计划《史密斯—休斯法案》。

最后,美国的高等教育也得到迅速的发展。19世纪中后期两次《莫里尔法案》的通过并实施,促进了高等学校和农工学院的快速发展,学校数量从1870年的563所发展到1900年的977所③。这一时期,

---

① RobertH Wiebe, *The Search For Order*, Farrar, Straus and Giroux, 1877 – 1920. p119.

② [美]奥恩斯坦:《美国教育学基础》,刘付忱等译,北京:人民教育出版社,1984年,第85页。

③ U. S. Department of Commerce. BumauoftheCensus, *Historical Statistics of the United States*, Colonial Times 1970, p383.

美国高等教育的大量扩充使得原有的单一高等教育结构模式发生变化,基本上沿着两个方向发展。一个显著的特点出现独具特色的初级学院;另一个方向是建立科学研究和研究生教育为主要任务的研究型大学。如,法学医药、建筑和工程等大学陆续建立起来。更值得一提的是,19世纪后期,美国女子高等教育得到较大的发展,主要以女子学院、附属女子学院及男女合校教育三种形式存在。在这三种高校中尤以男女合校教育发展最快。

除了以上的公立、私立学校以外,图书馆、大学出版社等教育机构也一起构成了这一时期教育结构的一部分,并且在发展中渐渐作为一个专门的行业出现,以往由教学人员兼职的图书管理员、编辑变成一种技术性很强的职业。上述文化教育机构的建立,不仅提高了整个阶层的文化素质,而且还培养出一大批有专业性特长的技术人员,无疑为白领阶层的成长提供了良好的培养基地。

4. 欧洲移民潮的影响

白领阶层的兴起不仅是工业化、城市化发展的结构,同时也是受这一时期涌入欧洲移民的影响。数百万的欧洲移民在1870—1920年间涌入美国,形成了美国移民第三个高峰期。移民入境之后,多数流向急需劳动力的东北部和中西部城市,他们在当地人口中所在的比例远远高于其在全国城市的平均比例。值得注意的是,每次移民之后,美国的技术专利均会大幅增长。

欧洲的移民主要在以下几个方面对美国的产业,特别是作为脑力劳动的白领阶层的兴起产生了直接和间接的影响。首先,移民作为生产者,为美国的工业发展提供了大量的后备军。其次,移民利用他们在欧洲或在美国积累的资本技术创办公司。再次,移民社区各类互助组织的成立,创造了大量的白领就业机会。复次,移民为满足自己的文化和精神需要,创办报刊、从事文艺等活动,报纸及剧院可以说是他们生活的一个重要组成部分。报纸数量和内容上的扩充需要大量的记者、编辑和记录员①。同时成百上千的戏院在美国的移民社区里建立起来，这些戏院需要雇用专业演员、导演和剧作家。最后，无论是本土上人还是外来移民，他们为加快移民的美国进程纷纷成立各类学校、图书馆和社会机构，以帮助移民归化。这些机构在帮助各族裔的同时，也使更多人掌握了知识和技术，成功迈入白领阶层。

5. 美国文官制度发展

随着工业化的发展，美国联邦政府的人事制度和管理体制已经不能适应新时代的需要，联邦政府对现行的文官制度进行了改革，使政府由前期的监事和管理一些国内行政事务发展到总揽国内政治、经济、文化和社会等方方面面的事务进行科学的管理。19世纪后三十年，由于政府部门的增多和文官人数的扩充，使文官管理问题日益凸显出来。因此联邦政府在文官内部进行了改革。1883年《彭德尔顿法》的颁布，标志着美国文官制度的正式建立。根据此法，美国联邦政府建立了主管文官考试与管理的新机构——文官制度委员会，同时强调文官职位在任何层次上向全社会所有阶层开放的原则②。改变了以往只有上流社会才有资格参与政治的模式，为更多人提供了进入国家机关的机会。

文官制度的发展不仅促进了科层制和职位分类的发展，也体现了文官录用水平的提高。一方面表现为政府各部门录用的专业人士增多，另一方面为提高文官的专业水平，各类专业学校或大学举办的专业培训班逐步建立起来。由于文官制度的建立，从建立之初的13万人发展到一战期间的30万人。这些无不说明在新形势下，统治阶级不断加强国家

---

① Loretta Matulich, *ACross-Disciplinary Stuay of the European Immigrant of* 1870 *to* 1925, New York: Anlo Press lnc, *1980*, P19.

② 石庆环:《论美国文官制度的三项原则——从1883年〈彭德尔顿法〉谈起》,《东北师范大学报》, 2003年第3期。

机器的需要，庞大的文官队伍成了统治阶级不可或缺的力量。同时，为文官改革需要而建立的各类职业学校和专业训练班，是组成白领阶层必不可少的部分。

（三）美国白领的生活方式

1. 工作

米尔斯认为由于生产资料和劳动者的分离，雇员都要在一定程度上出卖自己的独立，他们的工作生活是在别人的控制下进行的，他们使用的技术和行使自主决定的领域要受到别人的管理。工作对白领而言既不是为上帝服务，也无法使他们产生神圣感。他们既没有强烈渴望工作的感觉，也没有从他们日复一日的工作中得到多少积极的满足感，工作或劳动在他们那里已成为一种异己的力量。

2. 价值观

米尔斯认为，追求事业上的成功是白领的共同愿望。白领的成功模式是信奉随机应变的能力；是在同事、上司、规章制度中"混事"的本领而不是在自由竞争的市场"勇往直前"的闯劲；是你认识的人而不是你懂的知识；是自我表现的技巧和利用别人的窍门，而不是正人君子的道德、物质的成功和人格的可靠性；是对公司的忠诚甚至以公司为家的精神，而不是创业的本领。环境、个性、气质、机遇是决定成败的关键因素[①]。白领这种成功模式与企业主的成功模式是不同的，企业主信奉的成功美德即意志、精明、秩序、利落，不向困难低头的气概，诚实、正直的秉性。

两种模式都牵涉到为金钱而改变个性的问题。但是，在企业模式下

---

① 夏建中等著：《社会分层、白领群体及其生活方式的理论与研究》，北京：中国人民大学出版社，2008年，第60页。

金钱上的成功是与美德的品质联系在一起的，金钱是用来办好事的，因为只有美德完善才能证明财富的合理性，追求金钱和道德完美两者的有机统一是该模式下人们的价值理想。在白领模式下，并没有这种对成功手段的道德神圣化，人只不过是不得不成为成功的工具，要获得的是手段而不是美德，金钱上的成功被看着是一件毫无疑问的大好事，为了它做任何牺牲都不为过，追求金钱成为该模式下的人们的最高律令。

3. 休闲

米尔斯认为工作中的异化意味着一个人牺牲生命中最好的时光去挣"活下去"的钱，意味着厌烦，意味着潜在的创造性和品格在生产上的挫折，意味着尽管人们只能在工作之外寻找那些对他们来说十分重要的东西，但是他们在工作中却必须严肃认真，他们不可以欢笑、唱歌，甚至不能谈话，他们必须遵守规章制度，不能破坏"企业"这个偶像。总而言之，他们必须严肃和始终如一地对待他们来说毫无价值的东西，而且还要在他们生活中最好的时光中这样做。[①]

在这里休闲时光对人们来说便意味着从工作的专制的严肃中获得一丝轻松的自由感。休闲就是用钱买回周末和晚间的快乐，就是以娱乐、爱情、电影以及建立在相互分担苦乐基础上的亲切感来培养健全的人格，就是最令人高兴的消费时间和地点。总之，休闲就是梦想着并实际为之奋斗的所有美好事物和目标。正是在休闲中，白领随波逐流，在体育竞技、大众媒体塑造的偶像及其他娱乐机器的运转中找到新的寄托。

4. 消费

在美国白领的人数已超过蓝领，他们宽绰富裕，是拉动社会需要的主要动力，是市场上最大的消费群体，对资本主义的扩大再生产顺利进

[①] 夏建中等著：《社会分层、白领群体及其生活方式的理论与研究》，北京：中国人民大学出版社，2008年，第59页。

行做出了巨大贡献。由于工作的异化，休闲变成了工作之后需求生活快乐的主要方式，娱乐性的消费迅猛增加。由于工作竞争，白领用于教育的支出日益增长，教育消费所占的比例越来越大。① 白领不但重视自身的教育，而且十分关注下一代的教育，美国社会学家伦斯基认为白领双亲强调有自制力、有好奇心以及体谅人，其目的是为了培养孩子的自制力和移情性的理解力。

5. 政治参与活动

美国白领政治参与活动呈现出"政治后卫"的特点。"政治后卫"即是政治冷漠或消极。② 政治后卫不是不问政治，逃避政治，而是主张以渐进的理性的制度化的改良手段实现社会的变革，反对暴力革命或过激行动。白领阶层普遍存在着政治后卫的倾向。美国在19世纪由于没有强大的邻邦，没有统摄全国的无所不能的首都，没有巨额的税收、庞大的军队和伟大的将军，就不会产生将全国人民的命运交给一部分人的专制危险，所以美国的老式中产阶级没有经历过欧洲国家的资产阶级同封建专制进行的腥风血雨的搏杀。在20世纪，由于大众传媒的政治消解作用和经济决定政治的机制，美国的白领（新中产阶级）的政治态度更趋于消极，后卫倾向愈益明显。③

总之，白领阶层的大量兴起，促进了橄榄型社会结构的形成，有利于社会的稳定。从社会学角度看，白领阶层的出现，无疑促进了阶层结构的改变，由于白领阶层的大幅度增加，美国社会的阶层结构已由金字

---

① 夏建中等著：《社会分层、白领群体及其生活方式的理论与研究》，北京：中国人民大学出版社，2008年，第67页。

② [美] C. 赖特·米尔斯著：《白领：美国的中产阶级》，周晓虹译，南京：南京大学出版社，2006年，第260页。

③ 夏建中等著：《社会分层、白领群体及其生活方式的理论与研究》，北京：中国人民大学出版社，2008年，第83页。

塔形转变为中间大，两头小的橄榄形。中间层占了社会的绝大多数，社会出现一种均衡化的倾向，是关乎社会稳定的关键因素。

二、中国白领的形成

我们研究中国 90 年代白领的特性，不得不分析 20 世纪 30 年代中国老式白领是如何形成的，以及它与美国白领和中国 90 年代白领的异同。

（一）中国老式白领

中国老式白领出现在 20 世纪 30 年代的上海。1840 年鸦片战争之后，上海成为中国几大通商口岸之一，也是中国早期白领群体最为集中之地。该群体主要分布在外国势力设在中国的各种机构中，从事商贸业和金融业的职员居多，另有大量各种新兴职业的从业者，如记者、律师等。我们可以把这些人称为中国的"老白领"。与西方社会中的白领有所不同的是，上海的"老白领"并不是由于本土社会内发的工业化而产生的，而是中国在被动现代化的过程中横空出世的，即这一群体是外国工商资本在中国本土文化的底子上造就出来的。可以说，上海的白领从诞生之日起就只是职业分层意义上的一个称谓，不仅其概念内涵有别于西方社会学意义上的"白领"，而且其群体也有自身的诸多特性。①

这些"老白领"兴起的原因主要有以下三个方面。首先，外国资本改变了上海产业结构的结果。在外国工商业资本入侵之前，上海的工商业已经有了一定的发展。但是在开埠后的十几年时间里，外国商业机构和金融机构的大量进驻使劳力资源的流向发生了更明显的变化。随着

---

① 李友梅：《社会结构中的"白领"及其社会功能》，《中国社会科学》，2005 年第 6 期。

商贸业和金融业的发展,沿公共租界的主干道两侧出现了银行、房地产公司、保险公司、大百货公司等集中的、专门的商业区,大量中方雇员在此供职;同时,外国租界的不断建设又带动了一系列市政服务行业的兴起,从而产生了一批有别于商贸业的新型服务性人员。社会学者周晓虹指出:"到20是20年代职员群体进入了发展期,分布范围已很可观,主要在商业、金融、交通运输、教育、行政机关等系统,其中店职员进10万人,商业人员约为20万人。"① 当时上海的白领群体主要集中于外国资本控制的商业区,这是这一群体在职业构成上的一个主要特征。②其次,现代性的经营理念和管理方式对上海的社会结构产生了深刻的影响,其中最重要的是现代竞争原则的引入。中国传统的社会分层机制是血缘关系的基础上形成的,天赋性是其主导性的流动规则。而现代竞争原则建立在后致性规则的基础上,它承认主体的本质差异,鼓励主体通过提升个人能力来实现社会地位的上升性流动,在为职业的自由转换提供可能性途径的同时也促进了社会阶层的流动与分化。可以说,上海早期白领群体是这一新原则在旧有社会关系格局上造就出的新生儿,他们的出现是中国在社会结构上向开放性社会转变的最初印痕。最后,"海派"文化孕育的结果。上海在几十年间移植了西方现代都市的生活模式、商业运作模式、娱乐方式和文化消费品等。正如白吉尔教授所言,上海"接受了西方人带来的形式,把它吸收、消化并转化成为中国式的现代特色。这座城市所具有的独特性和吸引力是其他任何殖民地都没有

---

① 周晓虹主编:《中国中产阶层调查》,北京:社会科学文献出版社,2005年,第329页。
② 李友梅:《社会结构中的"白领"及其社会功能》,《中国社会科学》,2005年第6期。

的哲理,中华文明与西方现代性的相撞是以实用主义的方式来达到平衡的。"① 中西文化的碰撞和嫁接成就了上海的繁盛,大量中外移民在海派文化的感召之下移居上海。这些移民便形成了新兴的白领。

20世纪30年代上海白领形象是很模糊的,张爱玲曾经描写这一群体的内心欲望和情感体验,但是他们的身份在作品中只是一个隐形的背景。李友梅教授曾对这一白领阶层的特性作了总结,"他们那些重要的人生仪式虽然是中国式套路,但在物质形式上却已经罩上了一层西式的外衣。他们无一例外都有着很强的都市经济观念,执着于自己的感情世界而远离诸多意识形态的冲突。他们可以一边接受新的思维方式;一边按照传统社会的行事规则参与社会生活。他们既同时隶属于两种社会关系格局又游离于这两种格局之外。这种游离性既意味着主体在价值判断体系上的独立性,同时也表现出其主观认同的不确定性。"②

(二) 中国90年代白领阶层

1. 中国90年代白领研究对象的选取及其特点

90年代是中国经济转型时期,这一过程是由社会主义计划经济向社会主义市场经济的过渡期。社会主义市场经济虽然与西方自由市场经济制度在本质上有所区别,但在内容上仍有相同之处。在这一转型的过程中,原有的全部为国家所有的计划经济体系分化出了完全市场化的企业,以及名义上为国家所有的计划经济体系分化出了完全市场化的企业(如部分实行聘用制的高校),同时,在渐进式的改革过程中,部分原

---

① [法]白吉尔:《上海史——走向现代之路》,王菊、赵念国译,上海:上海社科院出版社,2005年,第2—3页。
② 李友梅:《社会结构中的"白领"及其社会功能》,《中国社会科学》,2005年第6期。

有的国有企业没有完全市场化,仍然保留了原有国有企业的制度,比如部分福利、部分行政权力。①

本文研究的90年代的白领是指在市场化的企业中,存在着个人与企业之间以契约的形式形成的雇佣关系的非体力劳动者。这里需要指出的是,市场化的企业中,存在着个人与企业之间以契约的形式形成的雇佣关系是界定白领的第一个要素。因为市场化企业中的人员享有和原来公有制下不同的雇佣制度和劳资关系。"在原有的计划经济体制下,从业人员主要受雇于国家,是一种个人和国家之间的关系,而不是个人和企业之间的关系。同时,个人享有的工资和福利是国家规定的,而不是企业自主决定的。现在完全市场化企业中的从业人员,则是享有和西方市场经济体制下相似的雇佣制度。个人与企业之间以契约的形式形成的雇佣关系"。② 界定这一白领概念的第二个要素是市场化的企业中的非体力的劳动者。这里所研究的白领群体不包括政府机构和准政府机构中的非体力劳动者。原因有两个方面:第一,政府机构中的人员和市场化企业中的人员存在体制上的差别。"在政府机构和准政府机构中工作的人员,享有与单位体制相似的制度环境,在这种模式下会比市场中的企业更多地依赖单位,来获取相应的资源和权利。"第二,在生活方式和价值取向上会存在差别。依据布迪厄的理论,阶层或群体的划分,不但是经济或职业上的区分,更重要的是品位上的区分,个人的品位决定了个人所属的阶层。政府机构和准政府机构中的非体力劳动者对单位有较强的"依赖",从而制约了人们的"自由"。而市场中的非体力劳动者在生活方式和价值观念上则具有更多的自由和更大的自主性,更多地从市场中获得各种资源和权利,来维持自身的独立。

---

① 夏建中等著:《社会分层、白领群体及其生活方式的理论与研究》,北京:中国人民大学出版社,2008年,第111页。

② 同上,第112页。

中国社会结构正处于转变时期，白领阶层也正在兴起，他们的特点比较复杂，"由于社会结构的转变正在进行中，传统的由'身份制'社会分层制度正在向新的社会分层制度转变，白领阶层在社会组织与社会分层中所处的位置非常分散，与之相联系的生活方式也相当复杂。有些白领延续了传统的生活方式，有些则采取了全新的生活方式，而有些则介乎两者之间。"① 本文选取了与美国白领具有相似特点的白领群体作为研究对象。这些白领主要具有以下特点：

首先，白领诞生于企业市场化的社会结构变化之中。20世纪90年代是中国社会从计划经济向市场经济转变的时期，在这一趋势下，完全市场化的企业将不断增多，这些企业包括股份制企业、合资企业、外资企业和民营企业等形式。市场化的企业的出现吸纳了相当规模的从业人员，以提供智力、技术和从事信息工作来获取收入。这样便形成新的白领群体。这个时期的职业结构与就业结构的分化和米尔斯提到的美国当时的就业结构的变化有很大的相同之处，市场化企业开始涌现，从业人员大量增加。新型劳资制度下的从业人员的大量出现，正如美国当时一样，开始形成一个新的群体，这一群体可以说是中国典型的白领群体。

其次，他们是市场化企业中非体力劳动者。本文所界定的白领群体并不是指普通意义上的非体力劳动者或中产阶级，而是指在市场化企业中，在新型的企业劳资制度下，从事非体力劳动的挣工资的劳动者，不享受传统公有制下的各种福利待遇。对这一群体的划分，目的在于以西方白领的概念为参照，将原来的宽泛意义上的白领（非体力劳动者）范围缩小。"因为西方的体力劳动者的概念和中国的非体力劳动者的概念存在很大的差别。尤其是政府机构的人员，虽然多是非体力劳动者，但是并不是西方市场经济体制下相似的只挣工资的非体力劳动者。他们

---

① 夏建中等著：《社会分层、白领群体及其生活方式的理论与研究》，北京：中国人民大学出版社，2008年，第112页。

享有不同体制环境和劳资制度,并且中国政府机构中的人员可以利用权力的寻租获得经济资源。"① 这里需要补充的是,公有制并不能有力区分从业人员是不是挣工资的劳动者。因为在某些公有制体制下的企事业已经完全市场化,员工不享有原有的雇佣制度和福利制度,而是享受和市场化企业中的人员同样的工资待遇,只是挣工资的劳动者。

最后,他们个人与组织之间的关系是新型的雇佣与被雇佣的契约关系,而不是中国传统部门中的关系。在中国传统的部门多以低工资而辅以较高的福利为其成员提供生活的保障。"传统部门不仅负担人员的工资、福利,可能还会关心人员的居住环境、精神状况、生活质量等问题。并且传统部门中的人员可以通过资源权利等的交换,比如长时在同一单位就业来表达对组织的忠诚,来实现其利益"。② 现代市场化的企业则有所不同。其与传统文化形成的财富共有,共同承担责任的精神理念被代之以西方社会中的利益关系。他们个人与组织之间的关系是新型的雇佣与被雇佣的契约关系,而不是中国传统部门中的关系。"个人之见、个人与组织之间开始承担有限的个人责任,而不再关心公共福利。公司对员工支付一定数额的工资和必要的保险等福利,而不再关心其他生活是否安定、家庭婚姻状况、个人生活质量、个人生活理念等于工作契约无关的生活活动。"③

2. 白领群体产生的原因

首先,第三产业出现带来的影响。20世纪90年代中国开始发展市场经济,第三产业作为主要经济的力量,不断发展和壮大。企业的从业人员的数量必然会随着经济结构的变化而变化,第三产业的就业人员比

---

① 夏建中等著:《社会分层、白领群体及其生活方式的理论与研究》,北京:中国人民大学出版社,2008年,第113页。

② 同上,第114页。

③ 同上。

例不断上升。不妨以上海为例,从 1990 年到 2003 年,"上海第二产业从业人员下降了 20.3%,而第三产业的从业人员上升了 22.3%。与此相适应,上海职业结构从 90 年代开始的变化呈现出:专业技术人员与现代商业服务的从业人员逐步增加,而传统农业与工业的从业人口日趋减少。"① 而第三产业的发展是白领群体产生的一个重要条件。

其次,科层化管理的社会组织的增多。经济体制改革引发企业市场化和劳资关系的变革是白领产生的重要因素,自从计划经济向市场经济转变以来,市场化的企业开始迅速发展,主要包括市场化的国企、市场化的事业单位、合资企业、民营企业。在这些企业中的管理一般采取科层化管理模式,从事管理人员的比例开始上升,可以说这些人构成了白领的主要人员。

再次,社会分层的变化。社会分层的变化也是白领群体产生的主要原因之一。最初的社会分层采用"身份制",人们被划分为贫农、中农、富农等身份。但是随着改革开放,社会分层制度发生了改变,人们开始采用弱化身份制的方法。实现市场经济体制以后,经济分层的方法开始逐渐取代政治分层的方法。这种社会分层的转变也可看着白领兴起的原因,正如朱光磊所说:"从'身份型'干部到'契约型'合同工的根本性转变,使企业中的脑力劳动者,变为白领工人。"② 目前政治分层和经济分层的标准同时存在,在不同的情况下采用不同的划分标准。"市场内的从业人员在政治分层体系中的边缘,或者说政治分层标准将政府机构和准政府机构的人员和完全市场化企业内的人员区分开来。白领人员脱离了原有的以政治生活为中心的传统生活方式的范围,更多的

---

① 李友梅:《社会结构中的"白领"及其社会功能》,《中国社会科学》,2005 年第 6 期。
② 朱光磊等:《当代中国社会各阶级分析》,天津:天津人民出版社,1998 年,第 81 页。

是在市场领域中活动。在政府机构和准政府机构内政治分层的体制仍然十分有效,而在市场内,政治分层的标准难以区分市场内部群体。经济标准则更具有普遍性,可以用来分析政府机构和准政府机构中的人员,也可以分析完全市场化企业中的人员。"①

3. 白领生活方式

一般情况下,白领的工作时间、学习时间、娱乐时间多于普通人,而家务劳动和睡眠时间则少于普通人。白领群体的工作较普通人更为繁忙,工作上付出的时间和为工作而进行的学习时间远多于普通人。而在娱乐活动方面,白领群体的时间也高出普通人,他们既要努力工作,在工作之余也要尽量地放松。故有"小资"之称。白领生活方式主要体现在业余活动和消费上。

首先,白领的业余活动。白领群体的娱乐活动是多种多样的,主要可以为以休闲为导向的娱乐活动和以职业为导向的娱乐活动。一是以休闲为导向的娱乐活动。白领们喜欢的娱乐活动多是以健康、使用、休整性的活动为主,比如健身、旅游、逛公园、看电影和去酒吧等。有少部分人追求新鲜的潮流,接受新的娱乐方式,但是更多的人并没有去追赶时尚。而经常参加高雅活动如听音乐会、看艺术展览等的人则没有形成规模,大多数的人仍然是以方便实用的态度来选择活动内容。二是以职业为导向的娱乐活动。一般的情况下,白领最喜欢读书看报、与朋友聚会等活动。从这些活动中可以看出白领为维持自身的素质和群体地位的努力。一方面读书看报可以增加白领群体对知识的学习。白领群体所从事的工作是以智力劳动为主,靠知识和技术来维持自身的价值,而知识日新月异的更新给白领的工作造成了很大

---

① 夏建中等著:《社会分层、白领群体及其生活方式的理论与研究》,北京:中国人民大学出版社,2008年,第118页。

的压力,白领必须通过不断地学习来维持自身在知识、技术上的领先性。另一方面,白领群体可以通过经常性的交往来维持自身的社会地位和群体身份。经常性的交往不仅是简单的个人喜好、心理认同或维持社会地位的表现,通过经常性的交往还可以获得很多的关系资源。通过和身份相近的朋友之间的交往,可以获得很多的信息资源,同时获得更多的机会或业务上的联系。

其次,白领的消费。通常情况下,白领日常消费主要包括购买衣服消费、用于个人教育消费和娱乐消费。一方面,购买衣服的消费不简单是一个等同生活必需品的消费开支,其中有职业性质和社会地位对它的要求。为了与职业和职业所拥有的经济地位相符合,白领必须在穿着上有所选择。正如凡勃伦所说,"有闲的生活方式不是全部可见的,所以人们要在可见的地方展示给人们看。"① 白领群体地位的最好的展示就是他们的衣着。有些公司对个人的要求也同样体现了职业系统对地位和形象的维护。例如某公司在员工手册上明确要求:"上班时间着装整齐、干净。男士着高档西服,着单色长袖衬衣,系领带,穿皮鞋、休闲装及不过于袒露的服饰;着装须平整,无皱折,无破损,颜色协调。不可卷衣袖、裤腿,不得穿凉鞋、运动鞋;领带必须挺括干净,系戴端正;皮鞋必须保持光亮;衬衣宜每日一换,保持清洁。"

另一方面,个人教育和娱乐消费大体上是为了自身在文化和经济中所占有的社会地位。职业的影响已经渗透到消费当中,并在一定程度上主导了消费的趋向。职业因素除在经济上对消费支出有相当的影响作用,还渗透到文化、符号消费中。如有些公司对个人仪表就有细致地规定:员工应保持衣冠、头发整洁,不得擦浓重的护发用品。

综合看来,白领的消费倾向有三个方面的特征。一是与传统不同。

---

① [美]托尔斯坦·凡勃伦:《有闲阶级论》,蔡受百译,北京:商务印书馆,1997年,第76页。

在传统的观念下,中国人对于钱的态度大多是存在银行,用于长期积累而不是消费。"在白领群体中,这个观念得到了彻底的改变。将存款用于个人教育、用于购房、投资等消费性项目的比例都超过了继续保留存款的比例。说明在白领群体中,消费的观念已经被接受,不再趋向于保守的积累,而开始为个人事业的发展,地位的提升和创造良好的家庭环境实行投资。"[1] 二是与普通人消费倾向不同。一般情况下,白领追求品位和炫耀性消费比例要高于普通人。这一点说明了更多的白领群体认识到用于消费能够显示个人的品位和社会地位,已经开始将消费视作一种展示身份的手段。三是群体内部消费倾向的差异。白领群体内部在追求个人喜好和品位、档次之间存在着文化上的差别。追求个人喜好和品位的通常是对个性的追求,这同个人的文化素质有关,个人希望通过多样化的消费作为个性标志,追求自由的、与众不同的生活体现。而追求档次则体现了对经济地位的追求。白领希望通过商品的价值来体现自身的地位。

从中外白领的比较可以看出,中国白领和西方美国白领在大体上有一定的相似性,他们都是市场化企业中的被雇佣的体力劳动者。但是中国的白领群体作为一个新兴群体,与西方美国白领也有所不同。自从改革开放以来,白领群体越来越引起了社会各界的关注,从普通百姓口中的"白领",到学者们口中的"中产阶级"或"中间阶层",都反映出了这一群体在我国社会生活中的地位日益凸显出来。他们不同于西方美国白领的地方在于,美国白领阶层形成经历了漫长的白过程,现在已经发展成熟,而90年代我国改革开放才十多年,中国的"白领"基本上处于萌芽期。所以,本文所谈的白领并不是指普通意义上的非体力劳动者,而是指在市场化的企业中、在新型的企业劳资制度下,从事非体力

---

[1] 夏建中等著:《社会分层、白领群体及其生活方式的理论与研究》,北京:中国人民大学出版社,2008年,第134页。

劳动的劳动者，他们不享受传统公有制下的各种福利待遇。强调劳资制度的原因在于这一群体并不能简单地用以往宽泛的白领概念或中产阶级的概念来划分，而将其简单地归为非体力劳动者。对这一群体的划分，目的在于以西方白领概念为参照，将原来的宽泛意义上的白领（非体力劳动者）范围缩小。因为西方的非体力劳动者的概念和中国的非体力劳动者的概念存在很大的差别。尤其是中国政府机构的人员，虽然多是非体力劳动者，但是并不是西方市场经济体制下相似的只挣工资的非体力劳动者。他们享有不同的体制环境和劳资制度，并且中国政府机构中的人员可以利用权力的市场化来获得经济资源。这里没有强调公有制的原因，在于公有制并不能有力地区分从业人员是不是挣工资的劳动者。因为在某些公有制体制下的企事业已经完全市场化，员工不享有原有的雇佣制度和福利制度，而是享受和市场化企业中的人员同样的工资待遇，只是挣工资的劳动者。公有制的内部出现了完全市场化的企业，其从业人员享受市场中从业人员的相同制度环境与劳资制度，并不是说公有制不起作用，而是说公有制内部也开始发生了分化，在逐渐地改变。所以雇佣制度和劳资制度在划分上更有辨别力。

第二章 消费主义文化与白领消费方式

白领的消费方式受到消费主义深刻的影响,并在都市小说中有所反映。首先,讨论白领消费的发展趋势:从物到符号。白领较多追求的是物的符号意义,而不仅是物的使用价值。其次,讨论都市小说白领受消费主义的影响主要存在两种消费方式:一是品牌消费,主要包括名牌的衣服、首饰和高档的车、房等消费;二是环境空间消费,主要包括购物广场、咖啡厅、西餐厅和酒吧等空间场所消费。再次,白领消费深层的文化意义是要建构自己的身份认同,白领主要通过建立群体归属感和个体的自我识别来追求自己的社会地位。最后,讨论影响白领的消费与身份认同之间关系的动力因素,白领归属感的缺失、社会地位的恐慌和自我实现的渴望是影响白领的消费与身份认同之间关系的动力因素。

第一节 白领消费的趋势:从物到符号

白领的消费方式受到消费主义文化深刻的影响,并在都市小说中有所反映,白领消费的发展趋势:从物到符号变化。白领较多追求的是物的符号意义,而不仅是物的使用价值。90年代的白领大多沉醉于传媒所营造的"幻觉剧场",在文字逐渐为镜头画面取代,在阅读逐渐为凝视电视转换的90年代,人已经不可能逃离画面堆砌而从独特的角度去看和听，并透过表面到深层的思考而得出自己的结论。人只有一种看的方式，那就是电视镜头提供看的方式。而且，这种看的方式是编排的甚至不掺杂情感的。广而言之，这个信息叠加的时代，电脑多媒体、电视机、报刊杂志将成千上万的信息强制地塞入每个大脑。在市场经济的制约下，"化大众"的深度模式已被"大众化"的片面模式所取代，采编播人员不断根据大众需要推出千篇一律的实用性、娱乐性和大众性的节目。同时，由于媒体传媒信息的类象化、狭窄化、幻觉化，使商品市场经济导演的文化观、价值观趋同化。被媒体聚焦则成为名人、名流、明星，而不被其关注，则有等于无，市场和传媒已成为存在与不存在、名与不名的场所和价值尺度。炒文化使文化中最可贵的"超越性"、"可能性"变成了"享受性"和"现世性"。

文化传媒空间使人们乐意生活在一个虚拟空间，使人们在消费主义文化中进一步淡漠了人际关系和真实身份，消费主义文化风行使文化由心性塑形转变为时尚的包装和营销，而在虚幻的自我身份想象中以"追"名人和名牌为"时尚"。追求名牌并不主要追求其实用价值，而是在购买名牌商品时所体会到出人头地的满足感和心理幻象，是以一种社会权力方式对人与自我、人与世界的关系进行重新编码，从而完成商品使用价值（物）到符号的转变。在《物的体系》中，鲍德里亚定义了消费的概念："消费既不是一种物质实践，也不是一种富裕现象学，……消费是在具有某种程度连贯性的话语中所呈现的所有物品和信息的真实总体性。因此，有意义的消费乃是一种系统化的符号操作行为。"所以，"为了构成消费的对象，物必须成为符号。"[①] 通过对符号价值的考察，鲍德里亚认为，符号价值的消费是社会关系的基础和纽带，"流通、购买、销售，对做了区分的财富及物品/符号的占有，这些构成了

---

① 转引自：罗钢，王中忱主编：《消费文化读本》，北京：中国社会科学出版社，2003年，第27页。

我们今天的语言、我们的编码,以及整个社会都依靠它来沟通交流。"①审美进入工业化生产的过程,使得一切的产品都具有了艺术的审美功能,符号价值的消费和急剧膨胀导致了超现实社会的出现,美学的光环到处泛滥。"超现实主义的东西就是今天的现实本身。超现实的秘密,是最平庸的现实可能会变成超现实的,但只是在某个特定的时刻才与艺术和想象相联系。今天是平凡普通的整体性现实——政治的、社会的、历史的和经济的——从现在起,已经结合进了超现实主义的仿真维度。我们生活的每一个地方,都已经为现实的审美光晕所笼罩。""因为虚饰成了现实的核心,所以艺术无处不在"。②

消费文化首先关心的是符号,形象和符号体系的生产、商品的生产是一致的,符号形象的消费具有强烈的时效性,产生所谓的时尚,时尚是都市日常生活和流行文化的重要内容。安妮宝贝的小说和她喜欢的手工银镯子、皮包常常一起陈列在许多个性化的潮流小店里原木的展览架上。她在《素年锦时》给人们"提供"的消费方式是"桑蚕丝裙子。国外牌子的昂贵羊毛衫。百龄坛威士忌。红绣鞋。白色刺绣上衣。Kenzo 的裙子。帕尔玛火腿和山羊奶酪头盘。加上宗教和哲学。还有一些冷门的书籍。"③ 总之,都市小说的白领受消费主义的影响主要存在两种消费方式:一是品牌消费,主要包括名牌的衣服、首饰和高档的车、房等消费;二是环境空间消费,主要包括购物广场、咖啡厅、西餐厅和酒吧等场所的消费。

---

① [法]让·鲍德里亚:《消费社会》,刘成富,全志钢译,南京:南京大学出版社,2001年,第71页。
② 转引自:[英]迈克·费瑟斯通:《消费文化与后现代主义》,刘精明译,南京:译林出版社,2000年,第100页。
③ 安妮宝贝:《素年锦时》,北京:作家出版社,2010年,第87页。

第二节 白领品牌消费

品牌消费,主要包括名牌的衣服、首饰和高档的车、房等物品的消费。许多人并不讳言,都市小说能担当时尚指南的作用,流行的品牌、时尚的动向,在许多小说里得到充分展现。比如卫慧的《上海宝贝》,简直就是一个西方品牌的展览会,小资热衷的衣食住行的牌子,在小说里不厌其烦罗列而出。她在《上海宝贝》中写道:"天天在屋里轻声走动着,给我倒'三得利'牌汽水,用'妈妈之选'牌色拉乳给我做水果色拉……";"一条 TedlaPidus 牌香烟(似乎只有上海某此专柜才能买到),吉列剃须刀、漱口水……"。①

张欣的《首席》中梦烟的家中装饰也充满了奢华的异国情调,"高层建筑的两房两厅装修得如同五星级宾馆,一个厅是西洋式的。一个厅是东洋式的,两室之间用室内酒吧链接,吧台上全部是错落有致的洋酒。""长颈的 XO,酒液是橙黄的,两个人合情合理地对饮起来。窗外的黑夜也仅仅是浮在灯河之上,光影炫目,霓虹耀眼,在这样一个大城市,一个人的沉沦,两个人的忧伤,想留下一星半点的痕迹怕只能是奢望了。""窗帘布是淡黄色的小花,沙发软垫是她自己缝制的,亚麻色的底,赭石色的几何图案,多少有点印象派绘画的余韵,茶几上放着一尊高高的花瓶,古色古香,里面插着一把精致的杭州纸伞,伞下绢制仕女,身穿和服,表情乖美,是她从日本带回来的。"当飘雪和梦烟等大学同学聚会时,梦烟在餐饮方面也出手阔绰,炫耀着自己的财富,"大伙很自然地把目光一统投向玻璃门外,正好,一辆白色的平治轻盈地刹在世贸大厦的门口,车门打开,先是一只穿男士皮鞋的脚踏出车外,优

---

① 卫慧:《上海宝贝》,沈阳:春风文艺出版社,1999 年,第 31 页。

质的皮鞋闪闪发光,接着一个戴正圆黑眼镜的女人走下车来。她略施胭脂、口红,一身灰色的男式西装套装,内穿毛料背心,也是男装女穿,领口露出全棉的白色衬衫。""全身无一饰物,只隐约可见轻轻晃动的镀金的怀表表链,一流的风度。飘雪暗自叹道。""这顿饭花了一万两千元。梦烟用她的金卡走账。"①

棉棉小说《糖》中的"白粉女孩"同倪可们一样,沉浸于对各种时尚名牌物品的追逐中,她们甚至还声言:"我们都没什么理想,不关心别人的生活,我们都有恋物癖"。她笔下人物为何会如此钟情于物质,朱文颖在其小说《高跟鞋》里这样解释:"有一句话她们谁都没说出来,其实她们都喜欢钱。而在她们的童年时代,物质相对来说还是匮乏的,至少绝对谈不上富裕和明亮。同时她们也不像她们的父辈,经历过真正的苦难贫困,练就了钢一样的纯粹、严谨与坚硬。她们的品质是摇摆的,逢钢即钢,遇铁即铁,甚至碰金即钱.她们太容易受到诱惑了.一切的一切,就只能看她们的造化了"②。

张梅小说《小宝的裙子》中的小宝就是一个为追逐时尚而**几近**癫狂的女性。她想要得到一条标价为700元的性感流行吊带连衣裙想得都快要疯了。无论是走在大街上,还是回到家里,她脑子里除了吊带裙,还是吊带裙。她整日沉浸于自己穿上吊带裙、配上波比衣、厚布鞋的时尚模样,以至于茶饭不思、神情恍惚。唐颖小说《丽人公寓》中的宝宝,作为五星级大酒店前厅最夺目的接待小姐,眼界自然比小宝高得多,她每日看到的是一流的生活设施,接触的是大富大贵之人,因而她绝不可能只为"这一刻的满足"而欣悦,她幻象中的人生是"每一刻

---

① 张欣:《商战请战——张欣文集》,北京:群众出版社,1996年,第186页。

② 朱文颖:《高跟鞋》,沈阳:春风文艺出版社,2001年,第36页。

都该是丝丝缕缕点点滴滴充满丰富的物的质性"①,为此,她毅然舍下了年轻而且"帅得要命"的中学音乐老师刘思川,而心安理得地傍上了年纪足够做她爹的澳洲华人安迪。安迪打动宝宝的当然不是其温柔的性情,而是他带给她的各式各样的时尚名牌物品,这些恰恰是宝宝所无法抵御的。有次安迪送她礼物时,她虽有足够的心理准备,但看到那非同寻常而且价钱可以在国内买一间房的顶级名牌时装时,她的心脏因惊奇而发出"铛"的响声。在这样一个物质膨胀的年代,为了这种超前享受,宝宝较早地学会了世故和游戏。

作为符号系统,时装的意义复杂而含混,在消费社会时尚也是一种"象征性交换"而已。时装的选择和出现不仅跟个人喜好相关,而且是一种社会、文化行为的综合体现。"与言语行为相似,个人衣着装束同样受到超越个体之上的社会或社群的习俗、文化与意识形态的压制。"②时装与性别、阶级、消费、身份、权力、美学等之间的关联错综复杂,从不同的视角出发,普通的服饰能折射不同的社会历史与文化的形态。

服饰自身意义的暧昧和复杂性导致对其阐释的多重性和含混性。一方面,服饰是消费文化的产物,时装的追逐和喜好强化了个体商品化、物化的特点;另一方面,时装也常常被用作反抗、颠覆的工具,张梅小说《小宝的裙子》的裙子,既是女性展示身体美感性别意识的工具,同时更是张扬个性的武器,时装的颠覆性远远超过其物质性。从经济学角度而言,服装是一种商品一件"物",和其他商品一样要经历从生产到消费的整个过程,就整个社会文化环境而言,服装则是一个蕴涵哲学、美学、社会学、心理学、性学等等意义的文化象征。从文本出发,讨论时装的书写和呈现机制以及在文本中的指向,能够发现服饰与消费

---

① 唐颖:《丽人公寓》,上海:上海书店出版社,1998年,第56页。
② 孙绍谊:《时装上海:性别政治与身体权力》,《上海文化》,2006年第3期。

文化、与都市、与性别、文化的关联意义。

服饰、都市、女性三者之间存在着天然的亲近和渊源，都市是服饰的展示舞台，而服饰和女性是都市景观的重要部分，衣香鬓影、华服美食在某种程度上是都会生活的标志，可以说，作为都市话语表达系统的服饰是都市的面孔之一，下面将进一步分析阐释女性服饰与都会生活的意义。

人类的文明史可以简略为一部身体的关注历史，按照理查德·桑内特的考察，人类文明的演进聚焦于人类身体和城市两个要素，"肉体"和"石头"两大要素构成了城市的全部。① 对人体的关注是当代文化的基本特征，最丰盛、最美、最令人注目的消费品就是身体。② 生理意义上的身体被逐渐赋予社会文化的涵义，成为一个意义的载体，于是，人类越来越重视身体的呈现，通过整容、化妆、时尚等各种手段美化它，强调它，时装是最重要的身体包装手段。当代身体的策略主要有两大途径，一是强调身体的肉身化，突出其生理的特质。早前的女性文学张扬个性意识，身体与欲望的书写最终归结到精神的追求和升华，而在90年代以来的都市小说中，身体往往以单纯的生理形态出现，身体的观赏性肉体性得到前所未有的强化。身体策略的第二个方式是突出其社会、文化的功能，两者统一于身体的物化、欲望化，其中时装是重要的手段和包装的外衣。张抗抗的《作女》塑造了两个都市女性的典型，热爱折腾不肯安分守己的卓尔和按照淑女标准打造自己的陶桃。服装是人的另一张面孔，陶桃长裙飘逸长发披肩，卓尔短发，便装，两者从外形上形成了鲜明的对照。两个人物描写虽然难免流于脸谱化，但依然具有很

---

① 参见［美］理查德·桑内特：《肉体与石头》，黄煌文译，上海：上海译文出版社，2006年，第68页。

② ［法］让·鲍德里亚：《消费社会》，刘成富、全志刚译，南京：南京大学出版社，2001年，第71页。

强的概括性,尤其是陶桃,是个深谙身体意义的都市女性。"一个现代女性首先要学会对自己的身体投资","身体是女人的本钱","女人用挣得的钱回归自己的身体,就进入了一个良性循环,那姣好的容貌和身体,才能把丽人的最终归宿,安置得妥妥帖帖",所以她一丝不苟地做美容、化妆、减肥,一切都是为了换得一个好婚姻好男人。"每当她从这里走出去时,脚底生风、呼吸通畅,像是一个千变万化日新月异、妩媚而鬼魅地女妖,在众人头上飞舞。"① 服饰是陶桃的面具和外壳,她的价值和魅力甚至完全可以外化为不同功能和形态的服饰:晚宴上陶桃是一件旗袍,逛街时是一条长裙,在家里是一件内衣。虽然一切经过精心的设计和摆布,但年老色衰的阴影像幽灵一样无处不在,这是她最大的恐惧。天衣虽然无缝,但只要露出一根线头便会全线崩溃。一双没有涂指甲油的手就是毁灭她的那根线头,"暗淡无光的手指……就像一双未涂眼影的眼睛,无精打采而惨不忍睹。"润薄薄的一层指甲油轻而易举毁灭了她的自信和优雅。都市女性的物化本质通过这样一个小小的细节表露无遗,张抗抗的刻画可谓入木三分。

关于服饰的华彩乐章出现在小说的结尾处,天深公司的产品发布会就是一个服饰展览会,柔媚华丽的软缎旗袍、黑色丝绒的晚礼服映衬着高耸的发髻白皙的脖颈丰润挺拔的身姿,一副典型的都市华服美人图。但作者的用意并不在此,真正的主角是色彩纷呈、形态各异的玉石。它们色彩艳丽形态各异:茄紫色的蝶形发髻、蓝紫色的珠链、粉色的玉戒、墨绿色的胸针、水绿色的珠子、奶白色的耳垂,材质大相径庭,有红玛瑙、黄琉璃、绿松石、孔雀石等不一而足。质地各异的材料和服装的色彩式样进行搭配,形成完全不同的视觉效果。而在触觉上,服装的质地如同女人的皮肤,成为女人身体的一部分。女性、服装、玉石浑然

---

① 张抗抗:《作女》,武汉:长江文艺出版社,2004年,第102页。

天成，造就了都市的美丽景观。

高跟鞋的意象，是服饰符码中最鲜明最具有性别意味的意象。高跟鞋作为一种文化隐喻，在当代都市小说中呈现非常丰富的意义。朱文颖的长篇小说《高跟鞋》直接以高跟鞋作为书写对象，准确地抓住了时尚的命脉和女性潜意识的隐秘向往。高跟鞋是女性的鞋，红色的高跟鞋更是女性、性感、时尚的象征。王小蕊、安第的都市梦想在小说里通过高跟鞋得到了形象的外化，穿着红色的高跟鞋走在繁华的大街上就是她们的都市梦想。高跟鞋就像一条小船，能够载着她们到达时尚、精致、浮华的现代生活。在她们眼里，拥有高跟鞋才算是有了时髦、情调、品位等都会的现代生活。高跟鞋"每个细节都是经得起推敲的，都是极为精致的"，它成为区分女性阶层的标志物，因为生计所累的所谓下层妇女是很少穿高跟鞋的。为了穿上高跟鞋，王小蕊和安第在都市中载沉载浮甚至付出惨重的代价也在所不惜。红色的高跟鞋成为致命的诱惑，令人怆然。

罗兰·巴特在《流行体系——符号学与服饰符码》中把服装分为三个不同的概念：真实服装、意象服装和书写服装。意象服装即以摄影或绘图的形式呈现的服装，将这件衣服描述出来，转化为语言，就成为了书写服装，两者都指向同一个物质：即现实中那件真实的衣服。意象服装停留在形式层面上，书写服装停留在语言层面上。他认为书写服装的存在完全在于其意义，时装描述的功能不仅在于提供一种复制现实的样式，更主要的是把时装作为一种意义加以传播，其实质就在于制造流行①。所谓流行与时尚，其实质是规训了服饰的意义和话语系统：T-shirt 象征了自由与个性，高跟鞋张扬了女性的自信与骄傲，戒指意味着一生的承诺，香水是女人的私人标签，西服成为男人成熟有魅力的标

---

① [法]罗兰·巴特：《流行体系——符号学与服饰符码》，敖军译，上海：上海人民出版社，2000年。

志……服饰的符号意义经过强化、引申,成为生活品质、文化品质的象征。人们通过消费来界定社会地位,界定人物的关系和差别性,这又导致商品必须成为符号然后被消费。大众物质欲望无限膨胀的同时,抹掉和掩盖了他们内心的真正需求的可能性,文化本身所应该有的丰富意义和持久的价值和魅力被遮蔽和忘却。消费成为生活的中心,"流通、购买、销售,对做了区分的财富及物品、符号的占有,这些构成了我们今天的语言、我们的编码,整个社会都依靠它来沟通交流。"① 导致消费文化使人产生错觉,以为主体与客体、个人与其消费的物之间已经融合无间,个人已经完全被物化了,文化认同的假象掩盖了在现实中身份的缺失。人生活在文化符号中,吃饭穿衣是一种文化宣言或社会符号性暗示,它隐含了一种身份认同。正如凯亚·西若曼所说,服装和其他的装饰品使得人体显现出文化意义……着装是形成主体性的一个必要条件。"同任何其他消费类型比较,在服装上为了夸耀而进行的花费,情况总是格外显著,风气也是格外普遍。"②

服装消费的最高层次便是消费奢侈,消费品牌,所谓名牌的象征意义与符号价值远远超过物质使用价值,它象征着阶级、品位、财富,意义无与伦比,消费文化中品牌具有宗教般的神圣性。在卫慧的著名文本《上海宝贝》中,香奈尔、CD、CK、范思哲、古奇等世界知名品牌随处可见,小说甚至成为品牌的展销大会。在炫耀性的品牌消费宣言中,种族、文化、地域、经济、阶级的差异被忽略不计,消费产生了乌托邦式的大同世界。身份的认同与身份的焦虑在消费社会中也通过消费行为得以确立、缓解和消弭。作为社会链条中的一个个体,对自身身份、文

---

① [法]让·鲍德里亚:《消费社会》,刘成富,全志刚译,南京:南京大学出版社,2001年,第71页。

② [美]托尔斯坦·凡勃伦:《有闲阶级论》,蔡受百译,北京:商务印书馆1997年,第132页。

化特性的认同和归属是天性使然。当个体的身份失去明确的方向和归属定位时,必然产生焦虑,而消费成为消解焦虑的最佳捷径。

王安忆的《我爱比尔》中服饰是内心的外化,阿三精神的裂变在服饰中得到了充分体现。阿三虽然不甘心比尔仅仅沉迷于她东方的神秘韵味,但理智上知晓东方味道是她唯一吸引比尔的法宝,所以在装扮上她自觉地展示自己的独特性。小说中多次写到阿三的装束,层层叠叠、长长短短的丝绸衣服首先展示了东方的魅惑,"蜡染的宽肩大西装,罩在白色的紧身衣裤外面"或者"盘纽斜襟高领的夹袄"和"曳地的长裙",夸张的手法营造了东方的奇观。小说中有一幕写闭关画画的阿三走出华径村的绰约风姿,"她苍白瘦削得像一个幽灵。又是穿的一身偏素,白纺绸的连衣裤,拦腰系一块白绸巾。化妆也是尽力化白的,眼影眼圈都用烟灰色。嘴唇是红的,指甲是染红的。穿的鞋是那种彩色嵌拼式的,鞋帮是白的,鞋尖却是一角红,也像染红的脚趾甲"①,黑、白、红、水墨画、坐禅,几乎全部是东方元素的堆砌。衣饰背后的阿三成为影影绰绰的魂灵,苍白而空洞,到这里,阿三的悲剧已经无法摆脱。

第三节 白领环境空间消费

环境空间消费,主要包括购物广场、咖啡厅、西餐厅和酒吧等场所的消费。邱华栋在《手上的星光》中对北京空间的描绘非常典型,"有时候我们驱车从长安街向建国门外方向飞驰,那一座座雄伟的大厦,国际饭店、海关大厦、凯莱大酒店、国际大厦、长富宫饭店、贵友商城、赛特购物中心、国际贸易中心、中国大饭店,一一闪过眼帘,汽车旋即又拐入东三环高速公路,随即,那幢类似于一个巨大的幽蓝色三面体多

---

① 王安忆:《我爱比尔》,昆明:云南人民出版社,2012年,第89页。

棱镜的京城最高的大厦—京广中心,以及长城饭店、昆仑饭店、京城大厦、发展大厦、渔阳饭店、亮马河大厦、燕莎购物中心、京信大厦、东方艺术大厦和希尔顿大酒店等再次一一在身边掠过,你会疑心自己在这一刻,置身于美国底特律、休斯敦或纽约的某个局部地区,从而在一阵惊叹中暂时忘却了自己。灯光缤纷闪烁之处,那一座座大厦、购物中心、超级商场、大饭店,到处都有人们在交换梦想、买卖机会、实现欲望。这是一座欲望之都,尤其是当你几乎每天都惊叹于这座城市崛起的楼厦的时候。这一刻我和杨哭都觉得自己渺小而无助,真的就像是一粒微尘。"① 如果把这段描述用图片表达出来,可以发现被立交桥、小汽车和高楼大厦填满的都市从形状上看简直像一个个长满了触须的海底怪兽大章鱼。走在川流不息的大街上,人群成为点缀,汽车和建筑才是主角。

都市小说中经常出现的西餐、咖啡店、酒吧的意象就是典型的符号性消费。它们仿佛是接头暗号,凸显了主人公的文化品位。潘向黎的《雪深一尺,我在美浓等你》不仅描述了对咖啡的喜好和迷恋,而且深情地描摹了所谓的咖啡人的特征,"他们的躯壳在这里,但是他们的灵魂通过咖啡热气隐藏的一个秘密通道已经飞走了……他们只有在咖啡馆才会感到一种自由:什么都可以不想,日常生活、烦恼、杂念都像旧外衣一样脱在了门外,他们成了自己生活的局外人……他们总是太喜欢这种感觉了,所以一直留在了咖啡馆。喝什么咖啡并不重要,不喝咖啡也可以,如果真心享受咖啡的香,就可以是一个真正的咖啡人"②。咖啡成为一种标签,一种身份的标志。

酒吧不单纯是一个空间意义上的物质消费场所,而且是一个文化消

---

① 邱华栋:《新都市人类》,北京:中国广播电视出版社,1997年,第86页。
② 潘向黎:《潘向黎小说——我爱小丸子》,北京:群众出版社,2004年,第97页。

费的场所,是一个适宜于表达人类隐秘生活状态和情感的文学场景,这个场景可以集中地表达人对欲望的追逐,而其中暧昧不明的人和氛围以及音乐、酒精都共同指向了寻求追逐欲望过程中的刺激、消解追逐欲望过程中的焦虑以及放纵和抚慰情感的作用。"在这一暧昧、幽秘、飘忽不定、诡谲的迷宫中,另一种超越日常生活的存在显出了一线曙色——令人心醉神迷的曙色,并允诺了天堂的快乐与光明。因而人们像服食毒品那样,不得不周期性地回到酒吧这一迷宫中,让日常生活中循规蹈矩的自我镜像经历一番浪漫的洗礼,藉此获得一个新的自我镜像,尽管事后等待他们的是绵绵不尽的绝望与失落。"① 在目前中国的社会现实中,酒吧是有闲阶层寻求格调的一种休闲场所,但酒吧在不同作家视野中的镜像却是不同的。在关于酒吧的文学表现中,想象、欲望、记忆和放纵联系了意想不到的人、事和物的组合,变幻出各种隐秘的、另类的故事,吸引着大众的视线,创造着眼球经济。王安忆在《我爱比尔》中曾写到咖啡馆,"这种地方,是有着势利气的"。夏商的许多作品也都是以咖啡馆为背景的,但他说他本人不喜欢进咖啡馆,只是上海的许多人特别是女孩子喜欢泡咖啡馆,泡咖啡馆是她们的一种生活方式,而咖啡馆里许多暧昧不明的人和事正符合小说的要求。邱华栋曾经讲到他去酒吧的原因是因为在孤寂、焦虑的心态中,酒吧给人一种暂时的忘却。而在陈丹燕笔下,主人公往往是大学生/酒吧女、护士/酒吧女的双重身份,这种双重身份的隐喻即是对另外一种不同于当前生活状态渴慕的表达。对于曾经作过酒吧服务生的卫慧来说,"连酒吧最角落里的老鼠,浑身都洋溢着颓废、糜烂之风度"。因此,喜欢颓废之美的卫慧、棉棉们所表现的文学场景几乎和酒吧有着天然的、分不开的联系。由此可见,作家选择酒吧作为小说场景的个中原因也许是不同的。但一个共同

---

① 包亚明、王宏图、朱生坚:《上海酒吧》,南京:江苏人民出版社,2001年,第61页。

的重要原因是，酒吧在某种意义上联系了真实与虚假、现实与梦幻，非常契合小说表现的各种可能性。如果说在晚生代作家之前，文学中的酒吧更多的是一个区别于大众阶层的谈情说爱的休闲场所。那么在晚生代作家笔下，酒吧既是小说的一个场景，也是一种叙事上的策略，并最终作为一个欲望化的经典场景指向了欲望化的叙事，而这个欲望化的叙事也较为真实地传达出一种独特的都市感受，酒吧成为进入都市的一张名片，当代都市人摆脱不了的孤独感、虚无感、压抑感在酒吧中得到了尽情的释放，而各种另类的、被压抑的情感、欲望得到了无所顾忌的滋生。"过把瘾就死"的痛快是当代人早已抛却理想、道德的新镜像。

酒吧所具备的意识形态的双重性使它的社会意义更加复杂，一方面它通过消费对意识形态话语进行反叛，另一方面，酒吧的全球化特征却又符合意识形态对经济文化全球化的欲求。酒吧作为一种消费空间，是与资产阶级、城市和市场经济的发展联系在一起，它代表着西方娱乐民主化的一个崭新的发展阶段。在中国它是外来文化影响的结果，因此始终与日常生活保持着审慎的距离，在相当长的一段时间里将是炫耀性消费的舞台，空间、消费实践与消费者在酒吧结成了种复杂的关系。作为对日常生活的逃避，酒吧被赋予了不同寻常的暧昧、幽秘和暗示，深藏的欲望在此流淌沸腾。忘却日常世界，在一个欲望的虚拟世界中浅唱低吟把酒当歌。在虚幻中，夜晚成为心目中的风景，酒吧变成自由的空间。本雅明认为"人群是一层帷幕，从这层帷幕的后面，熟悉的城市如同幽灵般向游手好闲者招手。在梦幻中，城市变成风景，时而变成房屋。"① 都市酒吧就具有这样的致幻效果。

酒吧是交流信息、展示时尚、倾诉欲望的场所，它是时尚文化、身体文化、大众流行文化展示和宣泄的场所，因此它具有阶层、品位、文

---

① [德] 瓦尔特·本雅明：《发达资本主义时代的抒情诗人》，张旭东等译，北京：三联书店，1989年，第189页。

化的符号意义。与酒吧相关联的关键词主要有美酒、咖啡、霓虹灯、美女、欲望等价值暧昧的语汇。更为重要的是，文本中的酒吧与咖啡馆不仅是活动的场景，欲望的展示台，而且它本身就是一叙事的手段和策略。酒吧以及与之相关联的爵士乐、时尚人士、名牌商品等构成了消费社会的符号体系。所以，在王安忆、陈丹燕、叶弥、葛红兵等的小说中，主人公总是出没于各种酒吧，既是为了排遣寂寞，也是一种典型的都市姿态。朱文《什么是垃圾，什么是爱》的故事从酒吧开始，"小丁坐在窄窄的满是烟头的木桌边，用左臂撑着脑袋……小酒吧里光线黯淡，几个脸色发青的服务小姐聚在他的身后不远的吧台边……"①，在经过了300多页的叙述之后，小说依然结束在酒吧里。小丁将于扬送上火车以后，觉得没处可去。最后他只能去酒吧。"小丁坐在窄窄的满是烟头的木桌边，用左臂撑着脑袋，几次想张开嘴巴惊叫上几声。当然最终没有声音，他只是重复着张大再张大的动作。酒吧里光线黯淡，几个脸色发青的服务小姐聚在他身后不远的，吧台边，用四川云阳口音激烈地说着什么。"

作家棉棉是典型的酒吧书写者，主人公大多是歌手、DJ等在各种酒吧出没的夜行动物。小说所展示和营造的空间大多是昏暗的、颓废的、感官的、令人无法自持的迷离而幽暗的空间，文本中充满迷茫、绝望、颓废的气息。上海的新天地广场就是一个比较典型的消费主义都市空间，其复杂性完全超出文化的范畴，对它的解读涉及到政治、经济、文化、社会等多重领域，具体而言，从建筑风格到功能区隔、消费方式、消费群体等都具有太多言说的意义和方式。

在唐颖的《丽人公寓》中，作者写了四个酒店女在情感受到挫折时，就要去酒吧寻求安慰。作者很自然地写道："她们生在这座有'崇

---

① 朱文：《什么是垃圾，什么是爱》，上海：上海人民出版社，2009年，第62页。

洋'历史的城市,又处在唯美的年龄,自然就比较'迷外',爱坐酒吧而讨厌卡拉OK"①。崇洋成为中国人一个挥之不去的心理情结,而这种情结最简单的文学表达方式之一就是和一个洋情人在酒吧里过夜生活。酒吧和夜、性几乎紧密联系在一起,共同构成了中国当下城市文化中颓废、空虚的时尚符号。正如陈晓明指出的:"对欲望化场景的强有力表达,无疑构成了这个过渡时期的最重要的叙事法则。"②

第四节 消费主义与"白领"的身份认同

这里首先讨论白领消费深层的文化意义是要建构自己的身份认同,白领主要通过建立群体归属感和个体的自我识别来追求自己的社会地位。接着讨论影响白领的消费与身份认同之间关系的动力因素,白领归属感的缺失、社会地位的恐慌和自我实现的渴望是影响白领的消费与身份认同之间关系的动力因素

一、白领消费认同意识分析

如何认识"白领"这一新型的阶层,近年来,西方社会学的专家们希望通过生活方式,特别是消费的方式来划分个人所属的阶层。人们通过对消费开支的研究来确定个人的经济地位,通过对消费产品象征意义的研究来确定个人的社会地位,用消费来反映社会的关系。韦伯曾在《阶层、地位与权力》一书中阐述了消费方式在区分"地位"与"阶层"的意义。人们可以认为"阶层"是按照他们与产品的生产和获得

---

① 王安忆、陈丹燕:《女人二十》,长沙:湖南文艺出版社,2000年,第232页。

② 何顿:《生活无罪》,北京:华艺出版社,1995年,第7页。

方式之间的联系所进行的一种分类,而"地位群体"是按照产品的消费原则,也就是按照特有的"生活方式"来进行的一种分类。一个人得到某种收入其原因归于他的阶级地位,这样的收入使人们有可能以某种生活方式生活,而且人们很快可以与采取同种方式生活的人结成朋友。韦伯在《阶层、地位与权力》中进一步指出,资本、财富与收入本身并不能成为区分阶级的生活方式的指标。在一定的收入水平范围内,对收入如何进行花销就包含了选择的因素在内。收入水平虽然相同,但是因为进行消费选择的特征不一样,生活方式却可能表现出不同的形式。在韦伯这里,从生活方式的表现形式可以区分一定的地位群体,但生活方式又是通过一定的消费方式表现出来。①

凡勃伦也关注消费主义生活方式与阶层的关系。他认为随着城市化的普遍发展,"炫耀性的消费"已经出现,"炫耀性的消费"即是有钱人投入能够象征他们高人一等的实物消费。凡勃伦说:"使用这些更加精美的物品既然是富裕的证明,这种消费行为就成为光荣的行为;相反地,不能按照适当数量和适当的品质来进行消费,意味着屈服和卑贱。"② 当炫耀性的消费构成整个生活方式的时候,它就会与有闲阶级合二为一。与此同时,由于社会经济地位较低的阶级总要或多或少地模仿这种消费,结果也会具有这种生活方式的一些因素。

法国思想家波德里亚对消费也进行了精辟的论述,他认为消费物品系统和以广告为基础的沟通系统也是一种正在形成的"意义符码",这种意义符码将自己的控制施加于社会中的物品和个体之上。当我们消费物品的时候也就是我们在消费符号,同时通过这个过程来界定我们自

---

① 参考夏建中:《社会分层、白领群体及其生活方式的理论研究》,北京:中国人民大学出版社,2008年,第101页。

② [美]凡勃伦:《有闲阶级论》,蔡受百译,北京:商务印书馆,1997年,第211页。

己。这样,"人们从来不消费物的本身(使用价值)——人们总是把物(从广义的角度)用来当做能够突出你的符号,或让你加入视为理想的团体,或参考一个更高的团体来摆脱团体。"① 因此,物品的种类可以被看做个人的生产种类。通过各种物品,每一个个体和每个群体都在寻找着他或她自己在一种秩序中的位置,始终在尝试着根据一个人的生活轨迹竞争这种秩序。

对消费生活方式进行独到研究的要属法国当代著名思想家布迪厄,它以独特的视角,提出了从品位和消费上来区分不同的社会阶层的理论,也就是著名的区隔理论。不同于传统的资本概念,布迪厄将资本的概念扩展到了文化和教育的领域,在《区隔》一书中布迪厄把文化资本界定为一种知识的形式、一种符码或认识的获取。与文化资本概念紧密联系构成"区隔"理论的另一面就对于消费的论述,布迪厄认为消费是一种日常行为,在消费的选择上,习惯的生成与展现,以及受到经济资本与相对应的文化资本左右,会体现在日常生活的表现中。消费者"品位"的差异代表一种阶级的区分标准,此标准的存在不仅形成消费者的认同与定位,也型塑了所谓行动者的惯习,即这样的过程就是消费者地位与阶级属性被区分出的过程。因此,"被社会公认的人文学科(arts)的等级体系,以及在每一种人文学科内部,在各种风格、流派或时期内部的等级体系都与消费者的社会等级体系相适应。这使鉴赏预先具备了标志'等级'的功能。"② 也就说,布迪厄所分析的是特定团体、尤其是精英阶级,如何利用各种消费品来彰显自己的独特的生活方式,表明自己和别人不一样,而这种消费模式正有助于区别各种身份团

---

① [法]波德里亚:《消费社会》,刘成富,全志钢译,南京:南京大学出版社,2001年,第8页。

② Pierre Bourdieu, *Bistinction: a social critique of the judgment of taste*. Harvard University Press, Cambridge, Massachusetts, 1984, p. 3.

体的生活方式。因此，布迪厄认为消费不仅代表了经济的差异，消费更是一种社会与文化实践，它建立了社会团体间的差异。布迪厄从消费品位角度去研究社会分层，简单地说，就是个人的教育程度和个人财富，决定了你所属的人群或者说你的喜好，而个人的消费是你的标志。消费不仅是单纯物质的消费，更主要的是文化产品的消费。

大众消费社会以来，中国社会发生巨大的变化，传统的身份认同方式随着消费文化的兴起而逐渐衰落。消费与身份认同之间的关系也日益密切，甚至成为建构认同最重要的方式之一。姚建平在《消费认同》中指出："消费是进行身份维持和身份建构的重要手段。"[①] 消费所建构的认同便是"消费者认同，"也可以称为"消费认同"。消费认同是指个体通过消费来表达自己与他人或社会群体之间的同一性或差异性，从而对自己进行社会定位与分类。这种现象在 90 年代都市小说中的"白领"生活中体现特别明显。中国当代白领阶层收入水平和受教育程度都处于社会中上等水平，那么他们的消费过程是如何建构身份认同意识呢？我们认为白领通过群体归属感和个体识别两个方面来建构本阶层的认同。

（一）群体归属感

消费过程中的身份认同意识首先表现群体归属感，即通过消费将自己归属某个群体。中国当代白领的消费中存在着强烈的群体归属意识。一方面是为了排解陌生社会带来的孤独感，他们会通过消费将互不相识的人连接成一个消费者共同体，找到情感的寄托，形成心理的安全感。例如白领中流行的车友俱乐部；深圳流行的白领的"磨驴"俱乐部（通过上网结识，然后一起爬山，一起举办酒会）。另一方面，白领的

[①] 姚建平：《消费认同》，北京：社会科学文献出版社，2000 年，第 245 页。

群体角色认同又决定了他们的消费行为。

在90年代都市小说中,酒吧是都市文学中消费空间展示的典型场所。酒吧简直就是个标志,是身份、地位、趣味的象征,完全属于所谓的"炫耀新消费"场所。而且,酒吧所具备的意识形态的双重性使它的社会意义更加复杂,一方面白领们通过酒吧排解陌生社会带来的孤独感,寻找心理的安全感;另一方面,酒吧的全球化特征却又符合意识形态对经济文化全球的欲求。酒吧作为一种消费,是与资产阶级、城市和市场的发展联系在一起,它代表着西方娱乐民主化的一个崭新的发展阶段。在中国它是外来文化影响的结果,因此始终与日常生活保持着审慎的距离,在相当长的一段时间里将是炫耀性消费的舞台,空间、消费实践与消费者在酒吧结成了种复杂的关系。作为对日常生活的逃避,酒吧被赋予了不同寻常的暧昧、幽秘和暗示,深藏的欲望在此流淌沸腾。忘却日常世界,在一个欲望的虚拟世界中浅唱低吟把酒当歌。在虚幻中,夜晚成为心目中的风景,酒吧变成自由的空间。本雅明认为"人群是一层帷幕,从这层帷幕的后面,熟悉的城市如同幽灵般向游手好闲者招手。在梦幻中,城市变成风景,时而变成房屋"。① 都市酒吧就具备这样的置换效果。

酒吧是交流信息、展示消费时尚、倾诉欲望的场所,它是时尚文化、身体文化、大众流行文化展示和宣泄的场所,因此它具有阶层、品位、文化的符号意义。与酒吧相关联的关键词主要有美酒、咖啡、霓虹灯、美女、欲望,而且它本身就是建构身份的磁场。酒吧以及与之相关联的爵士乐、时尚人士、名牌商品等构成了消费社会的符号体系。所以,在王安忆、陈丹燕、叶弥、葛红兵、卫慧、绵绵和朱文等的小说中,白领主人公总是出没于各种酒吧,既是为了排遣寂寞,也是一种典

---

① [德]瓦尔特:《发达资本主义时代的抒情诗人》,张东旭等译。北京:三联书店,1989年,第189页。

型的消费行为展示。

作家棉棉是典型的酒吧书写者，主人公大多是歌手、DJ 等在各种酒吧出没的夜行动物。小说所展示和营造的空间大多是昏暗的、颓废的、感官的，令人无法自持的迷离而幽暗的空间文本中充满迷茫、绝望、颓废的气息。上海的新天地广场就是一个比较典型的消费主义都市空间，其复杂性完全超出文化的范畴，对它的解读涉及到政治、经济、文化、社会等多重领域。具体而言，从建筑风格到功能区隔、消费方式、消费群体等都具有太多言说的意义和方式。上海社科院文化研所曾经以此作为专门的研究课题探讨酒吧与都市文化的关联。① 新天地的广告非常准确地对其风格与功能进行了定位：明天、昨天与今天在此相会。建筑风格的中西混杂、新旧杂陈是其后现代消费空间的外在特征。

在 90 年代都市小说的"白领"往往通过"酒吧"的群体认同来排解陌生社会带来的孤独感，朱文《什么是垃圾，什么是爱》的故事从酒吧开始，"小丁坐在窄窄的满是烟头的木桌边，用左臂撑着脑袋……小酒吧里光线暗淡，几个脸色发青的服务小姐聚在他的身后不远的吧台边……"②，在经过了 300 多页的叙述之后，小说依然结束在酒吧里。"小丁坐在窄窄的满是烟头的木桌边，用左臂撑着脑袋，几次想张开嘴巴惊叫上几声。当然最终没有声音，他只是重复着张大再张大的动作。酒吧里的光线暗淡，几个脸色发青的服务小姐聚在他身后不远的吧台边，用四川云阳口音激烈地说着什么。"这里小丁不愿回家，在这里才摆脱无尽的孤独感。在卫慧的《像卫慧那样疯狂》中写道："音乐正以绞肉机般的速度占领整个酒吧……跳舞的人群在酒精的余香中把自己充

---

① 包亚明等：《上海酒吧——空间、消费与想象》，南京：江苏人民出版社，2002 年，第 101 页。

② 朱文：《什么是垃圾，什么是爱》，上海：上海人民出版社，2009 年，第 63 页。

第二章 消费主义文化与白领消费方式

分地肢解开来,任由激情把身体碾成肉糜。"卫慧在《神采飞扬》中写道:"跳吧跳吧,今夜我是你们的 DJ,没有爱情,没有审美的眼睛哲学的心灵,没有天长地久的幸福……"。

中国当代白领的消费中存在着强烈的群体归属意识。为了排解陌生社会带来的孤独感,他们会通过消费将互不相识的人连接成一个消费者共同体,找到情感的寄托,形成心理的安全感。棉棉《告诉我去下一个酒吧的路》中的主人公"我"和一个莫名的朋友在酒吧里喝酒、聊天,然后认识。当我们走出酒吧来到夜晚的大街上,我们可能去的地方依然是酒吧,我们下一个目的地依然只能是酒吧。这里通过酒吧认识同一类型的朋友,有着共同话语,寻找情感的寄托,形成心理的安全感。再如棉棉在《美丽的羔羊》中这样写道:"在 DD'S(上海的一个真实的酒吧)人们的眼神空洞而无表情,我在她们的脸上看到自己。工作紧张和手无寸铁的人都来这里,他们来这儿干什么呢?我们一起在寻找,在汗水和音乐中我们找到了答案……我们明明知道这里到处是镜子,可是我们心里还是不停地想,那些迷幻是怎样产生。"① 这里"工作紧张和手无寸铁的人都来这里,他们来这儿干什么呢?我们一起在寻找,在汗水和音乐中我们找到了答案,"显然是一群白领在寻找心理的慰藉,情感的归属。

随着社会经济的发展,人们可以利用消费来主动建构身份认同,正如王建平所说:"消费成为中产阶级在特定的场域中为了保持和提升其社会地位而追求品位以有别于其他阶层的策略性游戏。"② 作为城市新中间阶层,中国白领的消费中也存在着主动的建构意识。从白领阶层对奢侈品的偏爱中能够发现他们的消费中存在主动建构意识。奢侈品是指

---

① 棉棉:小说集《啦啦啦》,香港:香港新世纪出版社,1997 年,第 78 页。
② 王建平:《中国城市中间阶层消费行为》,北京:中国大百科全书出版社,2007 年,第 78 页。

超出人们生存与发展需要范围的消费品，具有独特、稀缺和珍奇等特点，又成为非生存必需品。在有替代品的前提下，选择稀缺的、质量上乘的、价格更高的、非必须的商品和服务，就是奢侈品消费。目前中国正在成为世界最重要的奢侈品消费市场，而白领阶层是中国奢侈品消费的主力。安永会计师事务所的调查显示，中国的奢侈品消费者主要非为两大类：一类是社会符号；一类是白领上班族，其中以外企的雇员最为典型，他们会花上一整月工资购买一件奢侈品。2010 年 3 月，艾瑞咨询集团和 MSN 中文网联合组织了白领奢侈品消费的网络调查。该调查发现，90% 的被调查者购买过奢侈品，其中比例最高的是拥有 2—3 件；其次是 4—5 件，两项合计所占比例超过 60%。而只买过 1 件奢侈品的只有 7.7%，仅为拥有 10 件以上的一半。谈到奢侈品的消费动机，白领普遍看重的则是奢侈品的品质保证和身份的象征性。

在 90 年代的都市小说，我们随时可以看到作家们对"白领"随心所欲、细致入微的出入地方的描写。作者通过对白领在特定的消费场域的描写，来保持和提升其社会地位而追求品位以有别于其他阶层，把有着共同消费价值观的白领视为自己的一类人，从而建构白领的身份。邱华栋的作品随处可见关于白领消费场域的描写，在他小说中的男白领们出入场景常常是这样的：带有一个富丽堂皇大堂酒吧的晶都酒店、拥有保龄球馆的丽都假日以及赛特购物中心、国际俱乐部、贵友商场、京伦饭店、中国国际贸易中心、6 缸的凯迪拉克、奔驰 6008L 跑车等等。这些现代的城市消费符号对邱华栋来说已不仅仅是城市的外表描写，而是现代白领生活的场域。而一些女白领们在由摆设、时装、首饰、化妆品、宠物、美食堆砌成的物欲中流连忘返。

《上海宝贝》对消费场域中商品品牌的彰显和强调远远超过任何一本小说，让人感到一种超级市场的琳琅满目和精品屋的华丽夸张。在《上海宝贝》中提到的各类商品品牌共 27 种，也许对于一部 10 万余字的小说，这不是一个庞大的数字，但作者对品牌种种夸耀式的描写却让人不得不注意他们的意义，比如："天天在屋里轻声走动着，给我倒'三得利'牌汽水，用'妈妈之选'牌色拉乳给我做水谷色拉……"；"一条 TedlaPIdus 牌香烟（似乎只有上海某此专柜才能买到）、吉列剃须刀、漱口水……"这里的"三得利"和"妈妈之选"① 已经变成物质的符号，物质的符号化了"白领"的身份；同时"白领"也进入了物质编码的序列，"白领"只有通过物质才能证明和说明自己，如鲍德里亚在《消费社会》所言："今天，在我们的周围，存在着一种由不断增长的物、服务和物质财富所构成的惊人的消费和丰富现象，它构成了人类自然环境中的一种根本变化。恰当地说，富裕的人们不再像过去那样受到人的包围，而是受到物的包围……"。②

在《上海宝贝》的第十四章中内容讲道：coco 在圣诞之夜从上海飞往北京，却仅仅是为了听一次演唱会、参加一个摇滚 Party、在朋友家里的沙发上睡一晚，虽然这一描写普遍的被斥为"装酷"，但从中我们不难看出 coco 一族的精神取向——至少要有一个标签、一个符号来标示和支撑起"白领"们在消费场域中的地位和阶层。于是无论摇滚、大麻、Party；还是 chanel 时装、CD 香水、七星香烟或亨利·米勒、艾伦·金斯堡、狄兰·托马斯，这些来自不同场域、不同层面的符码被编纂和平置在一起，成为"消费主义"文化资本象征的标示牌。

（二）个体自我识别

消费过程中的身份认同意识还表现为个体自我识别，即通过消费强调自己不属于任何群体或阶层，是一种个体的自我识别。它所强调的不

---

① 卫慧：《上海宝贝》，沈阳：春风文艺出版社，1999年，第31页。
② ［法］让·鲍德里亚：《消费社会》，刘成富，全志钢译，南京：南京大学出版社，2001年，第1页。

是群体内部的一致性和群体间的差异，而是自己与他人的差异。伴随着大众消费社会的到来，这种身份认同方式越来越占主导地位。波德里亚曾提到，消费社会中新的主题是通过消费达到个体的实现。戴维·刘易斯在《新消费者理念》中也指出，大众消费社会以来，人们在消费中不再过多地追求社会地位，而是注重购物体验、个性的张扬和自我实现。在这种意识主导下的消费就是个性化消费，个性化的消费行为中蕴含了这样的含义：消费者本身有一种称为自我主体的内在要求，所以他就会把这种需求外化到消费对象上。

方方的都市小说《树树皆秋色》表现出处于同一阶层的白领，由于选择消费的方式不同，而显示出不同的个性差异。小说中梅芜和华蓉都是处于同一阶层的白领，但是梅芜却是从农村通过考大学挤进城市中的白领。梅芜刚上大学时的姓名符号叫梅秀莲，在中国姓名符号意象里，应该是一个来自农村的没有多少文化家庭的女孩子的名字。叫梅秀莲的名字时还保留着乡村姑娘的衣着消费的符号标志："梅芜穿一件圆领衫，用扁担挑着行李到学校的样子华蓉总是记得。那时候梅芜叫梅秀莲，寝室的窗口总是挂着她的大花裤衩，裤衩上有个粗针大线缝的口袋，那是当年的梅秀莲用来装钱的，凡是十块以上的钱，就得放在这里面。"① 后来梅芜通过个人努力取得了白领的地位，需要依赖社会保护、巩固、强化、认同其身份，因此需要消费中的"品位"和"风格"来强调所属群体的限制性和同质性。"当梅秀莲改成梅芜后，一切就都变了"，"成天一身名牌、刻刻意意地把自己弄得十分精致，说话也作轻言细语的优雅姿态，""梅芜喜欢教导学生如何过高雅的生活、常说自己喝茶要加放红玫瑰，睡前一杯红葡萄必须有冰块才能喝下去，而床头窗前的百合则一定是要带水珠的。"② 以这些讲究格调的消费作为她在

---

① 方方：《树树皆秋色》，北京：北京十月出版社，2004年，第40页。
② 同上，第76页。

这一阶层的标志符号。

华蓉和梅芜为同一阶层，但由于价值观、生活方式不同，她们各自的消费选择和行动也不同。她们的这些不同，形成同一阶层中的身份区隔。以"生活方式"、"消费方式"面目出现的新的社会身份区隔系统，"在这种情况下，品位、独特敏锐的判断力、知识或文化资本变得重要了。"① 所谓品位、判断力、趣味，不是天生的或平等分配的，获得它们的前提是对教育、文化资本、符号资本的长期投资。社会区分依然存在，只是以趣味、品位的生活方式面目出现。这就是布迪厄所说的文化领域的"区隔"行为，通过设计一种特殊的生活方式来跟别人进行区分。华蓉的消费品位通过与同阶层梅芜的"区隔"，来显示自己的个性价值。她的住房消费"特意挑的顶楼，四室两厅是当时社会高层人才住的大房间。她不在乎顶楼开空调用的电费的'那点钱'。她的偏好不喜欢有楼上的响声，还有就是在闲时、白天、晚上'从顶楼看山景效果最佳'。"在消费上，华蓉是反衬梅芜，不刻意讲究表面的格调，重视精神消费，选择的是"无为""自然"的消费符号，在这个白领阶层，区别于梅芜，区别与这样的青少年时期在社会底层，后致性地进入社会上层的这个群体。她的消费是一种特别有个性的消费。她的消费模式更多地是由她的个人特征如人格、生活方式和价值观决定的。

在邱华栋的小说塑造了许多白领形象，在《环境戏剧人》中的记者段郎就通过独特的消费方式体现出自己与其他白领记者不一样的个性。一般记者"打扮介乎工人和流浪汉之间。他们吹捧名人，参加新闻发布会拿各种红包。他们本身就是平面人。有些人像一个个链条拴在城市的腰部，像嗅觉发达的狗一样盯着这座城市中随便哪一间屋子里随时扔出的骨头，然后冲过去疯抢个不停。"段郎不像一般的记者为了蝇头

---

① 郭景萍：《消费主义：撩开"她世纪"面纱》，中国妇女报，2004年5月18日。

小利卑微而低俗,而是经常出入高级饭店,在保龄球馆和游泳池里消费着休闲时光,"我在力度假日饭店的保龄球室找到了段郎。这是一个面如美玉的男人。他那一头很长的头发像是流动着的某种东西,他有一种白领的风度,一种知识界的优雅与城市新贵结合的气质,与大多数记者不太一样。他脸色很白,嘴唇很薄,嘴角总是浮起一丝轻蔑的嘲笑,仿佛是面对整个世界似的。""高雅的文化资本喜欢文明和抽象的愉悦,而不是身体的直接快乐。他鄙视财富和消费的赤裸裸的展露,而喜欢微妙的、不引人注意的表现和消费形式。"① 这种高雅的体育文化消费,不同于一般赤裸裸地购物和吃饭,段郎就凭着这种独一无二的消费方式区别与自己同属一群体的其他白领记者。"他赞赏似地拍了我一下,然后也将自己的球抛了出去。他的动作非常标准,优雅,胳膊的甩动有力而又从容。""他不再和我说话,专心地打起了他的保龄球。看上去他非常轻松,跟其他十九个球道上的球手们一样轻松。我用手托着下巴看他在打。一局空了,他成绩不错。""他用手巾擦了擦手,'我出汗了,我去游个泳,你去吗?'我点了点头,跟着他走了出去。""他冷冷地笑了,顺着扶梯走下了水池。水很清,在灯光的折射下发出晶莹的宝石一样的光芒。我抬头可以看见不远大堂外走动的人们。""我找了个地方坐下来,看着段郎像一条白鱼一样在游泳池中遨游。他代表城市中另一种人。这种人曾经有过梦想,但现在已变得非常现实,还加上一些知识白领的玩世不恭。他可以蔑视他曾经想珍视的一切,因为他不可能再得到他们了。停一会,他爬了上来,用浴巾擦干身体。他的身材非常健美。"② 段郎通过自己高雅的文化消费方式来表达自己蔑视一切,玩世不恭的清高的白领生活态度,他不同于那些从拥有可怜的经济资本成为

---

① 夏建中等著:《社会分层、白领群体及其生活方式的理论与研究》,北京:中国人民大学出版社,2008年,第21页。

② 邱华栋:《新都市人类》,北京:中国广播电视出版社,1997年,第73页。

拥有大量经济资本的白领,而段郎独自消费稀少的文化资本。正如人们所说:"高雅文化相对来讲是比较稀少的,这种稀少性需要保护。如果一个群体的独一无二的物品、条件和文化事件变为其他群体都可以获得的,那么,这些东西就必然会发生变化,以便维护自己与众不同的特点。"①

人称白领女作家张欣在很多小说中对白领阶层的消费方式都作了不同描绘,展示出处于同一阶层白领的不同的个性价值。《首席》中的欧阳飘雪和梦烟,过去是大学同班同学,现在同为一个公司的经理阶层。但飘雪追求自然、素雅的本真的消费生活,而梦烟却追求一种奢侈的、浮华的、甚至是一种糜烂的消费生活。梦烟和飘雪消费方式首先体现在装束上的不同。在国际展览的酒会上,梦烟穿金戴银傲视一切,"酒会在花园酒店国际会议厅举办,气候热烈而隆重。当飘雪步入会场时,业已是人声鼎沸,觥光交错。在优美动人的音乐声中,时装模特在T型台上来回踱步,一时,红粉佳人,霓裳艳影晃得人睁不开眼。""梦烟的风韵,绝不是一般模特可以比拟的,乍一看,她似乎穿了一件低胸露背的黑色晚礼服,仔细端详,可见她俏丽的双肩,温柔的两臂均裹在一层薄如蝉翼的黑纱里,透出她凝脂一般的皮肤,多出一份与众不同的秘密。她的秀发全部梳了上去,有意掉下来的丝丝缕缕的发丝恰到好处地衬出她的妩媚,她戴着配套的钻石项链和耳环,在灯光下熠熠生辉。""这样的装束当然要配浓妆,梦烟的美目漆黑,又在顾盼和流连中闪光,她的双颊晶莹洁白,有型有款的樱唇娇艳欲滴。"② 而飘雪是位气质高雅的白领,"穿衣镜前,欧阳飘雪左右手各提着一套时装,时装平撑在

---

① 夏建中等著:《社会分层、白领群体及其生活方式的理论与研究》,北京:中国人民大学出版社,2008年,第25页。
② 张欣:《商战请战——张欣文集》,北京:群众出版社,1996年,第154页。

衣架上,分别是卡佛连和华伦天奴。柔软而高级的质地,优雅的浅色,毫不张扬的样式,无不透出无言的高贵。她下意识地在身上比了比,到底是自己穿熟的衣服,竟像亲密爱人一样的服帖。镜中的女孩美丽中已有几分憔悴,一想到还要为时装配以相应的丝袜、皮鞋和手袋,便觉疲劳不堪。"①

梦烟的家中装饰也充满了奢华的异国情调,"高层建筑的两房两厅装修得如同五星级宾馆,一个厅是西洋式的。一个厅是东洋式的,两室之间用室内酒吧链接,吧台上全部是错落有致的洋酒。""长颈的XO,酒液是橙黄的,两个人合情合理地对饮起来。窗外的黑夜也仅仅是浮在灯河之上,光影炫目,霓虹耀眼,在这样一个大城市,一个人的沉沦,两个人的忧伤,想留下一星半点的痕迹怕只能是奢望了。""窗帘布是淡黄色的小花,沙发软垫是她自己缝制的,亚麻色的底,赭石色的几何图案,多少有点印象派绘画的余韵,茶几上放着一尊高高的花瓶,古色古香,里面插着一把精致的杭州纸伞,伞下绢制仕女,身穿和服,表情乖美,是她从日本带回来的。"②

当飘雪和梦烟大学同学聚会时,在餐饮方面梦烟也出手阔绰,炫耀着自己的财富,"大伙很自然地把目光一统投向玻璃门外,正好,一辆白色的平治轻盈地刹在世贸大厦的门口,车门打开,先是一只穿男士皮鞋的脚踏出车外,优质的皮鞋闪闪发光,接着一个戴正圆黑眼睛的女人走下车来。她略施胭脂、口红,一身灰色的男式西装套装,内穿毛料背心,也是男装女穿,领口露出全棉的白色衬衫。""全身无一饰物,只隐约可见轻轻晃动的镀金的怀表表链,一流的风度。飘雪暗自叹道。"

---

① 张欣:《商战请战——张欣文集》,北京:群众出版社,1996年,第159页。

② 同上,第191页。

第二章 消费主义文化与白领消费方式

"这顿饭花了一万两千元。梦烟用她的金卡走账。"①

梦烟这种炫耀性消费标志着与飘雪不一样的个性,梦烟穿着时尚的衣服,戴着名贵的手表,化妆浓妆,坐着豪华的轿车,住着高档的别墅,吃饭时挥金如土。而飘雪只穿着素雅衣服,没有别墅和轿车,但结果飘雪赢得了米歇尔的追求,梦烟只能做香港商人的二奶,"有梦烟照片的女同学悄悄对飘雪说,梦烟傍到一个大款,香港人,不仅成为他的头号客户,而且在五羊新村给她买了房,就是那种'二奶楼',即被包到的二少奶奶住的地方,现在房产升值,都要百万元一套呢。车也是那个人送给她的,做她的一点玩具生意实在是'湿湿水'(读沙沙碎),所以她并没有调离业务部,倒是把那个跟她'搅搅震'(读搞搞阵)的男人给挤跑了。"②

梦烟完全在物欲的消费中迷失了自己,想通过炫耀式消费活动与飘雪竞争,通过夸富式炫耀博得社会艳羡而提升其社会地位和声望、荣誉,从而获得社会性的自尊和满足,最后却沦为成为物的奴隶。同为大企业白领的飘雪始终保持着平和淡泊的心态,在消费文化的侵蚀下,坚持自己的人格独立,不为物所役。王建平在《中国城市中间阶层的消费行为》中指出:"凡勃伦较早地涉及了消费的社会性动机与功能。在《有闲阶级论》中,他详细描述了当时特定的社会群体——新贵阶层或者说'暴发户'的'炫耀性消费'。'炫耀性消费'主要包括以下内容:地位、声望动机,'炫耀性消费'本身并不是一种没有目的挥霍与消费,其根本动机在于通过夸富式炫耀博得社会艳羡而提升其社会地位和声望、荣誉,从而获得社会性的自尊和满足;财富攀比与竞争心理,其主旨在于'斗富',通过这样一些炫耀式消费活动,完成其社会性竞争

---

① 张欣:《商战请战——张欣文集》,北京:群众出版社,1996年,第186页。

② 同上,第173页。

与比较，这就使得炫耀下性消费成为一种难以休止的金钱竞赛；金钱区割原则，消费中的挥金如土是为了显示自己的经济力量和建立在此基础上的与众不同，金钱成为一种社会区分的手段和工具；金钱浪费，炫耀消费的结果是形成奢侈之风，造成财富的浪费。"①

二、白领消费认同的动力因素

通过前面的研究，我们可以看出，目前中国90年代都市小说中的白领阶层中已经存在明显的身份认同意识。通过对有关资料回顾和整理，可以将推动白领消费认同的社会因素归纳为三个方面。虽然对于不同角度的消费认同，这几种因素都各具解释力，但是这并不意味着他们可以独立的解释白领的消费认同。所以，要正确理解白领消费过程中的身份认同意识，就必须看到这些因素的相互联系与共同作用。

（一）归属感的缺失

群体归属感是身份认同的重要方面，它是其成员对共同形象的认同，帮助个体解答的是"我在哪儿"这样一个归属性问题。根据马斯洛需求理论，"归属感"与"爱"共同构成需求层次的第三层，主要包括对待友谊、找到配偶并生儿育女以及从属于家庭、某个团体、某种邻居和某个国家的渴望。中国人自古以来都对归属感非常重视。"安居乐业"，强调只有"安居"才能"乐业"，体现了"家"的重要性；"衣锦还乡"，说明了个人的价值的实现同家乡这个曾经生活过的群体紧密相连。2006年，北京将国民幸福指数纳入和谐社会指标评价体系中，而衡量人们幸福感的一个重要指标就是归属感。

---

① 王建平著：《中国城市中间阶层的消费行为》，北京：中国大百科全书出版社，1997年，第72页。

然而，伴随着现代化得进程，归属感缺失成为了每个人都不得不面对的社会问题，而这一问题在白领阶层中表现得更为突出。首先，白领阶层中存在着太多的不同，他们遍及各行各业，在文化素质上存在着很大的差异，收入水平也不尽相同，而且他们自身的变化还在不断地发生，因此他们很难对这一群体形成归属感。邱华栋的小说中塑造了各行各业的白领，在《环境戏剧人》中白领有记者、话剧演员，平面设计师、律师；在《乐队》里的白领有摇滚乐队、流浪歌手；在《时装人》中的白领有时装模特，电视节目主持人；在《公关人》中白领有外企的公关人。此外，在《直销人》、《电视人基努·里夫斯》、《高速公路上的滑板嘎浪士》、《新美人》、《音乐工厂》、《偷口红的人》、《乐器推销员》、《别墅推销员》、《保险推销员》、《化学人》、《如何杀死一棵树》、《城市航船》还塑造了广告人、下岗的工人、电脑推销人、画家、自由撰稿人、制片人、电视编导、乐器推销员、别墅推销员、保险推销员、雕塑家、医生、摄影师等白领，他们的身份在不停地变化，在内心中时刻有一种身份的焦虑。

其次，由于白领中的部分成员是在远离自己家乡的地方工作，身边没有亲人，他们对家乡的归属感已经逐渐的淡化，而对现在居住地的归属感还没有完全形成，所以他们缺乏稳定的地域归属感。经济的高速发展，科技的快速的进步，给人们的物质生活带来极大地改善，汽车、高楼、网络、地铁、夜晚的灯火通明，这些现代城市的象征满足了都市中生活的人们的消费欲望，可物质的满足无法弥补精神的空虚，人们在为得到这些物质的同时面临着巨大的生存压力，这些压力使现代都市人感到焦虑和孤独。"人们内心所存的痛苦、焦虑、怀疑、隔阂、仇恨、不信任等等的情感伴随着时代的进步而与日俱增。"在卫慧、绵绵等人的小说中的人多生活在这样的大都市，他们大多出生于破碎、不幸的家庭、他们大多数缺乏集体的关爱，传统意义上的同学、同事关系、邻里关系在他们作品里集体缺席，他们多是无稳定的职业者，或是自由作家或是摇滚歌手，他们时刻感受着社会的挤压。卫慧小说《艾夏》中的少女艾夏，父母双双失踪，只有和奶奶相依为命，而奶奶却是只知道睡觉的老太太，似乎对艾夏的成长没有太多的关心，就是这唯一的亲人最终也死去了，留下艾夏自己孤身一人，而所谓的爱情留给她的更多是痛苦的回忆，最后艾夏消失了，没有人知道她到底去了哪里，这里描写的是一个孤独的灵魂。朱文颖的小说《卑贱的血统》中，写到坐在咖啡馆里对话的一男一女看见外面偷东西的民工被很多人追赶，女人问为什么会这样，男的回答"因为孤独"，后来女的去了男的家，在讲到《颜大照镜》这个故事的时候，故事里有一个非常丑的男人，男人第一次照镜子时看到自己很丑，同时忽然觉得很孤独，文中最后也写到"男人"和"女人"其实都是孤独的，这里孤独成了一种生存境遇，它来源于外部世界的背弃与隔绝。绵绵的小说同样如此，无论是《每个好孩子都有糖吃》的赛宁、"我"，《啦啦啦》中的赛宁和"我"，还是《一个矫揉造作的晚上》中诅咒、巧克力和"我"，抑或是《黑烟袅袅》中的赛宁、大猫、小猫和"我"，都经常出没于酒吧，他们喜欢音乐、酗酒，他们空虚、无安全感。

以上的现象表明，群体归属感建立的关键是要找到"有意义的属性"，使人们相信这是将他们连接起来的纽带，而能够与群体外的人相区别。现代社会中，消费的意义构建功能突显出来，人们越来越依赖通过消费这个手段获取归属感。可以说，现代消费为白领点燃了一盏希望之灯。正如米尔斯所说，"文化断根造就了这批无信仰、无历史的非英雄。他们从旧的社会组织和思维模式中流离出来，被抛入新的存在形式，却找不到归宿，只能专注于技术完善、个人升迁和业余消遣。正是通过这种同质的消费，他们共同的心理体验得以表达。"[1] 可以说，消

---

[1] 参见［美］C. 赖特·米尔斯：《白领：美国的中产阶级》，杨小东等译，杭州：浙江人民出版社，1987年，第103页。

费掩盖了白领群体中的其他差异,成为了能够帮助其获得归属感的最"有意义的属性"。在消费过程中,白领们进行了一次无差别、没有区分的沟通,找到了群体的归属感。

(二)社会地位的恐慌

白领是中国中间阶层的重要组成部分,而对于中间阶层消费的研究,最初可能是在社会分层视角下进行的。社会分层研究者们认为,由于经济、权力、社会声望等资源分配上的差异,社会总是分为不同的地位群体。如果说不同时期、不同国家的中产阶级有一些相同之处的话,那就是它们所处的社会地位相同。在他们的上面,是养尊处优的社会上层,这对他们来说是极大的诱惑,常常激起他们的斗志;在他们下面,是他们刚刚脱离并再也不想回归的社会底层,这对他们来说可能是尚未远去的记忆和不堪回首的伤痛。这种特殊的社会地位造成了中间阶层对地位的恐慌,因此他们总是社会阶梯上最卖力的攀登者。在张欣的《首席》中的梦烟,从小出生在一个卑微的家庭,梦烟的母亲是一位能干的寡妇,无法和欧阳飘雪的家庭的出生相比。"欧阳飘雪的父母都是外贸系统的干部。"于是,梦烟为了向上层社会看齐,害怕滑入下层社会,不惜一切地向上爬,当她得知外国富商米歇尔在追求飘雪时,她竟毫不知耻地抢夺米歇尔,"她用英文说:'米歇尔,你为什么不考虑我呢?我也不是很差呵,而且我还是一个处女,我愿意陪你睡觉,结不结婚无所谓,只要你带我出去!'"婚姻失败后,竟去傍大款,做香港富商的二奶,"有梦烟照片的女同学悄悄对飘雪说,梦烟傍到一个大款,香港人,不仅成为他的头号客户,而且在五羊新村给她买了房,就是那种'二奶楼',即被包到的二少奶奶住的地方,现在房产升值,都要百万元一套呢。车也是那个人送给她的,做她的一点玩具生意实在是'湿湿水'(读沙沙碎),所以她并没有调离业务部,倒是把那个跟她'搅搅震'（读搞搞阵）的男人给挤跑了。"①

张欣《亲情六处》中简俐清也是一位"驶出欲望街"的女性形象。她行事果断，有计谋，不囿于传统；重视金钱但不崇拜，她处世态度总有一种理性与积极进取的精神。失业下岗的她，经过一番审时度势后，决定投身商海、弃置与男朋友焦跃平的爱情，为了迅速"开辟新生活"，她主动出击投入了赵总的怀抱，做了一年的"金丝雀"，换回了她想要的卡迪拉克车，并拥有一间高档时装店，开始了自己的事业。缪永小说《驶出欲望街》中的张志菲就是其中的一个典型，她原本是个白领打工丽人，由于吃不住打工的艰辛，挡不住都市物质的诱惑，又处于对青春的珍惜与自爱，不假思索地接受了大款阿昌的契约：做三个月的"金丝雀"换取15万资产。当然她还是个有个性与自尊且自信的现代女性，即使在作为交易的同居生活中，也坚信双方人格的对等，并保持自己的个性、独立和尊严。她还没有依附型一类女性人物的依赖思想，她也绝不奴颜婢膝，对大款阿昌甚至也抱以蔑视的态度。她甘愿做出巨大牺牲，就像她进股市炒股一样，完全是受利益、理性与冒险精神的驱动。最后她拒绝阿昌求婚，毅然挥剑斩情丝，带着她迅速积累的50万走出了"欲望街"，恢复了原有的高傲。

埃利亚斯在《文明的进程》中曾形象的描述了德国早期中产阶级知识分子的社会处境："与民众相比，他们可谓精英。但在那些宫廷贵族眼中，他们仍属于下等人……没有比这一段话更能说明中等阶层意识的特征了。通往下层的大门应该紧紧关闭，通往上层的大门应该敞开。"这种社会处境使得中间阶层热衷于对社会地位和权力的追求。伦斯基也曾提到："在中间阶层的成员为了控制权力、特权以及传统上属于精英阶层的其他资源而进行的努力中，可明显看出权力和特权的之类反作

---

① 张欣：《商战请战——张欣文集》，北京：群众出版社，1996年，第173页。

用",他们"有着一种自然的愿望,要获得对一些资源的控制,以使他们摆脱这一依赖。这有希望为将来获得更大的保障,同时也保证了在当前具有更大的权力和特权。"① 可见,对社会地位的诉求是西方中产阶级的重要特征之一。

当把目光聚焦于中国现代社会时,我们发现中国的白领阶层也存在着对地位的恐慌。曾几何时,白领阶层可谓社会精英,他们有这较高的收入、受过良好的教育、有着令人羡慕的工作,他们的生活方式一度成为社会大众争先效仿的对象。时至今日,伴随着大学扩招等一系列政策的出台,白领阶层正在逐渐扩大,社会结构也由从前的金字塔型向橄榄型转变。因此,白领的那种"物以稀为贵"的优势早已成为了昨日黄花。不仅如此,白领们还时刻面临这"下流化"的危险。所以,白领们必须竭尽全力地提高其社会地位,以避免落入社会下层。可以说,消费很好的掩盖了白领天性中的无能为力的挫折感,满足了他们社会地位上升的渴望。

(三)自我实现的满足

现代社会中,人的自我标新的越来越突出。自我感强调的是自己作为一个独立、完整的个体存在,而不受制于集体、神灵或其他人。这种自我意识在人类发展的很早阶段就出现了。杰希尔德认为:"儿童从小就在不知不觉中养成了一些关于他们自己和别人的观念和态度。这些观念和态度随着人的成长而积累起来,并不断的修正,形成'一种思想和感情的混合体,使人意识到自己作为个体的存在,意识到自己是谁,是干什么的'。随着时间的推移,还能认出种种差别,每个人都在成长发展中的某一时刻认识到自己的存在,认识到自己在全人类社会中的与众

---

① [德]诺贝特·埃利亚斯:《文明的进程》,王佩莉、袁志英译,上海:上海译文出版社,2009年,第89页。

不同之处。"① 然而在社会化的过程中，个体必须学会融入社会，努力成为社会的一员。尤其是在自然环境相对恶劣的人类社会早期阶段，集体主义显得尤为重要。随着社会的发展，特别是到了现代消费社会，个体的自我感表现的越来越突出。追求自我感不一定是为了提升自己的社会地位，而是为了获得一种自我实现感和自我成就感。

然而，白领的现实处境却在一定程度上限制了他们的自我实现。白领阶层在职业上的共同的特征是受雇于某单位，通过出售劳务而不是财产取得收入，工作结果依赖与外在的评价。因此，大部分白领在经济地位上有很强的依附性。这种依附感使白领总是试图更紧密的依附于其"主子"，米尔斯曾这样描写这种现象："当白领们获得自己的工作时，他们出卖的不仅是时间的和精力，还包括他们的人格。他们以周或月为单位出卖自己的微笑和友好姿态，他们必须对自己的愤恨和侵犯倾向施以即时的控制"。因为这些个人的品质已经和商业发生了某种关联，并为更有效和更有利可图的商品与服务的销售所急需。他们现在成了新型的小马基雅维利主义者，为了薪水和其他人的利益，他们按照凌驾于他们之上的那些人所制定的规则，玩弄自己的个人技巧。但是"主子"并不总会领白领的情在这种情况下，他们的身份焦虑就出现了："我是谁？我正在走向何方？我所做的一切意义何在？白领在工作中迷失了自我，所以他们只能到工作之外的地方去实现身份的认同。而消费与身份认同的天然联系，使消费的功能突显出来，因此白领的消费中总是带有很强烈的个性化意识。在个性化的消费中，白领找到了个性并肯定它，这便是发现了真正成为自己的乐趣。"②

---

① ［美］伍兹：《消费者行为》，《消费者行为》翻译小组译，杭州商学院出版社，1984年，第310页。

② 参见［美］C.赖特·米尔斯：《白领：美国的中产阶级》，杨小东等译，杭州：浙江人民出版社，1987年，第111页。

事实上，不论是归属感的缺失，还是对社会地位的恐慌，或者是对自我实现的渴望，都不是白领阶层的专利，只不过是在这些方面，白领表现得更加鲜明。因此，白领在消费过程中表现出的是一种有节制的身份认同意识，也就是说白领的消费并不是完全受身份认同的驱动。综上所述，阶层化和个性化并存是白领未来消费的共同态势，虽然通过个性化消费，白领能够充分地享受到消费带来的自我表现的快乐，但是只有阶层化的消费才能够让其实现真正的群体归属。

第三章 消费主义文化与白领休闲方式

　　白领的休闲生活打上了消费主义文化的烙印，在都市小说中有所反映。首先，讨论白领休闲生活的"小资"情调，白领一般有较高的学历背景、不菲的收入，以脑力为资本，享受着窗明几净的舒适环境；他们衣着光鲜，谈吐风雅，虽然生活节奏紧调，休闲生活却经营得有声有色，到处都透出文化品位。其次，讨论白领的三种休闲方式：一是外出旅游休闲，卫慧、棉棉等人的小说常展现出白领的这种休闲生活；二是文化鉴赏休闲，是指一些小说经常描写白领们去音乐厅、歌剧院和电影院等具有一定文化品位地方的生活方式，在很多都市小说都描绘了白领们这种休闲生活；三是体育锻炼休闲，是指一些小说中的白领经常去保龄球馆、网球场、高尔夫球场和游泳馆等地方放松自己。很多都市小说大肆宣渲染了白领们这种休闲生活

第一节　白领休闲的"小资"情调

　　有关休闲生活的研究首先从外国开始。休闲是西方的一种哲学传统，早在古希腊就有休闲理论，"亚里士多德是迄今所知最早为休闲的合法性作哲学论证的思想家中的代表，欧美学者称其为'休闲之父'"。[①] 他认

---

　　① 刘晨晔：《休闲——解读马克思思想的一项尝试》，北京：中国社会科学出版社，2006年，第73页。

为:"幸福存在于闲暇之中,我们是为了闲暇而忙碌"。① "我们全部生活的目的应该是操持闲暇,勤劳和闲暇的确是必须的;但这也是确实的,闲暇比劳动更为高尚,而人生所以不惜繁忙,其目的正是获致闲暇。"② "亚里士多德的学说确定了一个能在哲学、艺术或体育的自觉实践中自由发展的人的原型。其基本点在于希腊人力图摆脱无知,他们在关于真、善、美的认识的基础上追求美德与优秀的品质。休闲正是真、善、美的一个组成部分;事实上,休闲同知识、美德、愉快与幸福是不可分离的"。③ 亚里士多德将休闲视作真、善、美的一部分,这就在概念上为休闲提升了在人类活动中的地位。马克思认为,"闲暇时间,为每个社会成员全面发展自我所需要的时间提供了保障,其中包括个人受教育的时间、发展智力的时间、履行社会职能的时间、进行社交活动的时间、自由运用体力和智力的时间,与之相适应给所有人腾出时间和创造手段,个人会在艺术、科学等方面得到发展。"④ 休闲是人的自由与权利,人们在休闲中能够发展自己,体现自己的价值,关注人们的休闲体现了一种人文关怀。于光远教授是国内最早关注休闲现象的学者之一。他于1983年指出:"我国对体育竞赛很重视,但体育之外的竞赛和游戏研究得很不够。"1994年他在《玩是人的基本需要》一文中进一步指出:"玩是人类的基本需要之一,要玩得有文化,要有玩的文化,要研究玩的学术,要掌握玩的技术,要发展玩的艺术。"在他的倡导下,北京六合休闲文化策划中心于1995年成立。至此,中国学者才开始有

---

① [古希腊]亚里士多德:《尼可马可伦理学》,廖申白译,北京:中国社会科学出版社,1989年,第225页。
② [古希腊]亚里士多德:《政治学》,吴寿彭译,北京:商务印书馆,1965年,第410—411页。
③ 转引自马永利:《论休闲文学》,《山东师范大学学报》,2005年第2期。
④ 马惠娣、张景安主编:《中国公众休闲状况调查》,北京:中国经济出版社,2004年,第1页。

意识地研究休闲这一新的社会经济现象,并引入西方休闲研究文献。我国规范的休闲学研究也是在20世纪90年代后期以于光远、成思危、龚育之和马惠娣等为代表的学者从西方引进的。2000年由云南人民出版社出版的《休闲研究译丛》标志着休闲学正式传入我国,它由五本书组成:《人类思想史中的休闲》(托马斯·古德尔,杰弗瑞·戈比)、《21世纪的休闲与休闲服务》(杰弗瑞·戈比)、《你生命中的休闲》(杰弗瑞·戈比)、《走向自由——休闲社会学新论》(约翰·凯利)、《女性休闲——女性主义的角度》(卡拉·亨德森等)。这套译丛系统地介绍了北美休闲哲学、休闲文化学、休闲经济学、休闲社会学。

　　关于休闲生活和消费主义文化联系在一起研究的著名学者中,凡勃伦应属其中之一。凡勃伦是制度经济学派的创始人,建立在其制度经济学理论上,他在《有闲阶级论》中论述了"有闲阶级"的形成,"有闲阶级"的休闲"长时间是被用来作为证明人的地位和声望的一种手段的。"① 有闲阶级不仅是一支经济队伍,还是一种经济现象。他在该书中记载了19世纪后期富裕的"有闲阶级"娱乐的社会生活。尽管当时凡勃伦以批评家的身份对"有闲阶级"的炫耀性消费进行嘲笑和批评,也试图从经济学家的视角分析和证明休闲与消费是如何联系在一起的,但他又十分敏锐地注意到:资产阶级新权贵在获得物质享受的同时,已开始追求精神生活的丰富和享乐,"闲暇时常采用'非物质的',是准学究或准艺术的以及讨论各种事变的知识"。他在该书中提出,休闲已成为一种社会建制,成为人的一种生活方式和行为方式,并论述了宗教、美学、学术讨论与休闲的关系,分析了闲暇时间消费的各种形态和

---

① [美]托马斯·古德尔,[美]杰弗瑞·戈比:《人类思想史中的休闲》,成素梅、马惠娣、季斌、冯世梅等译,昆明:云南人民出版社,2000年,第114页。

消费行为方式。① 白领的休闲生活打上了消费主义文化的烙印，在都市小说中有所反映。白领休闲生活呈现出的"小资"情调，白领一般有较高的学历背景、不菲的收入，以脑力为资本，享受着窗明几净的舒适环境；他们衣着光鲜，谈吐风雅，虽然生活节奏紧调，休闲生活却经营得有声有色，到处都透出文化品位。

第二节 白领外出旅游休闲

随着改革开放的深入和市场体制的逐步确立，在社会结构转型和社会体制转轨过程中，我国的社会阶层发生了新的变化，白领日渐成为一个不容忽略的群体。他们在经济收入、社会地位等方面均处于社会中间层次，在经济建设、社会发展、社会结构稳定及文化建设等方面发挥着重要作用，在社会生活领域引领消费潮流。另一方面，生活形态作为一种有效的市场细分手段，受到社会各界的关注，众多研究表明，生活形态对消费者的购买行为有着重要影响。旅游消费动机包括逃避世俗环境、寻求自我和评价自我、放松、声望、回归、增进亲友关系以及加强社会交往等方面。

首先，坐飞机旅游是白领常见的休闲旅游方式。卫慧在《上海宝贝》中写道："五点多就有一班飞机飞往北京，我在机场买到了机票，然后坐在候机厅旁边的咖啡馆里喝咖啡。我并不觉得特别愉快，只是觉得不再凄凄惶惶、六神无主，至少此时此刻我有行动目标，我有事可做，那就是去北京听一场热闹的摇滚以度过没有情人和灵魂的圣诞。飞机准时起飞，准时降落，虽然我每次坐飞机怕飞机从天上掉下来，因为

---

① 马惠娣，刘耳：《西方休闲学研究述评》，《自然辩证法研究》，2001年第5期。

这又大又笨的铁家伙在稀薄的空气中总是很容易掉下来,但是,我依旧爱坐飞机。"① 到了北京马上去酒吧寻找休闲快乐,"忙蜂吧,一个历来以摇滚人云集出名的酒吧,有无数长发或短发的面有病容但屁股绷得紧紧的乐手,他们比赛弹吉他的速度也比较追求漂亮女人的手段。这里的女人,都有好莱坞女星般圆圆的胸脯,至少在某一方面能吸引混在音乐圈里的坏胚子们(有钱、有权、有才、有身体等等)"②。在张抗抗的《情爱画廊》中的画家周由从北京坐飞机苏州去旅游,以便放松自己郁闷的心情,"空气中蕴含着浓浓的水汽,薄淡的阳光被云雾所遮,眼前水巷的景色依然像是浸漫在水中。湿漉漉的玄青翘角屋顶,湿洇洇的白色粉墙、湿淋淋的青灰石桥石埠……视线里的景物都已吸足了水分,唯有四周的雾气仍在流来淌去,寻找依身的缝隙和归宿。酥醉的水气不停地飘晃着,周由眼前的水巷在晃动。每个色块仿佛都已经被水雾溶化——黑瓦要流到白墙上、白墙要流到灰街上去了、褐色木船流到绿河里去了、打着蓝伞的行人好像要化作一汪蓝水,流到水中蓝色的倒影中去了。周由眼里不断飘入一缕缕、一条条、一丝丝黑白青蓝的清凉水雾。他渐渐感到江南水巷一种难以言说的魅力和柔工。轻轻的水气、柔柔的雨雾,可以渗入石头瓦片、墙砖、雕花木窗,甚至男人的骨骼里。它缓缓细细地揉搓、抚摸,并侵蚀所有坚硬结实的物体,然后星星点点,丝丝缕缕地把他们汇揽到江湖海巨大的怀抱里,周由眼前已看不到任何棱角分明的东西,一切都是柔软的、无脊无骨,像太湖泥一般,用千年万年的水流磨成。江南的景致也是水做的么?他想。他好像觉得自己捕捉到已逝去的江南名女美丽忧伤的气韵和气场。"③

坐飞机旅游需要一定的经济基础,在乘火车、坐船等旅游方式中,

---

① 卫慧:《卫慧精品集》,长春:时代文艺出版社,2000年,第76页。
② 同上,第80页。
③ 张抗抗:《情爱画廊》,长春:时代文艺出版社,2007年,第7页。

坐飞机旅游是最贵的消费方式，体现出一定的身份。在张欣、邱华栋、王安忆、棉棉、张抗抗和卫慧等人的小说这种方式比较普遍。

其次，骑自行车旅游也白领休闲旅游得一种方式，他们常被称为是背包客。在王安忆的《我爱比尔》中阿三和比尔常一起骑着赛车疯狂的出游，他们曾一起从上海到周庄去游玩。"周庄真是把比尔迷住了。那些小石桥在比尔的大身躯之下，像个小世界。比尔在周庄的桥上走过来，""等到夕照来临，将那桥下的水染金，炊烟也燃金，比尔就更走不拖了。他听见了唱晚的牧歌。""周庄的旅馆大约也是明清时代的，板壁的结构，推开二楼的窗，看看楼下沿水的街市，清明上河图似的。他们俩隔着一面板壁，各从各自的房间窗户伸出头去，看风景，聊天。黄昏的光线是很细致的，连水波都构出了细纹，丝丝缕缕的。"① 后来便是住旅馆和饮食消费。女主人便和比尔一起住进周庄的旅馆。住好旅馆后，再接着便是餐饮消费，"他们再坐到酒吧喝酒，双方的心情都有变化似的。有一回，比尔新要了一种酒。让阿三尝尝。他将酒杯递近去，阿三伸过脖子，撅起嘴凑到杯沿上。"② 外出旅游除了乘坐交通方式、住宿外，饮食消费显得特别重要。

消费社会的饮食具有多重的意义，通过包装、广告，将食物、文化、信仰、氛围融合在一起，构建虚幻的拟像，使之成为公共媒体的消费形象、消费象征。在消费社会，消费享乐是白领成功、地位、身份的象征，欲望成为消费文化的一个链条，享乐主义成为一种象征，即"满足"、"幸福"的象征。饮食消费所包含的意义更加丰富多彩、意味深长，"我们是通过我们购买的东西和我们赋予所获得的商品与服务的意义来定义我们自身的。"因此，旅游饮食消费，便成为白领文化心理实现和文化身份识别的代码。消费表明文化身份，维持身份认同感，饮食

---

① 王安忆：《我爱比尔》，北京：今日中国出版社，1998年，第3页。
② 同上，第4页。

消费同样成为时尚、身份、地位的象征，一掷千金的黄金筵、海鲜宴追求的是身份的认同和炫耀。传统的"我思故我在"，演变为消费社会的"我买故我在"。许多人热衷于麦当劳、肯德基、星巴克、沃尔玛等洋品牌的消费，徜徉在欧美食品中，仿佛徜徉的欧美街头、欧美文化之中，通过食物的消费，得到文化的亲近、文化的认同、品位的认同。食物成为一种媒介，一种工具，人们通过消费填补心理的焦虑、通过消费确立自己的社会阶层。

第三节 白领文化鉴赏休闲

在90年代都市小说中描写白领文化鉴赏休闲的作品特别多，主要表现在白领对美术的创作和鉴赏、对音乐的创作和鉴赏等方面，突出白领高雅的文化品性。

首先，白领文化鉴赏休闲表现在白领对美术的创作和鉴赏。在张抗抗《情爱画廊》的周由是位出色的画家，周由不但自己作画，而且还指导阿霓鉴赏画，"周由把阿霓的划分做三类。第一类，他建议她全部烧掉，那都是些照抄照临的仿制品，而且临摹的也不是专业画家的作品，而是三流画家的大路货。第二类，是素描习作，他给她一幅幅挑毛病讲方法，告诉她将来她无论选择绘画专业还是工艺美术专业，素描都是画家的基本功。即使现代派大师毕加索，他的早期素描造型能力也不亚于现在学院派中的那些写实主义画家。练基本功很枯燥，进步也慢，但这是进入绘画艺术的必经之路，必须从中学会整体观察事物的方法。就像学钢琴的孩子，一定要反复地弹练习曲，有的曲子甚至要弹上几百遍几千遍。周由告诉阿霓，优秀的艺术家几乎都没有快乐的童年和少年时代，他自己像阿霓那么大的时候，老师让他每天对着石膏像素描，画不好还得重画，有一次他恨不得把石膏像砸了。第三类，是阿霓的自由创作画,这是提高绘画兴趣,培养艺术感觉和创造能力的主要途径。一定要把自己看到、感到、想到、梦到、半梦到半想到的特殊感觉,用绘画的形式保留下来,去画别人没有发现、没有感觉到得东西。"①《我爱比尔》中阿三十分喜欢美术,"阿三的这些痕迹画,其实还开了个头,就是绘画向雕塑方面的转变,人们渐渐不甘心只是在画布上刻些痕迹,而是真实物件亲自登场了。一些破布烂衫出现在画面上,甚至更大的物体:水壶,铝锅,火钳,草帽。名堂越来越多。"②杨映川的《做只鸟吧》讲述了果果和树子两个女孩之间的情谊,人物设计上采用了最平常的二分法,一个独立自主保持了人格的尊严和完美,一个在物欲社会逐渐沉沦最终走向毁灭。人物的设置和情节的推动表明了作者自身的矛盾性,既期望抵抗消费社会的诱惑,但消费社会的审美原则已经成为主宰,除了毁灭个人无法挣脱。作为画家的果果以树子为模特作了一副真人大小的肖像画,"里面的树子美目流盼,翩若惊鸿,一只玉手抚摸着自己的乳房,乳房上面有一圈明显的齿印,让人想入非非。果果说这幅画应该还有一个标题叫'谁干的?'树子说不是你干的吗?说完她们就笑了起来,把这幅和真人一般大小的画,挂在床头。果果和树子每晚都靠着画上树子的大腿入眠。"③通过果果来反抗消费社会物的本质,但不幸的是她并未挣脱消费文化的原则,文本中对树子形象的描绘带有典型的玩赏、观看、猎奇的物化特点,画面上的树子更是成了一个纯粹被观看的客体对象,仿佛绣在屏风上的金丝鸟,美则美已但没有生命。而画面的形式和美感更是一种广告式的美感,其创意跟都市街头许多暧昧挑逗的广告有着惊人的相似。果真,树子的肖像画最后挂在大街上成为某个商品的广告形象。从人到身体、到画中形象,最后成为广告形象,

---

① 张抗抗:《情爱画廊》,长春:时代文艺出版社,2007年,第30页。
② 王安忆:《我爱比尔》,北京:今日中国出版社,1998年,第31页。
③ 杨映川:《做只一鸟吧》,《花城》,2000年,第193页。

美丽的树子最终成为飘扬在街头的平面广告，人的物化、商业化的完整过程就此完整呈现。在这个过程中，艺术仅仅是物化包装的手段而已，根本不具备救赎、升华的意义。

审美愉悦在特定的历史条件下能够被消费逻辑所渗透，审美快感和商业形式带来的视觉快感之间存在重大的渊源，在描述商品与物质所带来的身体的愉悦时，文本也体现了一种快感，消费的快感与审美快感的融通。杰姆逊认为在商品化和我们所认为的审美快感之间有一种决定性的关系，"商品化的形式在文化、艺术、无意识等等领域无所不在，"美与文化领域"完全渗透了资本和资本的逻辑。"① 抗抗《情爱画廊》中对人体艺术作品的大肆铺排，就使它具有了商品和艺术的双重效果。王安忆《我爱比尔》中的后现代主义绘画的展示，被赋予了诸多的意义和象征的美感。还有谢宏的《纹身师》中纹在身体的美术图案，更具有艺术和商品的双重性。

其次，白领文化鉴赏休闲表现在白领对音乐的创作和鉴赏。在《乐器推销员》中的主人公是位刚毕业的大学生，很喜欢音乐，"你要是在大街上看见一个蹬三轮车，三轮车上堆满了各种各样的乐器，比如吉他、电子琴、长笛、小号、圆号、沙锤、定音鼓、大提琴中提琴小提琴之类的各种乐器，你不要吃惊，因为那个人是我。"② "我去拿了一把小提琴，我还买了一台很大的扬声器，我再次赶到这幢楼下时夜幕已经降临了。我猜测麦香一定躲到了这里。我在星星的注目下在楼下架好了扬声器。我向想我的亲自演奏托赛尼德《小夜曲》，就像当年我追求麦香的那样。我像个疯子似地在夜幕下拉起了琴，托赛尼的《小夜曲》通

---

① [美] 弗雷德里克·杰姆逊：《后现代主义与文化理论》，唐小兵译，北京：北京大学出版社，1997年，第161—162页。

② 邱华栋：《都市新人类》，北京：中国广播电视出版社，1997年，第223页。

过扬声器被送入了半空。一瞬间我屋子的灯亮了,有人在听。我一遍又一遍地拉着而不知疲倦,在全世界的人都着迷于短暂的游戏和快乐的时候,我却要专注于永恒的寻找。"① 在绵绵的小说《糖》中"我"也非常喜欢音乐,"后来我们去了阴阳吧,我弹着那架30年代的定调风琴唱《再见我的爱人》。唱这首歌的时候我非常想赛宁,他又失踪了,先是说回北京,接着在香港打了几个电话回来,接着就没有消息了"。② 在邱华栋的《乐队》中这样写道:"酒吧中的空气越发炽热了,有人在唱菲律宾的乡村歌曲,人们在躁动,有人在高喊 YES 乐队! YES 乐队! 可没有人答应,那几个长发的穴居人不见了,每一个人都在灯光的明暗中移动。似乎很多人在期待着一种狂暴的呐喊,期待着一种音乐与灵魂纠缠不休的东西。"③ 白领对音乐的创作和鉴赏,既表现出他们对高雅文化品位的追求,也表现出他们通过音乐消费来释放内心压力和焦虑的放纵之情。

第四节 白领体育锻炼休闲

白领承受着来自职场和社会环境的多重压力,容易产生抑郁、工作倦怠、人际关系紧张、人格冲突、心理失衡等问题,白领如果想减轻压力,就必须加强体育锻炼。在90年代都市小说中,白领经常打保龄球、去游泳馆、打网球、打高尔夫球。这些运动与一般的跑步、打羽毛球、爬山等运动不一样,他是一种较昂贵的体育消费运动。

---

① 邱华栋:《都市新人类》,北京:中国广播电视出版社,1997年,第229页。

② 棉棉:《糖》,《棉棉精品集》,长春:时代文艺出版社,2000年,第111页。

③ 邱华栋:《都市新人类》,北京:中国广播电视出版社,1997年,第56页。

在邱华栋的小说塑造了许多白领形象,在《环境戏剧人》中的记者段郎就通过独特的消费方式体现出自己与其他白领记者不一样的个性。一般记者"打扮介乎工人和流浪汉之间。他们吹捧名人,参加新闻发布会拿各种红包。他们本身就是平面人。有些人像一个个链条拴在城市的腰部,像嗅觉发达的狗一样盯着这座城市中随便哪一间屋子里随时扔出的骨头,然后冲过去疯抢个不停。"段郎不像一般的记者为了蝇头小利卑微而低俗,而是经常出入高级饭店,在保龄球馆和游泳池里消费着休闲时光,"我在力度假日饭店的保龄球室找到了段郎。这是一个面如美玉的男人。他那一头很长的头发像是流动着的某种东西,他有一种白领的风度,一种知识界的优雅与城市新贵结合的气质,与大多数记者不太一样。他脸色很白,嘴唇很薄,嘴角总是浮起一丝轻蔑的嘲笑,仿佛是面对整个世界似的。"① "高雅的文化资本喜欢文明和抽象的愉悦,而不是身体的直接快乐。他鄙视财富和消费的赤裸裸的展露,而喜欢微妙的、不引人注意的表现和消费形式"。② 这种高雅的体育文化消费,不同于一般的赤裸裸地购物和吃饭,段郎就凭着这种独一无二的消费方式区别与自己同属一群体的其他白领记者。"他赞赏似地拍了我一下,然后也将自己的球抛了出去。他的动作非常标准,优雅,胳膊的甩动有力而又从容。""他不再和我说话,专心地打起了他的保龄球。看上去他非常轻松,跟其他十九个球道上的球手们一样轻松。我用手托着下巴看他在打。一局空了,他成绩不错。""他用手巾擦了擦手,'我出汗了,我去游个泳,你去吗?'我点了点头,跟着他走了出去。""他冷冷地笑了,顺着扶梯走下了水池。谁水很清,在灯光的折射下发出晶莹的宝石一样的光芒。我抬头可以看见不远大堂外走动的人们。""我找了

---

① 邱华栋:《都市新人类》,北京:中国广播电视出版社,1997年,第19页。
② 夏建中等著:《社会分层、白领群体及其生活方式的理论与研究》,北京:中国人民大学出版社,2001年,第21页。

个地方坐下来,看着段郎像一条白鱼一样在游泳池中遨游。他代表城市中另一种人。这种人曾经有过梦想,但现在已变得非常现实,还加上一些知识白领的玩世不恭。他可以蔑视他曾经想珍视的一切,因为他不可能再得到他们了。停一会,他爬了上来,用浴巾擦干身体。他的身材非常健美。"① 段郎通过自己高雅的文化消费方式来表达自己蔑视一切,玩世不恭的清高的白领生活态度,他不同于那些从拥有可怜的经济资本成为拥有大量经济资本的人们,而段郎独自消费稀少的文化资本。正如人们所说:"高雅文化相对来讲是比较稀少的,这种稀少性需要保护。如果一个群体的独一无二的物品、条件和文化事件变为其他群体都可以获得的,那么,这些东西就必然会发生变化,以便维护自己与众不同的特点。"②

在张梅的《保龄球馆13号线》也有昂贵体育消费的描写,小说写道:"男人交了一局保龄球的钱,租了鞋底很硬的保龄球鞋,拿了那双使他想起现代化爱情的一次性白色的线袜子,然后小姐告诉他说,你租的线13号线,他看不到哪一条线是空的。他拎着鞋子,茫然得像一个陌生的过客。终于他看到一处地方的线道的终端是沉默的,在应该摆满像一个个白色瓶子的地方始终是一个黑洞。于是他走过去,看到了沉默的电视机上面有一个13号的标志。男人很高兴。他像找到自己的家一样地高兴,他感到没找到目的地的那种惶然和无助终于结束了。这时有人拍了一下他的肩膀,是一个时髦的年轻人,正向他摊开一只手掌,他很快就反应了过来,把刚刚那位小姐开给他的票据给男子。年轻的男子走到一部机器前,拍了一下一个红色的按钮,属于13号线的电视马上

---

① 邱华栋:《都市新人类》,北京:中国广播电视出版社,1997年,第23页。
② 夏建中等著:《社会分层、白领群体及其生活方式的理论与研究》,北京:中国人民大学出版社,2001年,第25页。

就亮了。他马上感到了保龄球馆的温馨,内心的孤独一点一点地散去。"① 在《高速公路上的滑板嘎浪士》写道:"我踩在滑板上,一开始我并不会滑,但我很快就会了。我一直跟在那个冷艳女孩的后面,因为很久以前我第一次和钟星在天桥上见到她时就喜欢上了她。可我的酒喝得太多,我连脚跟都站不稳。我们的队列驶上了高速路,这时所有的嘎浪士都兴奋了起来。"② 这里作者把滑板运动和美女消费结合在一起,滑板运动不仅是锻炼休闲的方式,也是结识女孩的一种巧妙的方式。

随着高尔夫运动的发展,它不再仅仅被看做是一项体育竞技运动,同时也是一种高雅的休闲活动。在人们的生活中,没有体育的生活是不健康和不完整的;在人们的一生中,没有体育运动是不可想象的。因为体育运动已经成为一种文化,成为一种生活方式和生活自觉。随着社会的进步,人们闲暇时间和收入的增多,高尔夫运动不再是上流社会专利,而作为一种独特的休闲文化进入白领阶层的休闲生活。尤其是都市生活的人群,将高尔夫休闲视作个性与品位、身份与地位、健康与休憩、自然与生态的生活象征,从而表现出丰富多彩的休闲文化。由此,可将高尔夫休闲文化界定为以高尔夫运动为载体,以身心愉悦为目的的一种高雅的休闲文化活动。在高尔夫休闲文化活动中体现了文化与消费之间关系。在张欣《浮华背后》中冉洞庭周末经常光顾高尔夫球场,在那尽情体验休闲生活。在卫慧、棉棉和王安忆的小说中还有许多白领主人公出入高尔夫球场。

---

① 张梅:《张梅自选集》,广州:花城出版社,2009年,第197页。
② 邱华栋:《都市新人类》,北京:中国广播电视出版社,1997年,第189页。

第四章　消费主义与"白领"的婚恋观

一个人的婚恋观最能反映一个人的价值取向，人们的婚恋观中涉及性的问题，"关于性的探讨，涉及人的本质的大问题。"① 福柯也曾说："毫无疑问，性关系在每个社会里都导致一种婚姻体系，一种血亲纽带的确定与发展的体系，一种姓氏与财产的继承体系。"② 所以从白领的婚恋观更容易看出他们如何对待消费主义文化。我们尝试把90年代都市小说白领的婚恋观分为三种类型：合同式的婚恋观、虚幻式的婚恋观和独立式的婚恋观。

第一节　"金钱享受"型的婚恋主调

纵观1980年代文学，从伤痕文学到反思文学、改革文学，再到改革文学一系列小说中的婚恋故事大都涉及青年人对纯洁爱情的向往和追求，如张洁的《爱是不能忘记的》、《方舟》等小说。但是到了1990年，由于消费主义的影响，青年的婚恋观由追求纯洁性的爱情婚姻向"金钱享受"型的爱情婚姻转变。90年代都市小说白领的婚恋观分为三种类型：合同式的婚恋观、虚幻式的婚恋观和独立式的婚恋观，其中合

---

① 周礼红：《性与权力——评〈野炊图〉性文化内涵》，《名作欣赏》，2008年第2期。

② ［法］福柯：《性史》，西宁：青海人民出版社，1999年，第32页。

同式的婚恋观、虚幻式的婚恋观就是"金钱享受"型婚恋观的体现，但也有一部分白领坚持自己对纯洁爱情和婚姻的追求，体现出独立式的婚恋观，但90年代都市小说中的"白领"婚恋主调是"金钱享受"型。消费主义文化对白领婚恋观的影响主要在表现白领对物质的追求和身体的享受两个方面。

90年代白领们的婚恋观中对异性"收入"的高低十分看重，异性"收入"的高低则直接关系到日常的生活物质需求的满足程度，因此金钱在婚姻和爱情中比重就变得十分重要，它足以构成1990年代以来多元婚恋观中的不容忽视的一股时代潮流——借用西方学者斯克莱尔的话说，即是"消费主义文化—意识形态"①。也就是说，1990年代以来，随着消费文化影响的日益坚强，白领的婚恋观正在发生深刻的内部裂变和重组，白领们对物质和身体欲望的追求也在不断地加强，具体到都市小说的婚恋叙事而言，即人们的婚恋观"伴随着符号生产，日常体验和实践活动"正在"遵循享乐主义、追逐眼前的快感"等原则进行着重新组织。这种"重新组织"的内在逻辑驱动力是"消费"的原则。

早在1990年代初，李洁非敏锐地对都市小说"物化"的走向做出了富有前瞻性的描绘："在接近公元2000年的今天，当中国的传统价值观体系经过100年的破坏和冲击之后，当中国人行事做人已不再必须从古代道德中寻找理由和依据时，当近代欧洲（实际上也是整个近代世界）的文明范型已经成为中国社会所认同的'有效准则'的情形下，重新席卷而来的商品经济便不再是受到节制的，它在人们心中挑起的欲望也不再处于半压抑状况……"②。因此他将90年代初以来的文学症候归结为"物"对"心"的挤压。如果做出进一步的追问，"物"何以能

---

① 参看费瑟斯通：《消费文化与后现代主义》，刘精明译，北京：译林出版社，2001年，第165页。

② 李洁非：《物的挤压》，《上海文学》，1993年第9期。

第四章 消费主义与"白领"的婚恋观

挤压"心"？亦即人的"物化"如何可能？那就不得不涉及作为人的存在的另一维度——"身体"。正是作为"身体"也变成了消费物，为所谓人的"物化"埋下了伏笔。只要我们不能消灭人的肉身而存在，就不得不正视我们的身体以及欲望。从一个侧面来说，人类文明史可以视为如何在"身体"与"精神"二者之间寻找平衡的历程，但所谓的"平衡"却如同海市蜃楼一般。传统中国文学即使偶尔大胆地呈现人的身体和欲望，也不得不"曲终奏雅"，以示呈现欲望乃是为了"劝善惩恶"；即便如此，它们也难免被扣上"诲淫诲盗"的帽子。而西方传统则表现为理性对身体的挤压，即使是被广泛称引的马斯洛的人类需求层次理论，也将身体及欲望置于底层。

从这种意义上讲，1990年代以来都市小说的婚恋叙事对于"身体"的关注、对于"欲望"的宣泄和释放，无疑具有潜在的合法性。正如朱文在《我爱美元》中对"性"的认识："我们知道性不是个坏东西，也不是好东西，我们需要它，这是事实。如果我们的生活中没有，正好商场有卖，为什么不呢？从商场里买来的也是货真价实的，它放在我们的菜篮里，同其他菜一样，我们不要对它有更多的想法。就像吃肉那样，你张开嘴巴把性也吃下去吧，只要别噎着。"① 1990年代以来都市小说的婚恋叙事中对于"身体"不吝笔墨的刻绘、对欲望淋漓尽致的呈现、对精神之爱的放逐几乎都是源自对于此种"事实"的认识。在卫慧和棉棉的小说同样存在着对"身体欲望"的高扬，卫慧的《蝴蝶的尖叫》、棉棉的《糖》、《盐酸情人》以及后来的一系列高扬肉体欲望和强烈性意识的写作被明确地赋予"身体写作"的命名。在"身体写作"中，"欲望"本身成了叙事的内在驱动力，这是有别于"五四"新文学以及新时期文学借身体及欲望书写反抗文化"规训"的。因此90

---

① 朱文：《我爱美元》，《小说家》，1995年第3期。

年代婚恋叙事在某种程度上成为白领在光怪陆离舞厅、咖啡馆、酒吧内安之若素地放纵、肆无忌惮地调情、没头没脑地发泄"力比多"的叙事。90年代婚恋叙事不仅仅义无反顾地冲破了传统社会道德、伦理对自由的爱的束缚,甚至连爱本身也被弃如敝屣。正像卫慧在《像卫慧那样疯狂》中所言:"跳吧跳吧,今夜我是你们的DJ,没有爱情,没有亲情,没有审美的眼睛哲学的心灵,没有天长地久的幸福……没有,没有!"[①] 在向爱情、亲情、审美、哲学、幸福等将人与动物的区别宣告永别后,作家对于"人"的理解也就回归到了"动物"的层面:"我站在N城的闹市口,用盛气凌人的外地人的口气说,你们这个城市的所有鸡都有鸭的味道,当然我指的是纯粹的鸡和鸭,我厌倦现在普遍的把人物化,我不知道怎么称呼人和动物,他们经常会搅和在一起。"[②]

"把人物化"的命名方式在很大程度上是对"人"本身的期待和命名,亦即当有些人的行为异于"人"之常态时,我们会用隐喻的方式对其做出反映和命名,积极、褒奖如"中流砥柱"、"游龙惊凤",消极、贬斥如"狼奔豕突"、"牛鬼蛇神"等。对"把人物化"的反感和挑战以及人与动物的"搅和在一起",传达出的是"人"也被消费物化。基于这样的理解,"身体"及"欲望"在90年代都市小说叙事中就占据了本体、中心的地位。这是1990年代以来都市小说婚恋叙事的"新异"之处。它所传达的是一种对以"身体"和"欲望"为中心的生活方式的期待,它所呈现的是人在欲望化的生存中所体验的生理满足及心理茫然。

[①] 卫慧:《像卫慧那样疯狂》,珠海:珠海出版社,1999年,第45页。
[②] 周洁茹:《熄灯作伴》,《是谁在深夜说话》,北京:北京十月文艺出版社,1999年,第314页。

第四章 消费主义与"白领"的婚恋观

第二节 合同式的婚恋观

90年代都市小说中生存着一群女性白领，她们身上明显带有更多的现代意味，和古代女性在思想和物质上依赖男性女性有所不同。她们具有较强的能力素质和独立意识，只是经济条件不足和发展机遇的缺失，使她们难以取得成功，而她们又不甘心于过平庸的生活。于是利用美貌和身体，迎合着男人的消费欲求，以此去换取个体主体性伸张的空间，从而和男人达成一种契约。在表面上看，似乎是一种平等的交易原则，只不过女性给出的筹码是青春、美貌和性，男人报之的是金钱和发展的机遇。我们姑且把这类女性白领的婚恋观称之为合同式的婚恋观。

缪永小说《驶出欲望街》中的张志菲就是其中的一个典型，她原本是个打工丽人，由于吃不消打工的艰辛，挡不住都市物质的诱惑，又处于对青春的珍惜与怜爱，不假思索地接受了大款阿昌的契约：做三个月的"金丝雀"换取15万资产。当然她还是有个性与自尊且自信的现代女性即使在作为交易的同居生活中，也坚信双方人格的对等，并保持自己的个性、独立和尊严。她还没有依附型一类女性人物的依赖思想，她也绝不奴颜婢膝，对大款阿昌甚至也抱以蔑视的态度。她甘愿做出巨大牺牲，就像她进股市炒股一样，完全是受利益、理性与冒险精神的驱动。最后她拒绝阿昌求婚，依然挥剑斩情丝，带着她迅速积累的50万走出了"欲望街"，恢复了原有的高傲。

张欣《亲情六处》中简俐清也是一位"驶出欲望街"的女性形象。她行事果断，有计谋，不囿于传统；重视金钱但不崇拜，她处世态度总有一种理性与积极进取的精神。失业下岗的她，经过一番审时度势后决定投身商海，弃置与男朋友焦跃平的爱情，为了迅速"开辟新生活"，她主动出击投入了赵总的怀抱，做了一年的"金丝雀"，还回了她想要的卡迪拉克车,并拥有一间高档时装店,开始了自己的事业。

王海玲《在特区掘第一桶金》中的蓝黛是契约型的另一形象。她是一个不甘平庸的现代女性,她是"拂袖将研究生毕业后分配给她的那只铁饭碗摔掉"之后来到特区。她美丽、年轻、聪敏、也有知识,但是在一切以经济为中心的特区,仅仅拥有这些是远远不够的,金钱才是衡量一切的终极标准。为了使自己更像一个白领丽人,蓝黛第一次购买衣服时便花去几乎所有的积蓄,这使她切身体会到在特区拥有财富究竟意味着什么,她暗暗对自己说:"我要搏,搏出自己的公司,搏出一套自己的房,搏出一辆自己的车……要让一面面大镜子永远映出我的自信,我的光彩和我的优雅"。① 为了能尽快地接近自己所追求的目标,她看准了身价几千万的总经理麦开宏,以初夜的代价换取了一种产品的代理销售权,然后凭借自己的能力和才华一步步走向成功之路。在这部小说中,最耐人寻味的是对麦开宏和蓝黛两性关系的描写。这一关系显示出了金钱型的显著特点:那就是理智、冷静和坦率。麦开宏清楚蓝黛并不喜欢他,之所以委身于他是希望借助他在特区开创事业,而蓝黛也明白告诉麦开宏,她想从他那里"得到一个发展的机会"。也就是说,是他们自己撕下了"温情脉脉的面纱",揭开了这一关系的交换本质。更没有把自己或别人折磨得死去活来。本来她以为自己会彻夜失眠,"但是很奇怪,并没有想象般那样失眠"。对于特区生活的深情已使她变得非常务实、冷静和开放,她深知要成功,就必须放弃一些什么东西。

"合同式"女性白领形象在 90 年代女性都市小说中的涌现,从一个独特的侧面也反映出了消费社会自由宽松且又多元复杂的文化氛围。的确,在经济法则的调控下,90 年代的都市已不再是传统记忆中的那种温情脉脉的都市。"'上帝死了,可以为所欲为'(尼采语),理想主

---

① 王海玲:《在特区掘第一桶金》,《广州文艺》,1995 年第 5 期。

义的矿源已经枯竭,没有人能够提供那种放之皆宜、百世不惑的尺度和样板,生活已给人留出了最大限度的选择空间。这里没有绝对,只有相对,而某种价值和意义也并不因为它是相对的就稍逊一等,它与其他价值和意义同样真实可信。形而上相对于形而下,终极相对于当下,真理相对于实在性,心智相对于欲望,严肃相对于游戏等等。'存在的价值不在抽象的理想中,而在于彻底地'现代化'过程中'(邱华栋语)。这就是'现代化'城市的魅力"。① 在令人眼花缭乱、头晕目眩的都市表象之后,涌动的是界限模糊的追求与贪婪、无法分辨的合理与荒谬,本质和意义变得无处可寻,也正是这种自由又复杂的空气,导致了一种二律背反的新的生活方式和新的价值观念的产生。"合同式"女性作为新市民的形象,最根本的原因也在于她们这种相悖的新人生价值观念。她们渴望财富却并不铜臭贪婪,他们失去自我是为了赢得自我,她们出卖自尊是因为赢得自尊。陈思和在1996年"新都市文学"研讨会上评论《驶出欲望街》中张志菲驶入而又驶出这一行为时,也认为这"完全是一种新观念,在经济驱动的社会变革中确实有很多人会冲破原来的道德贞操观,把自己的价值和经济心理联系起来,这种联系不是个人贪图什么,而是希望在这个社会走出一个自己"。② 由于这类女性形象不像依附型女性那样甘于做男人的藤蔓,蓝黛在内心就曾这样提醒自己:"女人是万万不能做一株依附男人的藤蔓的,永远,永远不能做藤蔓"。志菲也放弃了做阿昌太太的机会,因而女作家们在书写这类人物的时候,大多抱以一种宽容的态度。在文中我们可以看到这群女性即使是做情妇,也做得别具一格。阿昌就曾对志菲说,"她们来一次买十件,你

---

① 杨经建:《90年代"城市小说":中国小说创作的新视角》,《文艺研究》,2000年第4期。

② "新都市文学"研讨会纪要,《中篇小说选刊》,2000年第1期。

是来十次买一件",且是"第一个花自己钱送我礼物请我吃饭的女朋友"。蓝黛身上更是有着一丝超脱于金钱之上的浪漫情怀,她没有利用女性的身份从麦开宏口袋里掏走他一分钱,这本身就弱化了她同麦开宏之间纯粹的功利性关系;并且,她的成功也的确更多的缘于她的性格而非她寻到的机遇。

然而,尽管如此,这群女性仍然是消费主义文化环境中自我异化的形象,因为任何形式的交换都将导致异化。当她们把自己异化为商品的时候,她们实际上也就自动摒弃了承诺、信赖、忠贞、真诚等人类赖以交往的价值规范,这也是志菲(她认为自己与阿昌之间只存在着皮肉交换关系)、简俐清必然与真爱失之交臂的原因,而蓝黛虽然凭自己的能力赢得老板的尊重,也依然抹不去契约关系留下的印迹,小说最后麦老板对她说的一番话,就极具讽刺的意义:"我知道,一般的人驾驭不了你……但另一个现实也是在现阶段你还需依赖我,而且我还看出你并不讨厌我,大约还有某种程度的好感,既然这样,我们何必在界限上走得那么清呢?"① 在这样一种极端务实主义的背景下,蓝黛确实无法和老板划清界限。所以在小说结尾,她又一次说出了那句暧昧的话:要不要上去坐一会……而我们只好眼睁睁地看着一个追求成功的女性再度迷失在掘金时代。

造成"合同式"女性自我异化的根源实质上就在于消费主义文化催化了她们对物质的欲求,这种欲求也即是通过高消费来追求一种体面和社会尊重,因为"个人的地位在相当程度上取决于一些俗套表征——如仪表、时尚、派头,而且人生的谋略在很大程度上下降到谨慎地讲究时装与礼貌的境地",② 正如简俐清所言:"有钱就是品味,穿上一套华

---

① 王海玲:《在特区掘第一桶金》,《广州文艺》,1995 年第 5 期。
② 转引自《90 年代城市文学人物形象》,《广州文艺》,1997 年第 6 期。

伦天奴一言不发,也有男士来献殷勤"。然而,大多数都市女性毕竟只是工薪阶层,高消费对他们来说是可望而不可即,唯有"自我异化"才能解决这一矛盾,因此这些女性白领形象的出现也是都市消费文化负面景观的一种反映。

第三节 虚幻式的婚恋观

值得注意的是,时尚的追求,同样也是女性自我重新确认的过程,在时尚的光环下,女性建构着新的自我形象。90年代女性都市小说中就还存在着这样一类女性白领形象,她们热衷于时尚的追逐不断地用时尚装扮自己的形象,他们可能与"合同式"女性有某些相似之处,即都有女性主体意识的自觉,但仔细辨析,又有较大的相异之处。主要表现在对时尚形象的确认时"合同式"女性更注重于社会的评价也就是社会的认同感,而她们却更在乎自我的认同感,她们在时尚的幻象中,寻找自我的家园,在与他者的区分中确认自己的价值。正如拉康的"镜像阶段理论"所揭示的那样,个体在借助于他者构筑自我形象的同时,也是对自我形象的背离和异化。[①] 的确如此,在时尚幻象中,女性虽然一方面对自我形象有一定的感知和认识,然而另一方面却是自我形象的不在场,所认同的自我形象不过是幻觉和虚构,个体最终是结构拆散的或者未结构化的,因此,她们往往在时尚的镜像中迷失自我,我们把这一类女性婚念观称之为虚幻式的婚恋观。

张梅小说《小宝的裙子》中的小宝就是一个为追逐时尚而几近癫狂的女性。她想要得到一条标价为700元的性感流行吊带连衣裙想得都快要疯了。无论是走在大街上,还是回到家里,她脑子里除了吊带裙还

[①] 方生:《后结构主义文论》,济南:山东教育出版社,1999年,第25页。

是吊带裙。她整日沉浸于自己穿上吊带裙、配上波比衣、厚布鞋的时尚模样。以至于茶饭不思、神情恍惚。当渴望得到她身体的男人答应她给她买的时候，小宝正在看一篇关于女权主义的文章，"读了以后，她就想，到底是裙子重要还是女权主义重要？"小宝明明知道拥有这些时尚物品是要付出代价的，但这一刻的满足感还是压倒一切。

  唐颖小说《丽人公寓》中的宝宝，作为五星级大酒店前厅最夺目的接待小姐，眼界自然比小宝高得多，她每日看到的是一流的生活设施，接触的大富大贵之人，因而她绝不可能只为"这一刻的满足"而喜悦。她幻想中的人生是"每一刻都该是丝丝缕缕点点滴滴充满丰富的物质性"，为此，她毅然舍下了年轻而且他"帅得要命"的中学音乐老师刘思川，而心安理得地傍上了年纪足够当爹的澳洲华人安迪，安迪打动宝宝的当然不是其温柔的性情，而是他带给她的各式各样的时尚名牌物品，这些恰恰是宝宝所无法抵御的，有次安迪送她礼物时她虽有足够的心理准备，但看到那非同寻常而且价钱可以在国内买一间房的顶级名牌时装时，"心脏仍然因了惊奇而发出'铛'的响声"。在这样一个物质膨胀的年代，为了这种超前的享受，宝宝较早就学会了世故和游戏，即使当她和思川爱得最如火如荼时，也不会想到和他海誓山盟，更不要说为对方牺牲自己一点什么，物质占有和享用的欲望已经渗透在她和她这一类女孩子的每一个毛孔和细胞里。

  有时同处于一个城市，由于社会阶层的高低不同，也会造成低阶层的人以高阶层的生活为镜，并以此去寻找自己的身份认同。朱文颖《高跟鞋》中的两个生活在上海城市底层的女性安第和王小蕊，为了获得上海这个商业社会的身份认同，为了尽早与身后的巨型商厦、弧形的向上提升的城市、街道匆忙面无表情的人群、甜腻如名品般的空气协调起来，她们自甘成为珠宝商王建军和暴发户老魏的"后花园"，王小蕊后来甚至成为一个房产商人的"二奶"。

但是，对这类女性白领来说，"物质"不再困扰她们的时候，人生一些更为尖锐的问题反而切近了。她们更长的日子要去面对身体的环境和自己的心情。宝宝在安迪身上得到了物质的满足，却得不到切肤的爱，她以为她能忘记思川，可她的身体分明忘不了，她的精神不由得陷入了困境。然而她又只能向前走，她需要富有的男人，可是后来安迪也死了，她茫茫然不知该向何处走。王小蕊在拥有了足够多的物质之后，也蓦然发现，城市的变化永远要比她的变化要来得快，她不仅跟不上城市所掀起的一个比一个猛烈的物质潮头，反而留下了一大堆心灵问题得不到解决。"王小蕊觉得自己不行了。崩溃了。她觉得自己快要疯掉了。"她最终选择了一个四十多岁的外籍华人，去了丹麦，去了一个有海有美人鱼的国家。她也说，走到现在回不了头了。而安第也在失意矛盾的生活中，开始认识到，一切事物的存在量都是有限的，无论是幸福，还是爱情。她也只能和王小蕊一起幻想那个美人鱼的故事。可见，物质实现了她们的欲望，也腾空了她们的内心，而没有了内心的体认，镜中自我不过是一种虚无的幻象，在幻象与真我的对视中，精神不断受到折磨、煎熬，带来的是永无休止的疲惫感。让·波得里亚在《消费社会》一书中曾预言："今后将会有一个世界性的疲劳问题一样。"他把这种疲劳称为"后工业社会集体症候"，是"世纪新病候"，原因是"消费的主人们疲劳了"。宝宝们无疑是患上了这种"世纪新病"了。

"虚幻式"女性白领中还有一些是因追逐西方消费时尚而迷失自我的。王安忆《我爱比尔》中的阿三就是这样一位女性。阿三曾经是大学艺术系的一位学绘画的学生，与宝宝们的世俗眼光不同，她精神高傲，不贪图物质与金钱，按理说她未来的道路该是阳光明媚的。但是她却深深沉溺于对西方文化的崇尚中。如果说在结识比尔之前，她的西方崇拜还是纯粹的观念形态的、甚至可能是无意识的，而当比尔这个年轻英俊的美国外交官出现在阿三的生活以后，阿三的西方崇拜就由形而上落实到具体的比尔身上。比尔从外形到精神，都符合阿三心目中理想的西方模式，而西方人自由、真诚的胸襟和纯真、开朗的性格，更适合阿三浪漫单纯的艺术气质。阿三崇尚一种如梦幻的境界，一种非真实的想象的境界。而比尔恰恰就是帮助她实现这种梦境的人。"同金发碧眼的比尔在一起，阿三有种戏剧感，任何不真实的事情在此都变得真实了。她因而能够实现想象的世界。"① 为了拥有和留住这梦境般的真实，阿三不惜放弃中国人最看重的贞操，也不惜放弃学籍、放弃职业，在偏远的郊区租房子，并不分昼夜地作画挣钱。在阿三心灵中，比尔已超越了具体的个人，是一个象征——西方男性美与西方自由精神的象征，然而"她拥抱的比尔心中对阿三却始终是有隔阂的，他虽然爱中国文化，但却有着偏见，所以对阿三这个外表是东方女人而内里是西方的女人，除了感到惊异外始终不能理解她，他也不企图去理解，因而他很理智拒绝了阿三的求爱，并毫不留恋地从阿三的世界消失"。比尔的不辞而别并没有让阿三从西方梦中清醒过来，她认为只是因为比尔没有爱上她的缘故，所以当法国画商马丁亲口对她说"我爱你"时，相信爱情的阿三马上又燃起了希望，她认为爱他的马丁一定会将她的西方梦境变成永恒的真实。然而，马丁给予她的仍然只是瞬间的真实。再一次经历感情挫败（马丁还点破了她绘画的虚空本质，她连作画的勇气和才情也没有了），可是阿三却非但不能幡然醒悟，反而因真实地感受过西方人的爱和理解，而愈发陷入"西方迷恋"中而不能自拔。为了能不断地重温幻想中的世界，阿三开始把酒店大堂视为其想象的天堂，并沉醉于这个由外国人和外国语、灯光、烛光、玻璃器皿、瓶里的玫瑰花积起的帷幔中。她深信在这个想象的天堂里一定可以实现自己的价值。于是有规律地结识外国人，她觉得，自己是与国际接轨，并努力以一个西方化的对

---

① 王安忆：《我爱比尔》，昆明：云南人民出版社，2012年，第78页。

第四章 消费主义与"白领"的婚恋观

等的独立人格与对方交往,但这最终导致了她内心更严重的挫败与失衡。因为所有与她交往的外国人,都将她归类为出入大宾馆的高级妓女,"她从不以为她们与她是一样的人,可是拗不过人们的眼光,到底把她们划为哪一类","阿三是感到深深的侮辱,她几乎很难保持住镇静"①。但是就是在这种侮辱面前,阿三也未能悔悟,因为她对西方人的迷恋已经到了瘾君子的地步,于是阿三不可避免地遭到了她人生最为悲惨的一幕:自恃高傲的她竟然以性骚扰罪被遣送劳教。

阿三的沉沦无疑比上述女性更让人同情,也更让人感受到一种沉重的悲哀。一个秉性高傲、才华横溢的知识女性竟因狂热追求西方文化沦落到与风尘女郎无二的地步,这是一出令人难以接受的悲剧。然而这出悲剧又绝不仅仅是阿三个人的悲剧,而是我们整个时代的悲剧,否则我们就难以理解为何流泻于70年代生女作家笔端的几乎是这种膜拜西方文化的女性,为何这些女性所崇拜的情欲主义,那些强壮、性感的男性,又基本上来自西方(如与艾夏疯狂做爱的外国留学生、使倪可性高潮迭起的马克),她们中间最不济也是归国华人(如《糖》中的赛宁,《情色无语》中的艺术家小锋),而且这些原生的、后加工的外国男人又都总是能将中国男孩爱恋的中国少女最终揽入怀中,成为最终的胜利者。在20世纪末这个资本全球化时代,"后殖民大气候影响了中国。国际金融、跨国公司对中国产生越来越大的影响,我们无可逃脱。这就是我们生活的在'不纯洁'的气氛里,西方的生活方式通过大众传播媒介日益渗透民众心理。"② 她们对发达的世界的生活方式充满憧憬,这些彬彬有礼又不失礼节、教养完好而又英俊洒脱的西方男性,无疑是她

---

① 王安忆:《我爱比尔》,昆明:云南人民出版社,2012年,第121页。
② 张京媛:《后殖民理论与文化批评》,北京:北京大学出版社,1999年,第110页。

们亲近西方发达文化的最佳载体，她们的形象是如此的合心合意，以至于女主人公们都虚席以待，整装待发——她们根本没有想过，90年代中国与90年代西方之间种族与文化的差异到底有多大。尽管在这些作品中，西方男性也多为中国女性所吸引，但这种吸引却仅仅只是出于对神秘的东方风情的好奇，根本没有多少爱的成分。可叹的是，对西方文化膜拜至极的中国时尚女子，放弃对中国本土文化的皈依，不顾一切地投入外国男人的怀抱，她们以为通过此举不仅可以迅速地提升自己的地位，而且似乎还能为第三世界国家的女性提供一条有效且又便捷的解放途径。然而，阿三的遭遇又明显表明，她们与外国男人之间起码的人格平等都达不到，更毋宁谈什么女性解放，她们至多只是满足了外国人深入猎奇的冲动，而她们自己却因此一个个地沦为"都市的空心人。"

第四节 独立式的婚恋观

在消费主义文化的影响下，90年代小说一小部分白领经受不起物质利益的诱惑，沦为物欲的奴隶，甚至不惜牺牲自己的爱情或婚姻；而部分白领却保持独立的精神，凭着自己的实力去奋斗，经营着自己心中神圣的爱情或婚姻。在张欣的小说中这种现象特别突出。《岁月无敌》中千姿漂亮可爱、能歌善舞，为了在歌坛打拼出一片属于自己的天地，她历经千辛万苦；而和自己处于同一阶层的歌手乔晓菲，她拥有真正的实力，更渴望拥有名气和财富。但是随着歌坛的日渐商业化，歌手成名凭借的不能仅仅是自己的实力，还需要大把大把的钱去包装自己、宣传自己。于是乔晓菲选择嫁给一个与自己的父亲年龄相仿的从事殡葬业并有残疾的老板，最终依靠这个男人花重金包装自己、捧红自己，实现了自己的明星梦。当千姿看到这一切，面临鲜花、金钱的诱惑时，她也有过动摇和疑惑。但是她始终铭记母亲的教导，坚定了自己的信念，一直凭借自己的实力，脚踏实地赢得了一片天地。她"放弃了那些最耀眼的、最浮华的、最富有诱惑力的东西。"[①] 守住了一份高贵的气质和人格，守住了自己的本色。在《亲情六处》中余维沉所在的话剧团因在市场经济的冲击下筹集不到经费而解体，但是维沉天生热爱话剧，依然踏踏实实的演着话剧，后来被富婆螺丝看好，欲撮合与其弟弟罗查理的婚事，并承诺花重金捧红维沉，但是她不慕权贵名利，她不愿意在纯洁的爱情里掺上金钱的污秽，坦白地道出了她高贵的心声："你认为这座古堡会让我心动吗？那我现在告诉你，如果我按照你的意愿走进这里，它将黯然失色。"[②] 而简俐清和余维沉同为一个话剧团的演员，她的选择和维沉截然不同，她老早就认识到话剧团的形势，迅速地调整好心态，割舍了与同为话剧演员焦跃平的爱情，因为焦跃平既没有钱又没有社会地位，根本无法满足俐清对物质和利益的追求，于是她以自己的年轻美貌为资本，主动出击打入上流有产阶级，做了有钱人的"包妹"。

《仅有爱情是不能结婚的》中的夏遵义出生于官宦之家，有着一种优雅纯真的闺秀气质，她为家庭倾注了所有的爱。即使是后来丈夫柯智雄和售楼小姐商晓燕发生了婚外恋，搬出去与其同居甚至要求离婚，作为妻子的夏遵义也不曾真正放弃过丈夫，当丈夫受伤被抛弃后，她又以一颗博大宽厚的心原谅了他并重新接纳了他，她挽救了自己的婚姻，表现女性在面对变故时宽容和理性的自觉。而商晓燕是个时髦性感的白领，为了取得事业上的成功，一方面扎扎实实地投入现实的工作，另一方面又以自己的青春美貌作为资本，去迎合上司和客户。尽管她与智雄之间有感情，但是她是一个现实功利的女人，这从她对遵义的话语中就

[①] 张欣：《岁月无敌》，武汉：长江文艺出版社，1996年，第33页。
[②] 同上，第277页。

可以了解到"我们是自私的一代,你们和你们的上一辈牺牲了很多很多,最终并没有得到更精彩的东西,包括所谓的幸福。我是很看重自己的利益的,智雄和一个房地产公司的总经理,无疑我会选择后者。"最终当老板回头过来找她时,她爽快地投入了公司老板的怀抱,"至于总经理,如果他不是说跟我结婚,我没什么精神,更别谈什么爱情,我不贪财,但需要他的财力和社会关系。"①《爱又如何》中的朱可馨气质典雅、温柔文静,大学毕业以后分配到出版局工作,她工作认真负责,但是她偶然间发现了领导与女同事之间的私情,善良的可馨并没有揭发他们,不过正是因为她的善良和仁慈而导致了自己被迫辞职,辞职后生活的压力和各种麻烦接踵而来,可馨为了减轻家庭的负担,日夜辛苦工作,同时不忘悉心地照顾着儿女和公公,在可馨身上深刻地体现出传统女性的优良品格。

《致命的邂逅》中的徐寒池出身贫寒,与章迈真心相爱,但是张迈因为经济原因而锒铛入狱,她并没因为这个原因而离开章迈,相反还坚持探望他并不断给予他鼓励和支持,同时尽心尽力地照顾章迈病重的母亲和精神不振的父亲,但是章迈无法忍受长期的牢狱之苦,不得不放弃寒池而选择杜拉拉——《金融时报》的著名记者。面对"爱人结婚了,新娘不是我"的结局,寒池并没有成为怨妇,而是充实和强化自己,专心工作,表现非常优秀。同样,在《那些迷人的往事》中于冰是个非常优秀的女性,也是真善美的化身。她在杨家落难时,嫁给身患糖尿病的杨志西,婚后她为养家鞠躬尽瘁,竭尽妻子和儿媳的责任,悉心照顾生病的丈夫和身患癌症的婆婆、抚慰落难的公公,接管被杨志南抛弃的私生子杨凯。为报萧沧华的知遇之恩,她放弃康华公司的优厚待遇,追随萧沧华到深圳艰苦创业,同时婉拒杨志东的恋情,恪守婚姻的伦理道

---

① 张欣:《岁月无敌》,武汉:长江文艺出版社,1996年,第216页。

德。于丽娜始终是作为于冰的对立面出现的。她性感妖娆，从来就懂得享受，现实、冷漠而叛逆，精通男女相处之道，为了更加如鱼得水的生存，花重金做了恢复年轻的驻容术，改小了自己的年龄。她白天在练功房教跳舞，晚上的身份就是某知名夜总会的艳舞女郎，私生活也极为放荡，她做过台湾富商老头的二奶，得到了丰厚的物质保障，同时还与多人保持男女关系其中也包括与于冰爱恋的对象萧沧华。

第五章　都市小说白领的叙事方法及美学意义

白领的生活方式深受消费主义文化的影响，这样便出现了与相适应地塑造白领形象叙事方法。首先，探讨白领形象塑造的叙事方法的四种方法：一是狂欢化叙事，是指巴赫金所解释的"狂欢节"和文学情景中的"狂欢节化"，这正暗合了当代中国的这种社会与文化转型。卫慧、棉棉等人早就用享乐和放纵来反对"正统女性伦理"对女性身体的束缚，宣扬一种世俗化的价值观。二是传奇化叙事，这与明代末叶的世俗化和市场化才子佳人小说有相识之处，它强调叙事之"奇"，用跌宕的情节将人间离合情怨写得淋漓尽致。张欣的白领小说常采用这种手法，但不同的是，张欣常将这种才子佳人式的喜剧结局改造为金钱美人式的悲剧结局。三是符码化叙事，是指用符号来指代小说人物的真实姓名的方法，西方卡夫卡等人的小说惯用这种方法。在邱华栋的白领小说也常存在这种写法，人物常以符号出现，反映了被物异化的迷失人，这和三十年代新感觉派叙事有相似之处。四是性别化叙事，是指在消费主义社会里女性常被塑造成为男人的消费品，呈现出男强女弱的趋势。在王海玲和张欣的小说中这种叙事特别明显。其次，讨论"白领"的"都市民间"美学意义，这种形态由消费主义文化所致，它以一种新的文化祛魅、道德与宗教祛魅的价值观诠释市民生活方式。

第五章 都市小说白领的叙事方法及美学意义

第一节 狂欢化叙述

狂欢化叙事,是指巴赫金所解释的"狂欢节"和文学情景中的"狂欢节化",这正暗合了当代中国的这种社会与文化转型。卫慧、棉棉等人早就用享乐和放纵来反对"正统女性伦理"对女性身体的束缚,宣扬一种世俗化的价值观。

90年代都市文学中,"身体"所具有丰富文化意义日益凸显,对于女性身体的书写成为继性别反抗之后产生的新叙事方式。当前对于身体书写的研究主要借鉴了法国著名女性主义者埃莲娜·西苏的理论。她倡导经由女性身体出发,寻找女性话语权,表达被历史上占统治地位的男性书写忽略和遮蔽了的女性欲望,以及被歪曲了的女性生存实境。当下,狂欢化叙事更多地体现在躯体意义上活动,它是性欲望、快感等躯体政治的实践,这种狂欢化叙事是女性性别觉醒后的极端表达方式。这些作家以女性心理窥视女性生理最隐秘的角落,将女性之躯内压抑深重的私人经验和幽闭场景带入创作,最终实现"女性的自觉"。而这一自觉是建立在"人的自觉"基础上的,特别是"新生代"女作家的产生,宣告了女性的一个新的历史时代的到来。

卫慧、棉棉等人的小说中"性"与"性交"成为狂欢化这两大卖点,其更为"世俗化",也更为"游戏化"和"商品化"了。前辈们写"性爱",是借此体现性灵的孤独与无倚,像陈染、林白等人,而对于卫慧、棉棉等人而言,奢侈的都市霓虹,高速疾驶的都市光影,上流社会中充斥的小资情结,"性"成为女作家们搭乘"都市欲望号"的票根。她们用身体纪实只为了描摹身体的刹那感官享受,而完全忘却了纪实的使命。如同美国上世纪60年代"垮掉的一代"一样,她们游走在都市的午夜场,像一个个精灵般,混迹于精神虚无的声色场,衣着时尚、性格鲜明、标新立异、放逐思想、吸食毒品、卖弄风骚,在"金属音乐与死亡诗歌"的暧昧中,以性的滥交作为标榜身份的手段。她们以"身体"就是"性的展示"为姿态,他们不需要以"性的多义书写"来证明自己女性身份的存在,她们早已确定她们的主体性,她们肯定自己的价值与合理性,"她们作为新新人类的一员,她们已拂出了性身上的遮羞布,性就是本能,是天性,她们甚至把性与爱剥离,贪婪地汲取性给他们带来的肉欲之欢"。① 卫慧作为这其中代表性人物,以绝对的热情地融入到充满激情的生活中,当下具有空间超越性的都市成为她笔下故事与人物生成的载体。《上海宝贝》中倪可、马当娜,《蝴蝶的尖叫》中的朱迪,《像卫慧那样疯狂》中的阿碧、阿慧,均是都市生活中物质欲望与身体欲望的实现个体。她们疯狂得义无反顾,她们极尽身体的狂欢之势,她们对传统视而不见,她们拥有对"两性关系"的主动操控权,她们是后现代的弄潮儿。《像卫慧那样疯狂》中使用的叙述语言是一种心灵的独白,反复展现着女主人公梦境与现实之间的异样感受,对女性内心毫无遮蔽的展现,对女性私密毫无保留的呈现,梦幻般的呓语与身体的大举介入,使女性纪实叙事在身体写作层面展示出异样的情境和另外的出路。

有人说,50年代出生的人是"寻根"的一代,60年代出生的人是"植根"的一代,而70年代出生的人则是"无根"的一代,70年代的出生的作家丝毫不隐匿其对家国政治的悖离,纯粹而且义正辞严地用"身体"写作,开始表现出其对西方文化的强烈共识。卫慧同其他同时代的女作家一样,喜欢将自己所思、所为、所感甚至是自己的本真,全部地、一丝不落地暴露在读者面前,如在《上海宝贝》的封面,标注"一部半自传体"小说的字样,并附印上了作者的近照,将自己彻底的

---

① 马春花:《刀刃上的舞蹈——评卫慧〈上海宝贝〉兼及晚生代女作家创作》,《小说评论》,2000年第3期。

植入商业文化与消费视域中,一丝不挂地成就着阴阳怪气的"都市女性另类文本"。《上海宝贝》里的倪可与马当娜,既是对西方文化认同的指意结果,又是对大都市性的一种刻意指称。在美女作家倪可身旁,作者安插着身份相异的两名男子,他们拥有一致的身份,即为她的爱人。东方男子天天以无正常性能力的"怪人"身份,却在感情与精神上与倪可达成了一致性;而"肌肉男"马克却拥有强而有力的性执行能力,能够较好地满足倪可的身体欲望。天天能够给予倪可以慰藉,而马克却是她"女人身份"得以更完美地确立的可能。与倪可相对应的"马当娜",也是假借性的名字延伸,她既与"性感出位"的明星麦当娜谐音,关涉到"身体的性感",又间接注定了其结果指向,单纯追求性欲的满足,而失去了婚姻的幸福。行走在欲望之舟上的"上海宝贝们",在"性"与"爱"两性关系的平衡中,唯一能得到结局,只能是应对离别和死亡的姿态。卫慧们混淆了小说人生与世俗人生,她们以身体作为支撑,告诫他者:"我放弃了修饰和说谎的技巧,我想把生活百分之百的原来面貌推到公众视线面前。"[1] 而这生活的原貌即是"弥漫在街头巷尾的凡俗、伤感而神秘的情调。"[2] 这是属于"新人类"的新情调,与此情调相合而舞的并非仅有卫慧一人,在棉棉的创作中,《糖》里所给出的性定义大胆而又直接,主人公对于贞洁视而不见,性是压根儿不需要爱的,甚至于在昏暗的酒吧中,重要的是与"他"发生了性关系,而"他"是谁这件事,并不重要。"我天生敏感,但不智慧;我天生反叛,但不坚强。我想这是我的问题,我用身体检阅男人,用皮肤思考……"[3]。"问题女孩"我的爱人是"问题男孩"赛宁,赛宁这个代名词几乎是棉棉故事中最热衷的男主角,他们在一起,他们的肉体混迹一

---

[1] 卫慧:《上海宝贝》,沈阳:春风文艺出版社,1999年,第120页。
[2] 同上,第24页。
[3] 棉棉:《糖》,北京:中国戏剧出版社,2000年,第103页。

处，他们的被酒精与毒品消解的精神在一处，他们无需为生计考虑，父母为他们提供了取之无尽，用之不们竭的钱财，供他们"在一处"堕落挥洒，他们追逐的不是爱，不是情，而是一个潜藏着"疯狂快感"的女性世界。卫慧和棉棉这种用享乐和放纵来反对"正统女性伦理"对女性身体的束缚，宣扬一种世俗化的价值观。

第二节 传奇化叙事

90年代张欣等人的白领小说较多采用传奇化叙事。这与明代末叶的世俗化和市场化才子佳人小说有相识之处，它强调叙事之"奇"，用跌宕的情节将人间离合情怨写得淋漓尽致。但不同的是，张欣常将这种才子佳人式的喜剧结局改造为金钱美人式的悲剧结局。明末清初后大量出现的才子佳人小说使用了"传奇时间模型"，让主人公在年轻貌美的时候相遇且一见钟情，随后又让他们离散，经历千辛万苦，曲折磨难，最后又在年轻貌美的时候，由一位权威人物主持成婚，有情人终成眷属。这是一种喜剧性的小说传奇。

鲁迅先生的《中国小说史略》定位了传奇的历史与今天，中国小说的"传奇指向"古已有之。"小说亦如诗，至唐代而一变，虽尚不离于搜奇记逸，然叙述宛转，文辞华艳，与六朝之粗陈梗概者较，演进之迹甚明，而有显者乃在是时则始有意为小说"[①] 从二三十年代的丁玲等人的"革命加爱情"的左翼小说，到杨沫、吴强、柳青、梁斌、曲波等人的"英雄加美女"的红色经典小说，大都保留着明清时代的"才子佳人"式的传奇小说的民族集体无意识的踪迹。

90年代由于消费主义文化的影响，人们的价值观发生了极大的变

[①] 鲁迅：《中国小说史略》，北京：中华书局，2010年，第6页。

化,出现了后现代主义文化,有人认为后现代主义文化是消费主义文化的一种特殊的表现形式。费瑟斯通在《消费文化与后现代主义》中,则委婉地阐释了其对后现代主义特别是后现代主义文化的认知,"他认为后现代主义文化是一种消费性的文化,以影像和符号作为主要特征的后现代消费,引起了生活与艺术、学术与通俗、神圣与世俗间区别的消解。"① 在西方学者中,利奥塔将"后现代定义为针对元叙事的怀疑态度"。② 他认为所谓的后现代实则为一种消解"元叙事"、"去中心"的解构价值模式,统一性与整体性的创建悖于后现代的标准。从某种意义上说,后现代缓和了二元对立的绝对局面。在和解中心与边缘的过程中,后现代主义呈现着其解构与重置的特点。后现代主义天生具有的解构精神,意味着一种全新的叙述视角的开启,真理销声匿迹,理性的无迹可寻、伦理的空乏失落,构成了一个本能与欲望交集、卑琐与游荡相合的后现代景观。

在中国,20世纪90年代以来的都市白领小说在经济社会转型的历史条件下,其言说方式与话语表达层面,也开始初步具备了后现代气质,这种后现代气质并非是"历史穿越的空洞呈现",也亦非对"寓言时代的终极追求",只是在婚恋叙事话语中附上传奇的色彩,隐匿宏大主题,转向常俗表白。后现代气质婚恋叙事,建构的标准和实现的方式叫做"复归主义",将沉淀于历史深处多年的"传奇"翻出,作家们在解决自身生计之路的同时也令作品在"传奇"的通俗中呈现出微妙的后现代气质。人物命运的离奇与曲折,内容上的世俗性,言情性,叙事上的生活性、戏剧性,这类白领小说以消费市场为导向,以涂抹后现代

---

① 江腊生:《后现代主义与中国 20 世纪 90 年代小说》,《苏州大学学报》,2006 年第 1 期。

② [法]让-弗·利奥塔:《后现代主义》,赵一凡译,北京:社会科学文献出版社,1999 年,第 3 页。

背景的都市婚恋生活为画板，以传奇作为一种更贴近大众消费心理的叙事策略，打造出的却是与传统"才子佳人"喜剧传奇不同的悲剧性小说。

首先，告别纯情的都市云雨恋。90年代以后，都市婚恋生活的景观色彩愈发斑斓，混合着人性欲望的气氛，新的历史境遇下的婚恋生活成就了一段段后现代气质的传奇故事。婚姻的消费性，婚恋人物间关系的复杂性，在诸如张欣、北村、赵玫等作家的文字里，"平常的都市男女会有不平常的命运。"①

张欣的《不系之舟》、《爱又如何》、《仅有情爱是不能结婚的》、《无人倾诉》、《谁可相依》、《如戏》等等，讲述了都市爱情传奇的结语："爱而不得的悲苦和得而复失的怅惘……张欣一面执着的抱守爱情的纯洁与伟大，一面又无可奈何地解构着现实中的爱情。"②《首席》中欧阳飘雪和梦烟，既是秀外慧中的如花女子，又是大学同窗好友，若干年后，终未能逃离市场经济的洗礼，纷纷投身商界，在成为所谓市场"精英"的同时，她们的爱情已滤去了纯度，虽然梦烟依旧向往着初恋的美好与纯情的世界，但是在都市人生的传奇曲折颠沛中，梦烟依旧为了"生意"而选择成为"感情的流亡者"，下嫁于有钱人，成为"包娘"，是这段都市传奇最终的遗恨。在《爱情奔袭》与《如戏》中，主人公茵浓与婷如，都曾对爱、对婚姻充满憧憬，也都曾以飞蛾扑火的精神赶赴爱情的葬场，但结果对爱恋的向往仅能是一次次的云雨之情，爱无停泊的港口，爱无栖身的家园。《不系之舟》中张欣为都市女性的婚恋处境拟下了伏笔："女人们在茫茫人海、滚滚红尘中寻找停靠的港湾，

---

① 吴福辉：《都市漩涡中的海派小说》，长沙：湖南教育出版社，1995年，第33页。

② 任淑芹：《张欣都市小说中的爱情诉求》，《中华女子学院山东分院学报》，2009年第3期。

但在现实中，这一切也许只能是一个梦。""活在今天的都市人，越来越飘忽不定，如不系之舟，却再也没有人愿意做港湾了。"《爱又如何》中可馨与沈伟间"有情人的误会"，实则是不堪物欲糖衣的冲击而致的爱情迷失。张欣的作品以现实的口吻打量着都市人传奇的生活，而这些生活中的人们，在空洞化、去意义、无主题的都市困境中，始终找不到最初的纯情。

其次，颠覆伦常的都市婚外情。后现代主义所倡导的解构，消融，去整体性，边缘化，对于"性的解放和意识的纵容"，并合当下社会转型的大潮，一元性意识形态体系的瓦解，多元价值观念与信仰模式的并存，促使在众多的传奇叙事中我们看到了一道独特的婚恋风景。虽然，在70、80年代已出现在小说的文本中，而在那个时代，这种婚恋模式仅是精神上的"柏拉图式"。直至80年代末期，地摊文学中"通俗小说"的出现，使这种世俗性的"传奇"叙事提供了过渡的可能，在90年代以后，描写世相人情、强化情感欲望的"婚外恋"小说逐步走上书架。这种诞生在都市背景下的都市婚恋传奇叙事，业已成为当下都市婚恋小说中无法逃开的必备主题。赵玫、张抗抗、王安忆、张欣、王海玲的作品中，我们时能发现这种婚外恋的主题。

在张欣的《浮世缘》中，都市白领某四星酒店大堂副经理落虹与年轻的医学院教师瑞平的婚恋故事更富有传奇色彩，在一连串人为的艺术设定中，"第三者"梦莉的介入，二人在国外的邂逅，以及落虹在他乡知遇混血青年并上演"蓝色生死恋"的戏码，彻底颠覆了传统都市叙事的平实亲切，这样过于富有浪漫主义传奇色彩的叙事，也许仅能被后现代气质下的读者所接受。

第三节 符码化叙事

符码化叙事，是指用符号来指代小说人物的真实姓名的方法，西方卡夫卡等人的小说惯用这种方法。在邱华栋的白领小说也常存在这种写法，人物常以符号出现，反映了被物异化的迷失人，这和三十年代新感觉派叙事有相似之处。

所谓符码，即传递信息时，用来编制和解读符号的编码系统。日常语言的编码既包括语言方面的语法，也包括言语方面约定俗成的语用惯例、语境等。符码并不是一成不变的，尤其是在文学与艺术中，对词语、形式的多义使用，对文化的多重蕴含，都让符码处于一种不断膨胀、断裂以及不断更新的状态中。正如俄国形式主义者所期待的，这种符码的变动，原本应该带来对艺术作品体验的延长与深入，即陌生化效应。在邱华栋的白领小说中常出现"人物符号"，这种"人物符号"被指涉的某个人物与指向这个人物符号之间，显然缺乏真实文本的任务与其名字之间的那种物质层面和个体物质存在，这两者都处于现实时空的那种非任意的关系。但这种虚构的"人物符号"却能反映出在消费社会中人被物所压迫的"扁平人物"形象。在商业日趋普遍化90年代，以商业为基础的各类媒介交往是一种追求速度的人际交往。这种交往的快速性使得人们更加倾向于审美的符码体系而非个体性质的审美经验本身。随着媒体的日渐商业化、速度化，正如维利里奥所言，速度本身就是一种污染，这种污染带来的是对深度意义以及个体生存经验的盲视。一切都在加速运转，而一旦进入交换机制，无论是物的使用价值还是符号价值，都将失去其本身的内涵与独立性，变得需要依靠交换体系中的他物来确认自身。不仅如此，对交往效率的追求以及新媒体速度的不断攀升，使得人们开始青睐于符号的能指，因为能指显然比所指更容易掌握，而且更容易得到他人的认同。

邱华栋的都市小说在表达都市人被物欲诱惑的同时，更表达了对欲望迷乱的批判与反抗。在他的小说中多次提到过"平面人"的概念："在城市中，几乎所有的人都是单面的。"（《城市中的马群》）"我发现我正在论为平面人,没有深度的人。"(《所有的骏马》)"你看这座城市,它已越来越使人在欲海之中变成平面人。"(《环境戏剧人》)平面人即马尔库塞所说的"单向度的人",这种人丧失了批判意识,丧失了理性批判社会现实的能力,再也没有否定原则,商品体现出了他们全部的幸福、健康、快乐的意识,他们"最流行的需求",就是"按照广告来放松、娱乐、行动和消费。"所以马尔库塞指出:自由并不意味着一切,"对个人开放的选择范围,不是决定人类自由的程度,而是决定个人能选择什么和实际上选择什么的根本因素。"① 所以异化为"平面人"究其原因还是社会规范、角色意识对人的限制,物的挤压,市场经济时代工作上的压力,高科技带给人们快节奏的生活压力,所有这些都像挥之不去的影子在困扰着他们。都市的生活使都市人越来越无法主宰自己,角色与自我分离而无法合二为一,人已成为分裂的存在,成了夹缝的平面人。

《公关人》中的W是一个拿着七万之巨年薪的外企公司的公关。几年的公关生活已经将他变成了一个橡皮泥似的人。他每天要同成百上千的人打交道,他是见什么人说什么话,遇见什么人就变成什么人,脸上永远带着一成不变而又瞬息万变的微笑,此时的他已经变得和变色龙无太大差别。W他已经没有什么明显的特征,就像W一样支撑了一个符号。公关生涯,天天戴着面具生活,已经使他"从自己的人性疏远,从而导致同别人的疏远。"② 在丧失了本真的自我之后,他自己也感到厌烦,并且感到自己到了无可救药的地步,他只能躲进一堆面具和塑料模特中,在心灵荒芜中绝望而又孤寂的死去。W的悲剧不仅引发我的思考:难道在当代都市生活中我们每个人都要戴上面具才能生活下去吗?

《翻谱小姐》钢琴家高松年和翻谱小姐H做了情人,只因为她崇拜

---

① 马尔库塞:《单向度人》,重庆:重庆出版社,1990年,第6页。
② 谢选骏:《荒漠·甘泉》,济南:山东文艺出版社,1981年,第324页。

他。而她在高松年的频频追求下，缴械投降。高松年是有家室的人，他的妻子是一个女中音歌唱家，她也有自己的情人 M 指挥，一个声誉日隆的中年指挥。高松年对妻子的婚外恋情持的是宽容的态度，只要他给她自由，让她在外边搞情人就行。但在妻子搬出去和 M 同居的时候他还是陷入了一种危机。一方面 H 不再那么崇拜他，而他的妻子又离他而去。最后他的妻子在搬出一周后又回到了他的身边，她脸上挂着泪花说"原谅我！我离开你才发现我更爱你，更爱我们的家庭，更爱孩子。"

《直销人》中，"我发现我已被物所包围，周围是一个物的世界而且这些东西还在以惊人的速度变化更新。我觉得我已经没有了我的生活，随物逐流，我已事先被规定、被引导、被制约、被追赶，包括像那架摄像机一样被窥视，我能有我的生活吗？"① 人不再是物的使用者，而是物的奴隶，人被物役，已经被深深嵌入高科技带来的物的夹缝里。在商品时代，消费主义盛行，当然媒体广告，各种销售的出现也起了推波助澜的作用。直销人可以不经我的同意，在"我"妻子的授意下"强行安排我的生活"，都市生活在变得千篇一律，"我"的个性也在物的消费中被抹杀。而"我"又无力拒绝直销人的产品，因为拒绝他们就是在拒绝现代生活。但在妻子买回可以替代丈夫的床时，"我""感到自己变成了一个符号、一个配置。"在此可以看到人也具有物的属性，也是可以被物所替代的。人已经被物所淹没而失去本真的自我。

《持证人》叙述到人一生下来就会有很多证件将随你度过一生，"没有这些证件你将肯定被排斥在社会之外，没有结婚证，你能合法性交吗？没有毕业证，你能找到工作吗？没有取奶证，你连优惠价的牛奶也得不到，没有签证，你能出国吗？没有死亡通知书，你能下葬吗？

---

① 邱华栋：《新都市人类》，北京：中国广播电视出版社，1997年，第56页。

不，发臭也不行。"① 这就是人类社会，一个持证人的社会。只有拥有各种证件才会被社会认可、接纳，才能在都市立足。人在都市里只有证件才能证明其的存在，否则一个人根本无法存在。"在持证社会里，没有证件就寸步难行，无法光明正大的生存。"而证件无非就是一些无序数字和字母的排列组合，但这确是进入社会的必需条件。这是社会生存法则的要求，是秩序的要求，人需要因时因地转换自己的角色，这得借助能证明你身份的证件来完成，这是一种角色规范的游戏，没有证件你就没有参加游戏的资格。看来，人无论你的本性如何，能代表你的只有你的证件，而不是你的容貌、品性、学识、能力或其他的东西。

《钟表人》中"我"是"午夜知心话"的主持人，在生活中我的生物钟准极了。但我还是感觉到时间的压迫，"我成了被时间追打的人，紧张而急迫地生活着。"都市以钟表走动的声音影响了人的生活节奏，都市的快节奏就像秒针的转动，嘀嘀嗒嗒地催促着人们在生活、工作中踏着疯狂的舞步。钟表像一支皮鞭，时刻抽打着都市里为物所累、疲于奔命的都市人。"时间有钟和表度量，并且规定着我们的一切，"② 人们的一切活动都是在钟表的追赶下完成，好像倘若没有了钟表人们的生活就会无所适从，就会陷入混乱。人只能成为时间追打的奴隶，但人在时间的压迫下生活，就会丧失自由，失掉自我，变得虚无。

《电话人》中的男主人公是一个电话人，因为他每天都在给客户装电话，还和许多人打电话。在给一个女顾客安装电话之后，他每天都给她打电话。在电话里他们由陌生到熟悉，电话里他和她畅所欲言、无所不谈，并觉得非常投缘，可真正见面以后就变得局促不安。以至于婚后，共处一室生活的夫妻两人还要通过电话才可以联系和沟通。他们的的确确成了电话人，成了高科技产品夹缝中的平面人，"电话在这个世

---

① 邱华栋：《新都市人类》，北京：中国广播电视出版社，1997年，第97页。
② 同上，第63页。

界上是如此重要，以至于谁都不敢打包票说他可以离得了电话。人人都在打电话，如果你对周围的人进行一番描述的话，你完全可以把他们说成是一群打电话的人。"电话"进入人类的家庭生活，进入了办公室、客厅与卧室，日益控制着我们的生活。"没有了电话，人就会与世界脱节。但在通过电话交流时，人的肉体是缺席的，而情感是隐蔽的，电话传过来的只是语音信息。如今在信息大爆炸的时代里，电话交流成了大众宠儿，久而久之，电话成了生活中不可或缺的重要一部分。电话依赖症也成为大众的流行病，现代人离了电话就不能生活，人们的生活却被电话深深控制了。

《时装人》中时装给人带了美、自信，时装可以让人自己塑造自己，但时装却使人变得追赶潮流，使人在麻木而又机械的模仿中消耗自己，成为简单的平面人，"时装使人变得很不真实，时装使人成了流动的人、面具人、灵魂外化的人、不确定的人、包装的人。"① 时装的出现使人的个性成为流动的东西，时装只是使人的个性和灵魂暂时的固定下来，而人的个性却早已在城市消失。时装使现代都市人的个性差异消失，从而使之面谱化，使人成为毫无差别的符号。

在二三十年代新感觉派刘呐欧等人的小说中也常塑造符号化的人物形象，来反映白领们在消费主义社会中人被物和欲望遮蔽了眼睛，变成了简单机械的符号，因而不需要有丰满的个性，甚至不需要有姓名。刘呐鸥的作品中很多主人公都无姓无名，表现的不是某一具体的个体，而是某一种类型。在《方程式》中，男主人公用Y代表，而女主人公则干脆用A、W、S称呼，这就直截了当地将人物所具有的都市女性的符号性质呈现在读者面前，作品中的人物只是被标记为某种身份。又如《两个时间的不感症者》的女主人公通篇用"她"字来代替，而男主人

---

① 邱华栋：《新都市人类》，北京：中国广播电视出版社，1997年，第74页。

公用 H 和 T 来指称。作者这样做的目的就是强调作品中所关注的角色仅仅是作为某一类人的代表，非具体的个体。在组织 H 和 T 行动和语言时，作者的情绪不时穿插其中，在热烈、疯狂、游戏的表象下有一股汹涌的悲凄而又冷漠的流，处于一种无根的逢场作戏状态。一旦人物被视为某种类型的代表或身份的符号，那么，作品在人物的描写刻画也就不再关注那些体现人物个性的细节，而更注重他作为符号的标志性特征。

第四节　性别化叙事

性别化叙事，是指在消费主义社会里女性常被塑造成为男人的附庸，有的甚至成为消费品，呈现出男强女弱的趋势。在王海玲、张欣和谬永的小说中这种叙事特别明显。

中国文学中婚恋叙事的发展是紧随着女性在历史与时代中的成长而发展的。"五四"时期的女性深受解放思潮影响，具有一定的妇女解放意识；"五四"后女性在男性的话语建构中多呈现出困惑与动摇；在40年代的婚恋叙事中，女性多被纳入到了革命的浪潮中，婚姻、爱情和革命紧紧相连，如丁玲的很多作品都呈现着恋爱与革命相结合的模式；1949 年新中国成立，给予了女性相应的权利与地位，女性意识也在时代前进与现代化社会的发展过程中日渐清晰；70、80 年代知识女性的呼唤对女性意识的觉醒有着重要的作用；80、90 年代后，伴随经济的开放与文化的交流，中国女性整体上进入了对自己性别与权利有所认识并敢于使用自己的话语权利来建构自我意识的形成。在个人成长、个性愈见清晰的发展脉络中，女性从备受压抑到开始对自我关注，再到勇敢地表达自我同时抒发独特的人文关怀都是一种不可忽视的演变。可见，女性的成长与历史、时代的发展是密不可分的，在现代化不断推进的今天，以女性成长为表征的婚恋叙事发展在不同的历史与文化境遇下涵盖着不同的文学内涵与文化思考。

王海玲《在特区掘第一桶金》中的蓝黛是契约型的另一形象。她是一个不甘平庸的现代女性，她是"拂袖将研究生毕业后分配给她的那只铁饭碗摔掉"之后来到特区。她美丽、年轻、聪敏、也有知识，但是在一切以经济为中心的特区，仅仅拥有这些是远远不够的，金钱才是衡量一切的终极标准。为了使自己更像一个白领丽人，蓝黛第一次购买衣服时便花去几乎所有的积蓄，这使她切身体会到在特区拥有财富究竟意味着什么，她暗暗对自己说："我要搏，搏出自己的公司，搏出一套自己的房，搏出一辆自己的车……要让一面面大镜子永远映出我的自信，我的光彩和我的优雅"①。为了能尽快地接近自己所追求的目标，她看准了身价几千万的总经理麦开宏，以初夜的代价换取了一种产品的代理销售权，然后凭借自己的能力和才华一步步走向成功之路。

张欣《亲情六处》中简俐清也是一位"驶出欲望街"的女性形象。她行事果断，有计谋，不囿于传统；重视金钱但不崇拜，她处世态度总有一种理性与积极进取的精神。失业下岗的她，经过一番审时度势后决定投身商海，弃置与男朋友焦跃平的爱情，为了迅速"开辟新生活"，她主动出击投入了赵总的怀抱，做了一年的"金丝雀"，换回了她想要的卡迪拉克车，并拥有一间高档时装店，开始了自己的事业。

缪永小说《驶出欲望街》中的张志菲就是其中的一个典型，她原本是个打工丽人，由于吃不消打工的艰辛，挡不住都市物质的诱惑，又处于对青春的珍惜与怜爱，不假思索地接受了大款阿昌的契约：做三个月的"金丝雀"换取15万资产。当然她还是有个性与自尊且自信的现代女性，即使在作为交易的同居生活中，也坚信双方人格的对等，并保

---

① 王海玲：《在特区掘第一桶金》，《广州文艺》，1995年第5期。

持自己的个性、独立和尊严。她还没有依附型一类女性人物的依赖思想，她也绝不奴颜婢膝，对大款阿昌甚至也抱以蔑视的态度。她甘愿做出巨大牺牲，就像她进股市炒股一样，完全是受利益、理性与冒险精神的驱动。最后她拒绝阿昌求婚，毅然挥剑斩情丝，带着她迅速积累的50万走出了"欲望街"，恢复了原有的高傲。

上面小说中女白领表面上看来是在追求自我，事实上却不得不依靠男人来发展自己，在社会上仍然处于弱势地位。这和40年代张爱玲小说中塑造的白领有许多相似之处。张爱玲小说《倾城之恋》中的白流苏通过离婚摆脱了虐待她的第一个丈夫，而当她的生计存在问题时，她便投向了范柳原这个有经济条件又"欣赏"她的稳妥靠山。范柳原不过是一个自私、狡猾的男人，他没有恋爱的真心，更没有结婚的热诚，之所以喜欢流苏，只是想要一个情妇而已。而白流苏明知范柳原的用意，却又舍不得放弃这样一个稳固的经济靠山，于是和他进行了一次次的周旋，最后"香港的陷落成全了她"，流苏终于得到了她生活的依附——婚姻。《沉香屑·第一炉香》中的葛薇龙，是女性为了爱情而将自身毁灭的一个悲剧典型。她原是一个纯洁而有个性的女学生，为求学而客居在姑妈家。姑妈有钱、风流，为勾住那些只看中她钱财的男人，便让青春美貌的薇龙作为她的色饵。起初薇龙有她自己维护人格完整的标准和自信，然而现实摧毁了她的幻想，她一步步地退缩。司徒协的出现逼着她向乔琪的追求认输，而乔琪却只要她做情妇。由想念书到想嫁人，由想找一个理想伴侣到抓住乔琪这个可能的机会，由想结婚到情愿只做情人，又由情人到发现乔琪的不忠之后仍然嫁给他，畸形的爱情毁了她。为了得到爱，她不惜将自身卖于"交际"、自贱成"造钱"的交际花，以取悦并不爱她的丈夫。连她自己都说，"我跟妓女有什么分别呢？她们是不得已，我是自愿的。"她自愿放弃了做人的尊严，将自己的独立拱手让给并不爱她的男人。更可怕的是，她清醒地看着自己走上了那条将一生悲欢强系于男人身上的悲哀之路。

在张爱玲笔下,缘于对男性依附的女性白领悲剧比比皆是:《红玫瑰和白玫瑰》中的娇蕊,纯情地爱上自私、虚伪的振保,而毁掉自己的家庭;《半生缘》中的曼璐为了拴住男人达到一生有所依附的目的,竟然伙同丈夫干出伤天害理之事,毁了妹妹的幸福;《五四遗事》中的密斯范虽然冲破重重阻挠赢得了自主的婚姻,到头来依然没能逃脱为依附男人而形成的三妻四妾的局面。

第五节 "都市民间"的美学意义

20 实际 90 年代的都市小说呈现出从未有过的兴盛局面。伴随着"白领"小说家个人叙事的崛起和主流化写作的衰微、意识形态写作的终结,都市白领小说凸显出民间化倾向。一是不同角色的"白领"作为故事的主体轮番登台表演。如邱华栋笔下的身份飘忽的"城市游走者"式的人物;张欣笔下的珠光宝气与交易场上游刃有余的"白领一族";尤其是女性作家如卫慧、棉棉者,他们笔下的人物是身份更加暧昧的,出入舞厅酒吧、私人 party,行为乖张、恋爱随便、有歇斯底里症、甚至与外国佬上床的、非常"另类"道德色彩的"新白领",上述他们构成了几乎是我们的时代最自由、最富有、最刺激、最快活、最没文化负担和最令人瞠目震惊的一群"新人"。二是他们的叙事共同复活了一个传统的市民社会,及其承载的市民生活理想与价值观念的"市民意识形态"。这其中虽有生活方式与生活内容的新变化,但从精神与观念的角度看,却完全是古老的城市市民精神谱系与价值观念的自然延伸,比如他们的生活观念已经完全"非正统化"了,他们无论是同主流意识形态还是同知识分子的传统人文理念之间,几乎都是格格不入的,他们是一些地地道道的个人主义者、利己主义者,现世主义者和享乐主义者，他们共同完成了一个对历史的遗忘和现实的拥有。三是他们的叙事已经完成了从先锋小说叙事中的分裂与蜕变，特别是在90年代中期以后，他们仅有的一点被阐释为"前卫"的特点，实际上仅剩下了"裸露的大胆"，与商业时代文化经营方式已经完全"接轨"，小说不再具有认真的生存思虑与意义追寻，也不再具有形而上学的精神与艺术探求趣味，而是一味地迎合读者，形象一点点说，他们（她们）的"另类"已经完全商业化了，成了一种角色定位和商业包装的需要，成了一种对市场份额的谋算。从叙事特点上看，他们基本上把先锋小说的意识探险、潜意识场景和乌托邦叙事变成一种"身体写作"与行为写作，不再追求艺术上的智慧含量，而是极尽强化其刺激性欲惯性滑动的力量，以将读者诱入其间。因此卫慧毫不避讳地说，"可能的话，我努力做一条小虫，像钻进一只苹果一样钻进年轻孩子们的时髦头脑里，钻进欲望一代的躁动而疯狂的下腹。"[①] 应该说，就这一点而言，都市小说极其所负载的城市民间精神正在接近一种迷途。

[①] 卫慧：《公开的玫瑰》，见《70年代以后小说选》，上海：上海文艺出版社，2000年，第245页。

第六章　都市小说白领的"西方中产阶级"想象

90年代有部分都市小说把白领想象为"西方中产阶级",这不是白领的真实生活状况。首先,本章分析城市文学研究中两种研究范式:一是再现论的城市文学研究,另一种是表现论的文学中的城市研究。其次,概括了想象中"西方中产阶级"文化的特征为:时尚的前卫姿态、品牌的档次追求和优雅闲适的情调,这些特征都打上了消费主义文化的烙印。再次,指出90年代中国白领和当前西方中产阶级的区别和联系。最后,揭示在消费主义语境中90年代都市小说想象背后存在的问题:一是用消费地图遮蔽了底层经验的表达;二是用"优雅"遮蔽白领身份的焦虑。

第一节　文学中的城市研究范式

一、城市文学研究的两种范式

迄今为止,有关城市文学的研究,大致有两种研究范式,一种是再现论的城市文学研究,另一种是表现论的文学中的城市研究。再现论的城市文学研究大体采用了"反映式"的研究模式,即认为城市文学以某种表现了城市社会与城市文化形态,此种研究方法大都以坚定的社会学、历史学理论为基础,认为城市文学作品是客观的城市生活的再现,

第六章 都市小说白领的"西方中产阶级"想象

因而特别适用于在表现方法上属于传统写实主义的文学作品。传统的城市文学研究较多的采用此种方法,他们大都认为城市文学应具有两大要素,即:首先地域特征、创作题材、空间景观等方面来说,它必须是描写城市中的人文生态与心态,诸如生活流向、价值理念与社会心理;其次,城市文学的创造者,必须以城市意识——只有城市人才具有的价值观念、思维方式与审美准则——去描述城市生活。这种研究大多是以题材为最终限定,较多强调城市赋予作家的经验性。

另一种是表现论的文学中的城市研究,认为城市生活作为人类基本生存方式会对人类精神产生影响力,而这种影响力往往超出了城市地域、心理、情感与认识。它给予人们以不同的精神塑造,进而影响甚至改变着人们对城市的知识和叙述。中国传媒大学张鸿声教授认为前一种研究方法可以称之为"城市的文学"研究,后一种研究方法可称之为"文学中的城市"研究。他说:"在传统研究范式中,'城市意识'并没有给予强调和关注。所以,从城市给予人类的精神影响这一角度来说,'文学中的城市'这一概念,要比'城市的文学'能够揭示城市对文学的作用与两者的关联。后者是立足于文学形态自身,揭示城市文学形态的发生、发展、流变过程以及其内在构成规律,基本上属于传统的文学研究或文学史研究,而前者更关心城市所造成与人的精神状态,带来的对城市的不同认识方式,以印证于某一阶段、某一地域的文学精神世界。从方法论的角度来说,它更接近文化研究。"[①] 这种"文学中的城市"研究中,文学与城市的关系,不仅是一种经验关系,还应包括思潮、问题、传播与受众阅读等等因素。因此,城市的历史与形态和城市文学文本之间便构成了非对应的极其复杂的关系,这一切可能会以对城市的不同表述体现出来。

---

① 张鸿声:《文学中的上海想象》,浙江大学博士论文,见中国学术期刊网,2005年,第4页。

"文学中的城市"最初出自于[美]理查德·利罕的《文学中的城市：知识与文化的历史》一书，而这一概念在其书中主要被认为是对城市不同的表现模式。它重点关注了作为启蒙运动产物的现代城市的兴起及演变，并通过对现实主义、浪漫主义、现代主义及后现代主义文学作品的解读，考察了从笛福到平琼等众多作家对新出现的世俗城市的回应。作者把城市文本与文学文本进行对照解读，为我们开启了理解城市和理解文学的新途径。有人曾这样概括其描述的城市表现模式与过程："现代主义的这些主题基本上对城市持否定的态度，这里也表现出作者的立场；城市从早期的神圣城市到启蒙时期的城市，最后到现代大都市，基本上处在一个不断'堕落'的过程中。与此相对应的是，城市中的人从较早的时候（如巴尔扎克笔下）的活跃的、积极的参与性的力量逐渐退化为受城市控制、对城市无能为力而退缩到内心领域中的漫游者和旁观者。"①

二、文学想象与"文学中的城市"

理查德·利罕在《文学中的城市：知识与文化的历史》，一方面承认城市文本的变化是因城市的变化而来，另一方面又强调"文学赋予城市一种想象性的现实。"陈平原曾评述说："该书将'文学想象'作为城市存在的利弊得失之编年史来阅读。从'启蒙时代的伦敦'，一直说到'后现代的洛杉矶'，既设计物质城市的发展，更注意文学表现的变迁。"② 于是张鸿声教授指出："在'文学中的城市'研究中，关于想

---

① 季剑青：《体例与方法》，《现代中国》第五辑，武汉：湖北教育出版社，2004年。

② 陈平原：《"五方杂处"说北京》，陈平原、王德威主编：《北京：都市想象与文化记忆》，北京：北京大学出版社，2005年，第546页。

第六章　都市小说白领的"西方中产阶级"想象

象性概念的介入，即：任何关于城市的文本都不可避免地来自城市经验，但城市文本却绝不等同于经验，因为经过了有经验到文本的过程，这个过程其实也是想象性城市叙述的过程，城市想象其实就是一种城市表述。"① 张进英在谈及他对中国城市文学的研究方法时也说："我将不拘泥于某一作品所表现的城市如何写实传真，而只是探讨在这种文本创作的过程中，城市是如何通过想象性的描写和叙述而被'制作'成为一个可读的作品。我说的制作是符号性的，指的是将城市表现为符号系统，其多层面的意义需要解析破译，我将重点放在制作的过程而不是其最终的产品——作为文本的城市（或称城市文本）。"② 汪晖在谈到民族的"想象的共同体"时，也曾论述到："正如'想象的共同体'不是'虚构的共同体'一样，想象这一概念绝不等同于'虚假意识'，或毫无根据的幻想，它仅仅表明了共同体的形成与人们的认同、意愿、意志和想象关系以及支撑这些认同和想象的物质条件有着密切的关系。"③

在20世纪90年代，关于研究北京与北京城市文学之间关系的成果不多，研究广州与广州文学之间关系的成果更少，而研究上海与上海文学之间关系的成果颇丰。由80年代末开启的关于旧上海的怀旧，至90年代已经成为一种世界性文化景观，并伴随着港、台、大陆三地的热播影视作品，渐至峰巅。"上海怀旧"无疑是文学中上海想象在全球化语境中的一种现代性诉求，其所表现出的对于上海城市文化身份的想象性认知。张鸿声教授指出："'上海想象'已经渐成热点，并且，其研究

---

① 张鸿声：《文学中的上海想象》，浙江大学博士论文，见中国学术期刊网，2005年，第7页。

② 张进英：《都市的线条：三十年代中国现代派笔下的上海》，载《中国现代文学研究丛刊》，1997年第3期。

③ 汪晖：《现代中国思想的兴起》第一部，上卷，北京：三联书店，2008年，第74页。

思路是循'现代性想象'出发，构筑由上海城市文学而引发的关于中国社会、中国文学的现代性问题。应当说，这种研究恰当地解决了以往在城市文学形态、文学史框架下研究之不足，触及了城市文学更深层次的问题，并从现代性问题上扩大了人们对文学史叙述的认知。"① 遵循这种思路的研究主要有：陈慧芬的《"文学上海"与城市文化身份建构》、② 郜元宝的《一种新的上海文学的产生——以〈慢船去中国〉为例》、③ 王晓明等人对于90年代王安忆上海题材创作与对程乃珊、陈丹燕的同题材跨文体写作研究等等。在这些研究中，有学者认为，"当一个作家的写作涉及上海时，他对上海的历史和现状很有可能并没有达到历史领域或现实调查所追求的那种熟悉程度，但他完全有理由从某种制度性想象直接切入，而构成他们关于上海的想象性叙事。比如，现在流行的一些概念，像'三四十年代的摩登上海'、'国际大都市'、'日常生活'、'欲望'、'时尚'、'消费文化'、'小资'、'中西文化交往'、'高速发展'等等"。④ 如果循着这种思路往更深处看，我们便会看到有部分90年代的都市小说，以"现代性想象"为目的，通过消费主义文化的影响，将中国处于萌芽状态的"白领"想象为西方的中产阶级，进而完成文学中的上海想象在全球化语境中的现代性诉求。这些小说中有着典型的中产阶级形象的塑造，有着中产阶级生活格调的渲染，有着对都市繁华生活和消费主义的执著。有评论者说："它是表现着中产阶

---

① 张鸿声：《文学中的上海想象》，浙江大学博士论文，见中国学术期刊网，2005年，第9页。

② 陈慧芬：《"文学上海"与城市文化身份建构》，载《文学评论》，2003年第3期。

③ 郜元宝：《一种新的上海文学的产生——以〈慢船去中国〉为例》，载《文艺争鸣》，2004年第1期。

④ 同上。

级,为着中产阶级而又想象着中产阶级生活方式的作品"。①

第二节 白领的"西方中产阶级"文化想象

90年代,由于市场经济的影响,为白领阶层的迅速发展提供了现实基础(白领被称为新的中产阶级)。此时,消费主义文化又兴起,给予了人们更多的自由空间,人们推崇现代化和经济体制改革,鼓吹世俗化和欲望的合理性,追求生命价值的当下性。在这样的语境下,陈丹燕、程乃珊、王安忆等作家企图通过对旧上海中产阶级的生活方式的追寻(也有一些小说直接把90年代白领想象为西方的中产阶级),把90年代的中国白领想象为西方中产阶级形象。90年代小说中西方中产阶级文化主要是通过他们的消费方式展示出来的。

一、时尚的前卫姿态

时尚性,从起源上讲是阶级分野的产物,通过时尚的呈现,社会较高阶层"把他们自己和较低阶层区分开来,而较低阶层开始模仿较高阶层的时尚时,较高阶层就会抛弃这种时尚,重新制造另外的时尚。"②中产阶级为了体现在社会生活中的重要地位,张扬自己的个性,于是通过足够的闲暇时间和大量的物质财富,保证自己在时尚运动中处于领先位置,如陈丹燕笔下的姚姚"穿着在蓝棠定做的搭襻皮鞋和朋街女装店的吸腿长裤,那都是上海当时最高级的服饰店,等于现在的古驰皮鞋和

---

① 石现超:《新意识形态与中国想象的转型——论"中产阶级写作"的文化品格》,《理论与创作》,2004年第4期。
② [德]齐奥尔格·西美尔:《时尚的哲学》,黄勇译,北京:文化艺术出版社,2001年,第72页。

宝姿女装。"① 中产阶级群体对时尚的追寻，将目光紧紧地投到西方中产阶级的生活方式与品位。

对西方时尚生活的追求不仅表现在衣着穿戴上，还表现在家庭住房的装饰上。上海的老公寓里的陈设在 90 年代上海想象者眼中不仅仅是简单的摆设，而打上西方文化的烙印。当物质"不仅作为物理的或自然地东西而存在，而且作为受某种规则支配、表达某种意义的符号载体而出现，它就被纳入文化世界中，成为文化的一部分。"② 老公寓那些贵重的家具以及流苏装饰等一系列精巧的物质，变成了一种文化符号而充满了文化韵味："要是你可以走到老公寓里面，当然就看到更多的东西，看到棕黄色的长条子，踩了八十年了，一打上蜡还是平整结实，油光可鉴；看到厚重结实的房间门，褐色的好木头，上面的黄铜把手，细细地铸着二十年代欧洲时髦的青春时代的花纹，用上百年了，还纹丝不动。"（陈丹燕：《怀旧的理由》）陈丹燕除了在小说中除了揣摩欧洲式的中产阶级生活，还在《时代咖啡》中想象美国中产阶级生活："上海市民真正的生活，是在大玻璃墙和黄铜的美国钟摆后面的。不过，他们不喜欢别人看到他们真实的生活，那里是他们隐私的空间，也是他们的自尊。"在王安忆的小说也同样展示出对西方中产阶级的向往。她笔下的王琦瑶不仅是上海弄堂的女儿，当其荣获上海三小姐的殊荣之后，她从上海弄堂走了出来，一脚踏进了李主任为她在静安寺附近租下的爱丽丝公寓。爱丽丝公寓代表的是那个时代的一种时尚生活。它的陈设是当时中产阶级才会拥有的器物，"这是个绫罗和流苏织成的世界，天鹅绒也是材料的一种，即便是木器，也流淌着绸缎柔亮的光芒。这世界里堆纱叠绉，什么都是曳地遮天，是分外的柔软亮滑，澡盆前是绣花的脚垫，沙发上

---

① 陈丹燕：《上海的红颜遗事》，北京：作家出版社，2000 年，第 99 页。
② [法] 让·波德里亚：《消费社会》，刘成富，全志钢译，南京：南京大学出版社，2001 年，第 1 页。

是绣花的蒲团，床上是绣花的帐幔，桌边是绣花的桌围。"爱丽丝公寓暗示着主人中产阶级生活的理想，王琦瑶开始演绎她的那个时代的中产阶级生活："它在我们凡俗的世界，真是一个奇境，与我们虽然比邻，却相隔天涯，谁也看不见谁的。我们不知道在那些低垂的窗幔后面，是一些什么样的故事，这些故事在这个城市的上空，就像美丽的谣言，不怕不知道，只怕吓一跳，那都是女人的历险故事。爱情作舟筏，她游多远，'爱丽丝'就在多远。"① 王安忆《我爱比尔》中的阿三也爱着美国式的酒店公寓、用咖啡壶煮着小磨咖啡，到酒店点蜡烛听爵士乐，迷醉于公寓中产阶级的生活情调。

总之，在他们眼里洋货象征着购买力、地位、品位及时髦，洋货成为一种文化价值倾向和身份的表征。其实，他们模拟的就是一种西方中产阶级的生活方式，"对于普通市民而言，西化的价值和行为取向是通过洋酒洋烟、钟表仪器等器物的接触，西装西餐、舞厅马场等西方习俗和生活方式的传习以及西式的市政管理制度化的渠道加以影响塑造的。"②

二、品牌的档次追求

90年代中产阶级为张扬自身的个性，不自觉也就会以物质的品牌作为自身身份地位的象征符号价值。鲍德里亚把当今社会称为"消费社会"，在"消费社会"形态下，一个事物的价值的大小不是由其使用价值而是由其交换价值来决定。品牌消费成为中产阶级又一文化特征。

卫慧小说《甜蜜蜜》中的男主人公出场"穿着一身范思哲的时装"，戴着"一副酷毙了的墨镜"，洒着"一点淡淡的古龙水，"喝着

---

① 王安忆：《长恨歌》，北京：作家出版社，1995年，第95页。
② 杨东平：《城市季风》，北京：东方出版社，1994年，第152页。

"一杯掺了 Bacardi 朗姆酒的可乐",全套行头一望即知价值连城,以至于他自己迫不及待地宣称自己是"一个现代后工业社会的模范俊男"。卫慧的长篇小说《上海宝贝》中,倪可穿的刺绣旗袍是在苏州丝厂"定做的",用的香水是法国进口的,吃的是"德芙"牌巧克力,饮的是"马丁尼酒,"坐的是别克轿车,出入的是世界级大酒店,在 Goya、"阴阳"等高级酒吧里谈情说爱。天天弹的是"施特劳斯牌钢琴,"抽的是"telapidus 牌香烟",用的是"吉列剃须刀","喝红酒 hash"。年轻富孀马当娜开"桑塔纳 2000,"房子装修"光灯具和音响就花了 50 万港币。"就连"白领丽人"朱砂穿的亦是"黑色 channel",过"雅皮的生活"。这里品牌不仅是一种质量的保证,也是身份,一种观念的无声表述。

布迪厄指出商标不是普通的名字,而是一种具有宗教意味的圣明,它散发出一种诱惑消费者的魅力。比如程乃珊《上海探戈》中就这样写道:"Arrow 是用高支纱成的细如丝、滑如绸的高级富绸……袖口为双层'克付'(Doublecuff),会配上一副嵌上自己英文姓氏缩写的袖纽,质地可有金质或玛瑙宝石之类,反正物尽其用……而穿上 Arrow 衬衫系上领带,意味着你已开始进入上海社会金字塔里的中产阶层,Arrow 衬衫,可谓是上海历代白领先生的经典战衣……笔挺的西装领、袖出露出硬领 Arrow 衬衫,无名指再配只细细的白金婚戒,无疑已为几代成功上海先生的经典形象,上海滩少年一个永恒的梦……"①。于是 Arrow 衬衫不再是一件普通的衣服,而成为中产阶级身份地位的标志,象征着一种西方中产阶级的生活品味。

90 年代中产阶级想象所追寻的锦衣大都指向旗袍,旗袍是三四十年代中产阶级物质生活最典型的代表。二三年代的旗袍经过改良后,注

---

① 程乃珊:《上海探戈》,上海:学林出版社,2002 年,第 36 页。

意曲线对衬托女性温情的意蕴,由昔日的宽大渐趋于瘦长合身,曲线鲜明,加以斜襟的韵律,从而衬托端庄、典雅、沉静含蓄的秀美身姿。这时的旗袍已经把"西方美学所崇尚的人体曲线美与东方女性的含蓄特征结合起来"被称为"中国式性感"。① 旗袍成为近代中国女子的标志,但真正"将旗袍穿出风韵的,非上海女子莫属","穿着一款款旗袍的她们,清一色表情端庄、态度雍容,身材丰满,同此前的女子有明显的不同"(素素《前世今生·太太万岁》)。旗袍穿出上海女子的风韵,虽然密实,确实实实在在的性感。程乃珊在《上海街情话》就展示了旗袍的魅力:"阿英赶着做这件阴丹士林旗袍,为的是去应聘永安公司事务售货小姐。或许因为这种阴丹士林旗袍带给她一股浓浓的书卷气,她给派在文具柜台,而她的可口可乐瓶样的身材又给她添上风情万斛,吸引无数狂蜂浪蝶,一些无聊小报,还特别封她为'钢笔西施',一时出过点小风头"②。上海的旗袍把中国传统的式样、质料和西方的花边、紧身服折裥法完美地融合在一起,其背后所展现出来的这种中西合璧和贵族情调恰恰就是 90 年代西式中产阶级的文化的想象。

三、优雅闲适的情调

优雅是"一种生活方式,一种品位和情调,一种对人生态度和看法,""优雅关切文化的传承,对于欧洲的传统的文化怀有深切的迷恋。它专注于经典的'美'的事务。处乱而不惊,面对冲击和变化,维系一种超越的价值,这不是迷狂的冲动和变态的感觉,而是和谐和高贵的统一,气韵和品质的统一,是将生命的力量和文化的格调融合的产物,

---

① 木子美:《旗袍的分寸感》,《文艺报》,2007 年 12 月。
② 程乃珊:《上海街情话》,上海:学林出版社,2007 年,第 12 页。

是自我的迷恋和外部世界之间平衡的产物。"① 90年代消费主义文化的盛行，优雅一度被扩大，成为一种文化的身份符号。表征和体现的是一种中产阶级的生活品味，是中产阶级的审美趣味和身份认同的文化符号。中产阶级对优雅的追求一方面是对西方中产阶级精致生活的直接模仿，对生活细节的高度关注；另一方面则是追求西方文化中与中国传统文化不同的价值。三四十年代形成的上海市民社会文化是中国传统文化、西方文化和殖民地文化三者的杂糅，当时上海的中国的中产阶级就将优雅作为一种阶级的生活方式或生活品位保存下来，在90年代上海中产阶级文化想象中发挥到极致。

王安忆的都市小说是最具有代表性的。尽管她出身于南下干部家庭，不是土生土长的上海人，但她从小居住于旧上海遗民的集中地——淮海路上，耳濡目染，对旧上海的中产阶级生活观察得非常仔细，加之其文笔又极其细致与填密，因而旧上海中产阶级那种奢华优雅的生活场景被其逼真地再现出来。在《死生契阔，与之相悦》一文中，她就借对旧上海遗民言行举止的描绘而撩开了以往中产阶级生活的面纱："他们的日常生活紧闭在一扇扇阔大而厚重的门扉后头，莫测高深……这些木质沉重的门窗，隔音良好的墙壁，幽暗的走廊，顶楼，墙角，以及寂静无声，使他们很像一种幽居的动物：鼹鼠……这些亮丽的男女，走过淮海路，似乎是去赶赴上个世纪的约。他们穿着很'飞'，这是人们对摩登的俗称，还是对颓废的俗称。他们出入的场所均是昂贵的，华丽的，风雅的。他们穿扮得很讲究，头上抹着发蜡，皮鞋锃亮，裤缝笔直，女的化着鲜艳的晚妆，风度优雅。"② 在此文中，王安忆还细致地描述了两户中产阶级的邻居：一户的老先生是沪上小有名望的小儿科医生，另一户是沪上著名绸布行业主。赞美他们在"文革"中所表现出

---

① 张颐武：《新中国形象》，济南：山东文艺出版社，2005年，第60页。
② 王安忆：《寻找上海》，上海：学林出版社，2001年，第36—40页。

第六章 都市小说白领的"西方中产阶级"想象

的那种处变不惊,坦然承受的风度和气节,并且尤其赞美了这两户人家中美丽高贵的女性,"他的妻子有着惊人的美丽,是那种欧式的,富于造型感的脸部轮廓,眉眼间且是东方化的清秀。后来频繁露面于报纸和电影银幕的西哈努克亲王的夫人——莫尼克公主就有些像她……那医生家的,美丽的,高贵的,娇嫩的,公主般的新媳妇,在'文化大革命'的残酷遭际当中,表现出了惊人的承受力……她一边淘米一边回答着红卫兵们的提问,不慌不忙,不卑不亢。并且,她衣着整齐,干净,依然美丽。这就是上海的布尔乔亚。这,就是布尔乔亚的上海。它在这些美丽的女人身上,体现得尤为鲜明。这些女人,既可与你同享福,又可与你共患难。祸福同享,甘苦同当,矢志不渝。"①

或许,也正因为王安忆在对旧上海中产阶级贵族生活的细致观察中,发现了旧上海的万种风情,皆寄寓在这些美丽且具有高贵血统的女人身上,于是她倾注心力谱写了一曲以一个女人一生的命运来感怀一座都市的《长恨歌》。在《长恨歌》中,主人公王琦瑶刚出现于我们面前时只是一位年方二八的小姑娘,但这位从弄堂里走出的中产阶级家庭的女儿,不仅有着闭月羞花的容颜、袅袅的身影以及一双会说话的眼睛——这些女性憧憬的美貌,而且小小年纪就赢得了普通少女可望而不可即的荣耀。她的一张照片在《上海生活》的封二以"沪上淑媛"为题名刊登出来,还是十六岁的王琦瑶便成为了学校里的名人。而她成名不久,"上海小姐"的评选活动开始了,十九岁的王琦瑶参加竞选又一举夺得第三名。这一回王琦瑶是真正的出了名,成了上海滩的公众人物——著名的有着绝顶风情与美艳的"三小姐"。然而繁华来得快,消散得也快,瞬息之间,一切的风情与美艳便成为过往云烟。当王琦瑶从她用青春和美貌换来的爱丽丝公寓中走出来;从李主任显赫耀眼而又悄无

---

① 王安忆:《寻找上海》,上海:学林出版社,2001年,第48—61页。

声息的帷幕里走出来；从未穿红嫁衣却又温情脉脉深情款款的"婚姻"中走出来，她就不再是那个娇羞的、乖巧的弄堂的女儿王琦瑶了。但是尽管时间流逝冲散了繁华，打破了其本来以为会花好月圆，长聚不散的梦，可那段传奇的经历，那散发着历史气息的古木衣柜，那渗透着往昔红颜的衣香鬓影，却时时唤起王琦瑶对如歌岁月的怀想，并使其处处流连过去的影子，因而虽然时间将她带入一个讲究思想行为大一统的时代，可她的心却仍然留在上一个时代，她的笑颜戚容里，挥之不去的仍是上一个时代的色与光；她的衣着服饰、举手投足，甚至低眉敛目间传递的也仍是上一个时代的风韵与美学趣味，她的身上也因此一直透着一股优雅的韵味。当然，也正因为这股优雅韵味的存在，王琦瑶苍凉的故事基调才能滋生出一些刻骨铭心的温情和暖意，而王琦瑶本人也才可能成为旧上海中产阶级优雅文化的代言人。

与王安忆的纸上构造不同，另一位上海女作家陈丹燕则用一幅幅发黄的"老照片"更为直感地为读者重现了被封存多年的中产阶级的生活优雅的场景。陈丹燕的《上海的红颜遗事》讲述的是上海明星上官婉儿的女儿姚姚一生的悲惨生活。但字里行间都能让读者感受到中产阶级的那种优雅与精致的生活，那种生长在上海中产阶级家庭的心理优越感。修剪的极其平整的法国公园的草坪，淮海路上浓浓的树荫，精美的大洋房都使读者不由自主的对中产阶级优雅的精致的生活表示认同与艳羡。陈丹燕的《上海的风花雪月》讲述了王元化的妻子张可女士坚忍、优雅而美丽的一生。她出身于书香门第之家，从小过着富裕的生活，十八岁时穿着"织得平平整整的裙子参加共产党"[①]。然而直到1955年开始的政治风潮中，她从小在富足生活中练就的优雅品性才得到了真正体现："就像一粒核桃，被砸开了，于是，你才能看到里面淡黄色的果肉，

---

① 陈丹燕：《上海的风花雪月》，北京：作家出版社，1998年，第234页。

对于张可，要是没有王元化将要开始的二十三年的厄运，也没有人会知道她心里开着怎样的花朵。"

陈丹燕在《上海的金枝玉叶》中对中产阶级优雅生活有着极精彩的描述，文中写到："有时候，真的让人怀疑，是不是一个人的品质是在童年生活中就确立了的，而且很可能，富裕明亮的生活，才是一个人纯净坚韧品质的最好营养，而不是苦难贫穷的生活。"[1] 20 年代郭家四小姐在上海的中西女校读书的时候，一直过着优越的中产阶级生活。曾经在大花园里举行过引人注目的订婚礼，然而时过境迁，五十年后，她被送到上海郊区去挖鱼塘，带队的人让她跟着装行李的小车去劳改队。一个人跟着一条装满煤和行李的肮脏小船，在青浦的烂泥河里走了几个小时。现在回忆起来，她还能记起的却是小船两岸那深绿色植物和绿色的河水，那种乡野绿色平静的景色让她觉得非常美丽（陈丹燕：《郭家小姐》图片注释）。她不仅没有因为磨难而心怀怨恨，反而能够始终优雅、乐观的保持着自尊和那份清高。"当她站在菜场里卖咸蛋的时候，当她只能吃八分钱一碗的阳春面当晚餐的时候，当她独自从劳改地回到家，听法院的人来宣读对她丈夫的判决书，接着把她家里所有的东西悉数充公，连她的结婚礼服都不剩下的时候，她能好好的活下来。"[2]

在上海这个浮华璀璨的世界里，中产阶级女性以优雅的方式保持着女性的自尊与自立，而中产阶级男性则保留着中产阶级群体独有的"老克腊"精神。老克腊是一群即使在最贫困的时候，也要留意自己的装扮的一类人。他们始终保持整洁油亮的发型，穿着熨得笔挺的条纹西服和领子洁白的衬衫、腿管很细的裤子以及纤毫不染的锃亮的尖头皮鞋，一把永不离手的阳伞（它的柄部拥有一个弯头，可以替代西式手杖的功能），说一点洋泾浜的英语，姿态优雅，举止显得矫揉造作。他们对打

---

[1] 陈丹燕：《上海的金枝玉叶》，北京：作家出版社，2009 年，第 23 页。
[2] 同上，第 24—25 页。

扮一丝不苟的精神,以及对生活情趣的执著追求,是一种非常古怪的信念。它既非国家信仰,也不是宗教情操,甚至不是对金钱的渴望。它只是一种对西方的,主要是英国近代绅士的品位、格调、情趣和体面生活方式的极度膜拜而已,是对那种西方中产阶级生活方式的极度艳羡,与生活品位的身体力行,可以说他们是老上海中产阶级的幽灵。王安忆《长恨歌》中的老克腊萨沙,他那吸引人的外表,带着欺骗性的孩童般的天真,对美食的热爱以及充足的闲暇时间,使他有机会融入到王绮瑶、严师母精心营造的中产阶级生活氛围里来。萨沙第一次体验到了"精雕细作的人生的快乐",他爱上了"存在于螺蛳壳里的"这种生活方式,不用担心未来会发生什么,"把时间掰开揉碎了过的,是可以把短暂的人生延长",他见证与亲历了这种"最亲密的、最优雅的、最颓废的、最仪式化的、最坚固的但最终也是最短暂"①的上海中产阶级的生活方式。

第三节 90年代中国白领与西方中产阶级

90年代中国白领群体是中国中产阶级的一部分,90年代中国的中产阶级刚刚兴起,他们的收入水平、生活水平和社会地位远远没有达到西方中产阶级的标准,而在90年代中国白领的"西方中产阶级"想象,只是在全球化及消费主义文化影响下的一种中国白领的现代性诉求而已。

---

① 张旭东:《现代性的寓言:王安忆与上海怀旧》,《中国学术》,2000年第3期。

第六章　都市小说白领的"西方中产阶级"想象

一、中产阶级的界定

中产阶级是一个具有文化和社会时空差异性的概念。首先，中产阶级是一个具有文化差异性的概念。在英语国家中产阶级（middleclass）概念没有歧义，法国史学家却称为中等阶级，还有学者称之为小资产阶级。20世纪后半叶，由于社会与经济的持续高速发展，在东亚社会也相继出现了中产阶级。一般的情况下，中产阶级可分为西方发达国家的中产阶级和东亚后发型国家的中产阶级。但后者一般称之为中间阶级或中间阶层。在中国理论上惯常使用的相关术语为"中等收入者阶层"、"中产阶层"和"中间阶层"。日常生活中相关的词有"白领"、"小资"和"布波族"等。其次，中产阶级随着社会时空的发展与变迁而出现相应的内涵的变化。"中产阶级在商业化——工业化——后工业化的历史演变中沿着旧中产阶级——新中产阶级的路径前进的，随着社会结构的不断变化，中产阶级的内涵必然会发生成分上的交错变更。"① 米尔斯在《白领——美国的中产阶级》已经揭示出中产阶级的演变路径及其构成变化：老中产阶级（如小企业家、农场主）是相对独立的；而新中产阶级被现代化过程中的规模化、集团化、科层化纳入到依附性之内，具有更大的依赖性。也就说，新中产阶级只是名义上的"中产阶级"，这个词所指代的对象已经发生了性质上的变化。其他欧洲发达资本主义国家，中产阶级也经历了相似的变化。而在东亚后发型国家中，因社会发展与现代化的路径不同，老中产阶级和新中产阶级出现同时增长的情况。中国的中产阶级便是这种情况。

现在研究中产阶级的范围相对宽泛，甚至也没有明确的边界，这给

---

① 王建平：《中产阶级：概念的界定及其边界》，《学术论坛》，2005年第1期。

研究带来了很大的麻烦,这是一个有争议的概念。界定中产阶级的标准目前有两种情况,一种是一元的标准,另一种是多元的标准。像米尔斯在《白领——美国的中产阶级》中就采取单一的职业标准;还有的社会学家采取收入、教育和生活方式等多元的标准。无论采用一元还是多元的标准,都应考虑所采用的标准能否把研究对象或群体区分开来。就中国现状来看,仅从消费方式来划分中国的中产阶级有一定的偏颇,"因为目前中国的消费方式、消费行为正处转型中,因此消费标准本身缺乏稳定性与一致性。虽然国外的许多学者如福塞尔、甘斯、布迪厄等就消费在不同阶层文化区分方面的研究称为目前社会阶层研究中的焦点,但这些研究同样是基于美、法等西方发达国家较为成熟的中产阶级基础之上的。从消费文化透视社会分层也应该在消费观念、行为基本上稳定的情况下,而中国目前显然不是这样。如果以消费或者主要建立在此基础上的生活方式作为分类指标,则可能缩小或者将目前中国城市中产阶级狭隘化,并造成一种中国中产阶级生活方式的虚假表象。"① 90年代白领的"中产阶级"文化想象的小说就有一种一厢情愿的炒作的导向,而不是对中国白领阶层的真实反映。

　　谁是中产阶级,这是一个值得争议问题。目前,国内外对中产阶级的界定的观点大致有以下几种:(1)以收入、财富或财产作为划分的标准,将社会中具有中等收入水平的人群定义为中产阶级。从收入的角度界定中产阶级,意味着研究者是从高低分层、分级的角度对社会群体进行划分的。(2)将劳动分工与职业特征当成划分中产阶级的标准,将从事行政管理、工程技术、商业营销、教书、律师、医生等脑力劳动的工作人员定义为中产阶级。(3)根据职业、收入、教育、生活方式、价值观和主观认同等综合标准来界定中产阶级。有学者指出,"所谓中产阶

---

① 王建平:《中产阶级:概念的界定及其边界》,《学术论坛》,2005年第1期。

级,是指以从事脑力劳动为主,靠工资和薪金谋生,具有谋取一份较高收入,较好工作环境及条件的职业能力及相应的家庭消费能力,有一定的闲暇生活质量,对其劳动、工作对象拥有一定的支配权;具有公民、功德意识及相应修养的社会地位分层的群体"。①(4)认为判断中产阶级的形成,除了职业之外,在中国更要考虑的是个人与组织的关系。

在国际社会学领域,埃里克·奥林·赖特的新马克思主义阶级和约翰·戈德索普的新韦伯主义分类框架是中产阶级划分最常采用的分类标准。他们一般是以职业为基本分类标准,再加上雇佣状态的区分,来界定中产阶级概念。他们把中产阶级分为六个阶级:(1)资产阶级或企业家阶级(雇佣20人及以上的企业主);(2)新中产阶级(专业技术人员和管理人员);(3)老中产阶级(雇用20人以下的小雇主和不雇用他人的小业主);(4)边缘中产阶级(普通办公人员和非体力的商业服务业人员);(5)工人阶级(技术人员、监管人员、技术工人、办技术和非技术工人);(6)农业劳动者。②

二、90年代中国白领与中国中产阶级

怎样界定中国的中产阶级呢?我们不妨也采用以职业为基本分类标准,再加上雇佣状态的区分,来界定中产阶级概念。中国的中产阶级与国际上的中产阶级相比,中国由于现代化的发展在时间上比较滞后,所以,中产阶层或中产阶级发展的进程也比较缓慢。这样,中国的中产阶级与发达国家的中产阶级还是有巨大的差异性,"西方新式中产阶级的

---

① 陆学艺:《当代中国社会阶层研究报告》,北京:社会科学文献出版社,2002年,第252页。
② 李春玲主编:《比较视野下的中产阶级形成》,北京:社会科学文献出版社,2009年,第121页。

主要是由受雇人员构成的,而我国新产生的中产阶级的主体是大批非受雇阶层,如大批中小工商业阶层、独立经营阶层"。①

中国的中产阶级主要有以下几种人员构成。(一)白领(新中产阶级)。白领是在当代中国社会阶层分化和重组的过程中形成,并迅速发展壮大的主体阶层。随着劳动制度的改革,各类企业中的脑力劳动者,由"身份型的企业干部",变为"契约型"的合同制白领。随着经济体制改革的深化,一些事业单位和部分国家行政部门被企业化,其中原为国家干部的脑力劳动者也逐渐变成白领。随着"三资"在我国的创办和壮大以及第三产业的迅猛发展,更多的人成为白领。(二)党政机关的普通干部和知识分子阶层。干部是指列入干部编制,由党和政府的组织部门、人事部门管理,从事各项管理和专业技术工作的国家公职人员,包括党的机关、国家机关、军队、企业、事业、社会团体六大系列。随着政企分开和企业全员合同制的推行,企业干部已经从干部阶层剥离出去,企业的管理者与私营企业主一起组成企业家阶层,企业的专业技术人员则成为企业的白领,因此我们所讲的干部阶层主要有党派干部、国家机关干部、军队干部、事业单位干部、社会团体干部。普通干部是上述五大系列中位居中下等,没有明显的权利收入、靠工资过活的群体。普通干部一般可以看成体制内资源,但知识分子的主体很难说属于体制内字眼。将知识分子看着体制内与体制分平分秋色比较符合现状。其中在政府、机关等国家部门,学校、医院、研究机构等事业单位等从事专业技术工作的人也属于知识分子之列。(三)中小型公有制企业经营者。随着公有制企业转换经营机制和建立现代企业制度带来的经营权和所有权的分离,作为专门的组织角色来行使企业经营管理权的企业经营者脱颖而出。它们分布在公有制、民营企业。(四)中小型私营

---

① 李春玲主编:《比较视野下的中产阶级形成》,北京:社会科学文献出版社,2009年,第161页。

企业主。我国城市私营企业主是在个体工商户的基础上形成和发展起来的。20世纪90年代以前,个体户和待业人员是私人企业主的主体,整体素质较低。90年代以后,随着国企和行政机构改革,一部分职工和干部投身"商海",兴办私营企业。最近几年,大批学有所成的专业技术人员创办民营科技企业,私营企业主的社会构成发生了重大改变,专业技术人员成了该队伍的主体。(五)个体劳动者。城市个体劳动者主要由待业青年、退休人员、社会闲散人员和"其他人员"组成。

综上可知,中国白领是中国中产阶级的很小一部分,并且他们的收入远不如中小型公有制企业经营者、中小型私营企业主,甚至国家党政机关的普通干部。

三、中国90年代白领与西方中产阶级

我们可以从上述的分析看出白领是中国90年代中产阶级的一部分,它和西方中产阶级属于同一范畴,所不同的是西方中产阶级处于高度发展的国家,他们已经发展成熟,而白领是中国的新兴的中产阶级,中国属于东亚式的后发型国家,中国的白领处于萌芽成长阶段,因此还不具备西方中产阶级文化特征。中国90年代白领一般年龄比较轻,大都具有较高的学历,有新的专业知识,懂外语,会电脑,大多就职于三资企业,新兴行业,如金融、证券、信息、高新技术等领域。由于该群体处于产业结构的高端,技术含量高,体制上有多数在外资、外企,所以,收入上处于明显的优势地位,在消费行动上有着很强的高消费倾向;在生活方式上也开始形成所谓的"格调"。在90年代,这一群体仅处在成长时期,它们的生活水平和消费方式并没有达到西方中产阶级(特别是美国中产阶级)的水平。而在90年代部分都市小说中把他们想象为西方的高收入和高消费的企业主、职业经理人和精英知识分子,塑造了

典型的中产阶级形象：这些中产阶级应该居住在中高档社区的大房子里，开着中高档的私人轿车，穿着名牌服装，经常旅游度假。其实，90年代中国的白领面临着严酷的就业市场竞争，能提供稳定工作和福利保障的单位越来越少，迫使他们不得不接受低工资待遇的、缺乏保障的工作。他们急切梦想过上西方中产阶级的生活，即在收入和消费方面像西方中产阶级一样，但较低的收入和高昂的房价使他们中的大多数人感觉到这个梦想在短期内难以实现，从而导致了某种"中产阶级焦虑"，而不是像都市小说中描述的优雅的生活。

第四节 90年代都市小说想象的背后

在消费主义文化语境中，90年代都市小说想象遮蔽了一些问题：一是用消费地图遮蔽了底层经验的表达；二是用"优雅"遮蔽白领身份的焦虑。

一、消费地图：底层经验的遮蔽

90年代，在全球化历史语境中，消费主义开始占领都市的文化领域。20世纪90年代的白领不仅与商业、现代传媒、消费、时尚、大众文化紧密联系在一起，而且急需证明他们的生活方式有着有章可循的辉煌的历史。部分都市小说的作家们就试图通过"怀旧"的形式来想象30年代中产阶级的文化，描绘出一幅幅中产阶级消费地图。

马尔科姆·蔡斯和克里斯托弗·萧《怀旧的不同层面》中出："构成怀旧的存在有三个先决条件：第一，怀旧只有在有线性的事件概念（即历史的概念）的文化环境中才能发生。现在被看做某一个过去的产物，是一个将要获得的将来。第二，怀旧要求'某种现在是有缺憾的感

第六章 都市小说白领的"西方中产阶级"想象

觉'。第三,怀旧要求从过去遗留下来的人工制品的物质存在。如果把这三个先决条件并到一起,我们就能很清楚地看到怀旧发生在社会被看做是一个从正在定义的某处向将要被定义的某处移动的社会环境这样一个文化环境中。换句话说,怀旧是现代性的一个特征;它同时为确定性和结构提供肥沃的土壤,它是对现代性文化冲突的一种反应。"① 怀旧指向于重温过去、但是目标却是在未来。他们企图通过重温过去而达到对未来地位的确证。杰姆逊在谈到美国根据小说改编的电影时曾说:"'怀旧'的模式,成为'现在'的殖民工具,它的效果是难以叫人信服,换句话说,作为影片的观众,我们正身处'文本互涉'的框架之中。这个'互文性'(intertextuality)的特征,已经成为电影美感效果的固有成分,它赋予'过去特性',以新的内涵,新的'虚构历史'的深度。在这种崭新的美感构成之下,美感风格的历史也就轻易地取代了'真正'历史的地位了。"② 杰姆逊曾认为怀旧是后现代主义文化的主要特征。李欧梵对此进行了阐述。他认为:"杰姆逊用的词 nostalgia,可能不能译为'怀旧',因为所谓的'旧'是相对于现在的旧,而不是真的旧。从他的理论上说,所谓怀旧并不是真的对过去有兴趣,而是想模拟表现现代人的某种心态,因而采用了怀旧的方式来满足这种心态。"③

90年代部分都市小说的作家们就试图通过"怀旧"的形式来想象30年代中产阶级的文化,描绘出一幅幅中产阶级消费地图。其实,他们遮蔽了30年代上海社会的底层生活。正如张鸿声教授所言,"不管是30年代还是90年代,'旧上海'也好,'新上海'也好,乃至包括今天

---

① 转引自包亚明、王宏图、朱生坚等:《上海酒吧:空间、消费与想象》,南京:江苏人民出版社,2001年,第137页。
② [美]詹明信:《晚期资本主义的文化逻辑》,陈清侨等译,北京:三联书店,1997年,第459页。
③ 王安忆:《寻找上海》,上海:学林出版社,2001年,第22页。

的上海，其充分的'全球化'根本未曾完全实现，它不过表现了国人对全球化、现代性的迫切向往而已。"① 说到底，都市小说的作家们，就是想把处于成长时期的中国白领看成西方已经完全成熟的中产阶级的上层人士。中国的新白领萌芽于20世纪90年代，而西方美国的白领在20世纪初期已经形成，并在"二战"后大规模的发展，并且形成了美国中产阶级的主体。20世纪90年代美国的中产阶级早已经过着富裕的物质生活，整个美国社会形成橄榄形的结构。而中国白领正在成长时期，他们的消费生活根本无法比拟。正如李春玲在《中国中产阶级的增长及其现状》中所言："导致了一种奇怪的社会现象：社会学家所声称的中产阶级，其多数成员否认他们是中产阶级，并且抱怨为什么他们没有达到中产阶级的生活水平。"② 因此，90年代都市小说想象遮蔽了一些问题。

首先，90年代小说的消费地图遮蔽了30年代上海社会的底层生活。30年代不仅是90年代作家眼中白领生活的平面的、充满风花雪月的浪漫的上海，同样也深埋着血雨腥风："一方面，殖民者、冒险家、暴发户、流氓、地痞、妓女、帮会一起涌现；另一方面，大学、医院、邮局、银行、电车、学者、诗人、科学家也汇集其间。黄浦江汽笛声声，霓虹灯夜夜闪烁，西装革履与长袍马褂擦肩接踵，西方土语与欧美语言交相斑驳，你来我往，此胜彼败，以最快捷的频率日夜更替。这里是一个新兴的怪异社会，但严格说来，这里更是一个进出要道，多种激流在此撞合、喧哗、卷成巨澜……当你注视它的恶浊，它会腾起耀眼的光亮，当你膜拜它的伟力，它会转过身让你看一看满目疮痍斑驳的后墙……"（余秋雨：《上海人》）。

---

① 张鸿声：《上海怀旧与新的全球化想象》，《文艺争鸣》，2007年第10期。
② 李春玲：《中国中产阶级的增长及其新装》，李春玲主编：《比较视野下的中产阶级形成》，北京：社会科学文献出版社，2009年，第130页。

第六章 都市小说白领的"西方中产阶级"想象

这种叙事策略与 30 年代上海高度物质化和消费主义盛行有着密切的关系。同时 90 年代也是上海消费主义兴盛膨胀的时代,于是,90 年代的作家们从消费主义的透视镜中看到了西方中产阶级文化的诱惑与瑰丽。对西方中产阶文化的"艳羡",必然致使 90 年代上海想象忽视处于下层或者边缘人群的需要,用一种资产阶级的消费娱乐方式掩盖了无产阶级的劳动创造以及中国社会中急剧变化的各种各样的阶级分化矛盾。西方中产阶文化只能是中国白领为自身合法性建构一个充满了泡沫的神话,"李欧梵在《上海摩登》中重构了旧上海物质文化生活和消费主义的精神时尚地图……《上海摩登》重绘了一幅夜晚的地图、消费地图、寻欢作乐的地图,同时却遮蔽了白天的地图、生产劳动的地图、贫困破产的地图,从根本上说,也就是用一幅资产阶级的地图遮蔽了无产阶级的地图,用资产阶级的消费娱乐遮蔽了无产阶级的劳动创造。"①正如学者王晓明所指出的那样,这是一个"单面的老上海","只讲老上海的繁华,而与这个繁华、富裕、纸醉金迷结合在一起的苦难、悲惨和动荡,几乎统统都看不见了。"②"凡是悲苦的往事,能不提就不提,凡是豪华和繁华的传奇,则一定着意渲染,详细铺陈。"③

其次,90 年代小说的消费地图遮蔽了 90 年代白领的真实消费生活。一般的情况下,人们的消费观分为三种类型:(1)实用性消费观。这一类的消费者在消费时十分看重商品本身的实用价值。(2)炫耀性消费观。同第一类消费者完全不同的是,这类消费者在消费过程中,首

---

① 旷新年:《另一种"上海摩登"》,《中国现代文学研究丛刊》,2004 年第 1 期。
② 王晓明:《怀旧遮蔽了真实的老上海》,当代文化研究网 www.cul-studies.com。
③ 王晓明:《从"淮海路"到"梅家桥"——从王安忆小说创作的转变谈起》,《文学评论》,2002 年第 3 期。

先考虑的不是商品的使用价值，而是一种主观的感受，也就是别人的评价。(3) 个性化消费观。这类消费者在评价能力和审美标准方面，与一般的消费者不同，他们比较注重个性的发挥，愿意追求一种别具一格的特色，生活方式上也同一般人表现出很大的异质性。与炫耀性消费观不同之处在于这一类消费者的目的主要在于表现自己的个性，而炫耀性消费者的目的主要在于取得他人对自己社会地位和金钱力量的评价。90年代中国白领的消费观是实用和个性并重。并不像张欣小说《浮华背后》中的冉洞庭，张梅小说集《酒后的爱情观》中的那群嬉戏在都市中的"花翅膀的蝴蝶"以及卫慧、棉棉等70年代生女作家笔下的倪可、天天、"红"、赛宁等都市新贵们，他们住在高档社区，穿着考究，出入有名车，经常出现在高尔夫球场、高档酒店、高级酒吧等场所。他们看上去已经过上西方中产阶级的生活。面对这些小说想象的虚假性，很多人都持批判的态度，比如有人这样的评述《上海宝贝》："《上海宝贝》是充满矫情的谎言、虚荣的嘲弄、浮华的炫耀、夸张的细节，对于上海都市摩登事物的狂热崇拜、浅薄的时间趣味，以及各种劣质的床帏噱头、道听途说的生命体验，加上每一章前面的那些西方客人的格言，如此众多的粉彩，拼贴成一个脆弱的脂粉话语格局。尽管卫慧在其后的几部小说中调整了这种大惊小怪的话语姿态，但仍旧不能消除它内在的虚假气味。这情形就像衡山路上的欧洲情调的酒吧，所有的布景与道具都只是一堆文化代用品和幻想，或者说是没有灵魂的物体空壳，闪烁着意识形态赝品的光泽。"① 针对90年代白领的消费观，有社会学家做了这样的调查："统计结果反映出，在白领群体中，追求实用的人数最多，达到了46.3%，似乎与我们所理解的白领群体追求品位与个性的看法存在出入，但是我们发现，个性化消费与炫耀性消费观也分别达到了

---

① 朱大可:《上海：情欲在尖叫》，朱大可、张闳主编:《21世纪中国文化地图》(第一卷)，桂林：广西师范大学出版社，2003年，第44页。

38.4%和15.3%,两项之和实际上超过了实用性消费观。我们进一步将白领群体的数据与普通大众作比较,比较对象数据来源课题组2000年对海淀区居民生活方式的调查。通过比较,我们还是可以比较明显地发现,白领群体在个性化消费观和炫耀性消费观方面都明显高于普通大众,分别高出13.1%和7.6%。而在实用性方面远远低于普通大众。从这一数据结果我们大体上可以发现现阶段我国白领群体的消费观存在很大差异,实用性、追求个性和炫耀性的消费观共存,而且说明我国白领群体与普通大众的消费差别并不是很大,但理性起到很大的作用,重视实用这一传统的消费观在白领群体中仍占很大的比例。"① 这里就说明白领的收入不是太高,他们的消费也相对比较理性。

在一般人的心目中误读了白领,把他们想象为美国的中产阶级,社会学家周晓虹在《〈白领〉、中产阶级与中国误读》中就指出:"其实,即使在美国,无论是中产阶级的绝对收入还是相对收入都远没有我们想象的那么多,所以,米尔斯会直截了当地说:'新中产阶级(白领)的大多数是中低层收入的群体。'即使现在,美国中产阶级的年收入也不过在二万至七万五千美元之间。"② 在另一篇《"中产阶级"概念被误读,高收入不等于高素质》的网络文章中,作者写道:"对于个体而言,中产阶层则绝不意味着享受与奢华,而是意味着责任与付出。中产阶层之所以是一个有着强烈的社会责任感的阶层,正是因为该阶层有了基本生活条件的保障。"其实,米尔斯面对老中产阶和新中产阶级的兴起时,就清楚地看到了美国中产阶级的生存状况:"与美国人心中特立独行的个体的消失和凡夫俗子的大量涌现是一个并行不悖的过程。"

---

① 夏建中等:《社会分层、白领群体及其生活方式的理论与研究》,北京:中国人民大学出版社,2008年,第162页。
② 周晓虹:《〈白领〉、中产阶级与中国误读》,《读书》,2007年第5期。

二、"优雅"：白领身份焦虑的遮蔽

从审美文化上说，"优雅"的源头是欧洲的贵族文化，是贵族阶级自我标榜的文化态度，实质上，优雅既是贵族阶级的文化特权，又是贵族特权的文化表达方式。贵族制度被推翻后，经由文化沙龙的中转和传播，西方上层中产阶级习得并承传了关于"优雅"的传统，其文化意图和功用，一是要借用"优雅"来粉饰资产阶级原始积累时期那种暴发户没文化没教养的粗鄙嘴脸；另一个意图就是把"优雅"当成身份式的招牌，实行文化的阶层区隔，炫耀中产阶级上流人群的品位格调，把其他的群体和阶层排除在"优雅"之外。如此一来，"优雅"的真实内涵已不再重要，重要的只是"优雅"作为一个文化的身份符号，可以表征和体现出中产阶级的生活品位，据说这种品位就是"和谐与高贵的统一。"于是向荣指出："作为一种文化，'优雅'的历史就是一部阶级的文化符号史，而在当下，'优雅'就是中产阶级的审美趣味和身份认同的文化符号。"①

20世纪90年代以来，以经济为主导的全球化进程加速发展，整个世界逐渐发展为一个相互依存的、不可分割的整体。为中产阶级的形成和发展带来了新的动力，不管是发达国家中产阶级成长的式微还是发展中国家中产阶级的崛起，都受制于全球化的发展。随着中国加速融入全球化的进程，"全球化"作为一种改变现状的变化范式，在当代中国已经成为替代现代化的一种话语和国家想象。90年代在全球化和消费主义文化语境中崛起的白领（新的中产阶级），处于一种身份焦虑的状态之中，要努力确证自己中产阶级身份就不得不寻求一种合理的建构方式。他们将目光投向西方发达国家，臣服于西方发达国家为代表的中产

---

① 向荣：《想象的中产阶级与文学的中产化写作》，《天涯》，2007年第1期。

第六章 都市小说白领的"西方中产阶级"想象

阶级"优雅"文化之中,建构一种"他者"眼中的白领阶层文化。

程乃珊笔下的吴家好婆每日黄昏,都会披着一席自织的大批巾,坐在阳台上宁静地品咖啡。一笼氤氲从抄家残留的英国茶具中升起,那种闲适与淡雅在袅袅升起的烟雾中越显迷人。王安忆《死生契阔,与之相悦》中"那医生家的,美丽的,高贵的,娇嫩的,公主般的新媳妇,在'文化大革命'的残酷遭际当中,表现出了惊人的承受力……她一边淘米一边回答着红卫兵们的提问,不慌不忙,不卑不亢。并且,她衣着整齐,干净,依然美丽。这就是上海的布尔乔亚。这,就是布尔乔亚的上海。它在这些美丽的女人身上,体现得尤为鲜明。这些女人,既可与你同享福,又可与你共患难。祸福同享,甘苦同当,矢志不渝。"[①] "她的脸上看不出悲伤的神情。在甜蜜的眼神渐渐淡去以后,她的脸非常安静"。中产阶级女性面对苦难的从容、优雅被作家们的生花妙笔表现得淋漓尽致。

中产阶级的优雅的生活,主要通过吃穿住等物质消费方式表现出来。在《上海的风花雪月》中的女主人公流连于租界时期留下来的异国建筑,在异国建筑的遗迹中体会那种欧式的优雅中产阶级生活:"在弄堂的底部,夹杂在各种呆板的灰色的建筑里,有一栋完全不同的南欧式的房子,有红色的瓦顶,窗子的两边,有蔓藤般卷曲而上的柱子,小而细长的、深陷在墙里的窗子,那就是上海已经有了一百多年历史的老房子,法国城的遗迹,西班牙式的房子。"这里精致的老房子所代表是精细而优雅的西方中产阶级文化,它就是中国白领阶层所效仿,可以被复制的摹本。陈丹燕在《慢船去中国》中描绘了在消费主义影响下中产阶级优雅、奢华的生活:"全世界最奢侈、最时髦、最新式、牌子最好的商品,都云集在那些一尘不染的橱窗里,都在追光灯下闪耀着不可一世的光芒。意大利的珠宝,捷克的玻璃,西班牙的钻石,意大利的皮

---

① 王安忆:《寻找上海》,上海:学林出版社,2001年,第48—61页。

包,德国的皮鞋,法国的香水,法国的晚礼服,西班牙的酒,即使是一件百分之一百棉布的蓝色短裙,也散发着那种骄傲的光芒,即使,他们并不傲慢,他们在炫耀中默默释放吸铁石般的吸引力。"①

事实上,90年代中正在成长的中国白领缺乏归属感,对社会身份的认同充满了焦虑。现实生活中,他们无法做到像西方成熟的中产阶级那样"优雅"。追求"优雅"的中产阶级生活只不过是白领阶层确认自我身份的一种理想的诉求,这种"优雅"被消费主义罩上美丽的外衣,并不是90年代白领真实生活镜像。其原因可以概括为两点:其一,从宏观上看,中国90年代白领社会地位很不稳定。90年代末,美国的中产阶级高达80%,而中国中产阶级正在形成的初始阶段,很不成熟。据调查资料表明,当时中国中产阶级所占人口比例只有7%左右。② 当时国美中产阶级呈现"橄榄型"社会结构,而我国的中产阶级人数很少,中国社会结构仍然是"金字塔型"。在"橄榄型"社会结构中产阶级起到了社会的稳定器的作用,这时中产阶级的社会心态相对平和而保守,追求合理的秩序和相对稳定的生活,故而有"优雅"的生活方式。但是在转型期的社会中,中产阶级在国家制度变迁的过程中,其内部某些群落的经济收益会出现下滑倾向,特别是当初因制度性漏洞和缺失而暴富的人群,会因为法制的逐步完善而失去敛财的机会,如果这种下滑倾向不易得到改善,这些中产阶级人群,就会滋生对现存社会的敌意,进而发展为"对社会稳定的最大威胁。"③ 而中国白领是中产阶级的一部分,自然也存在社会地位的不稳定性。其二,白领对权力和资本存在依附性以及随之而来的趋利性。当下的中国与西方社会不同,白领阶层

---

① 陈丹燕:《慢船去中国》,昆明:云南出版社,2003年,第231页。
② 参见李春玲:《中产阶层:中国社会值得关注的人群》,汝信等编:《2004年:中国社会形势分析与预测》,北京:中国社科文献出版社,2005年,第29页。
③ 张翼:《中国城市社会阶层冲突意识研究》,《中国社会科学》,2005年第4期。

第六章 都市小说白领的"西方中产阶级"想象

的产生与成长是国家权力与跨国资本共谋的历史结果。政治权力与跨国资本是白领群体成长的主导力量，市场只是一个伴生的温床。从生存方式上讲，白领必须依附于资本和权力，才有进一步成长和发展的空间。这个阶层的独立性就会因其骨子里的依附性而被搁浅，不仅如此，这种依附性还会本能的生长出一种趋利性。这种趋利性就是说白领阶层基本上是以自我利益作为处理公众事务和社会问题的出发点和参照系，自我利益高于一切。正如向荣学者所说："这个阶级缺少对自我利益的超越性和更加广大的现实关怀，对社会公平和正义问题也缺少道德理想和人文情怀。"[①] 这种缺乏人文情怀的阶层很难在面对社会问题做出"优雅"的举动。

白领如何获得自身的社会稳定地位，从而摆脱社会地位的不稳定的焦虑感呢？学者张翼曾经对此做了深入的类似研究，中国中产阶级（白领是新中产阶级）要想成为社会的稳定器必须具备几个必要的前提："（1）中产阶级的利益诉求与国家的发展方向一致；（2）中产阶级是一个比较成熟的阶级，其不盲动并远离暴力；（3）国家或政府的社会政策要能够充分吸收中产阶级的参与，给其以发展空间；（4）中产阶级的自我发育与国外文化的输入之间，要有一个基本的和谐关系；（5）工作在国外的华人中产阶级，与国内中产阶级在对待时局的看法上，应该达到基本的一致。"[②]

[①] 向荣：《想象的中产阶级与文学的中产化写作》，《天涯》，2007年第1期。
[②] 张翼：《中产阶级是社会稳定器吗？》，李春玲主编：《比较视野下的中产阶级形成》，北京：社会科学文献出版社，2009年，第249页。

第七章 白领的文化精神与都市文化的建构

中国目前正在步入一个消费越来越在生活中占主要地位的社会,消费越来越多地参与、影响并形塑我们的生活。人们正在不断感受着物质富裕带来的好处,体验着由消费所带来的丰富多彩、自由快乐的世界。但同时,我们也不得不面临着伴随这一转变而带来消费主义的另一面:消极与不快。对消费更为敏感的白领群体来说更为如此。事实上,都市小说白领的文化精神对都市文化的建构既有积极的一面,也有消极的一面。

第一节 白领寻求身份认同的品位文化

中国现在处于转型期,作为中国的白领处于社会结构的中间位置。在经济方面,他们与工人没有本质的差别,作为工薪人员,他们的生产关系相同;而就社会地位而言,他们形成了一个独立的群体,无法与大官僚们和大商人们相比。白领这种地位总是尴尬的、暧昧的,让人不置可否的。在社会变迁中,他们往往是最为脆弱的群体,这一切都成为白领阶层的不安全、不确定性和对社会地位的焦虑之源。白领阶层对地位的敏感以及由此带来的焦虑在都市消费中得到淋漓尽致的展现。那么基于地位诉求之上的符号消费给中间阶层的白领的未来带来什么样的影响呢?我们不妨将中国的白领和美国和的白领作比较,考察中国白领的处境有何独特之处。

在谈及美国的中产阶级——白领时,米尔斯曾形象地描述了那些白领雇员们的"地位恐慌",地位对他们的十分重要,他认为:"只根据一个方面的情况虽然不足以划定一个阶层,白领雇员成功地赢得的社会尊敬却是他们重要的阶层特征之一"。① 伦斯基认为,"在中间阶层的成员为了控制权力、特权以及传统上属于精英阶层的其他资源而进行的努力中,可明显看出对权力和特权之类的反作用",中产阶级"有着一种自然的愿望,要获得对一些资源的控制,以使他们摆脱这一依赖。这不仅有希望为将来获得更大的保障,同时也保证了在当前具有更大的权力和特权。"② 因此,可以认为对地位、权力的追求是白领中间阶级区别于其他阶层的主要特征之一。这种对地位的热衷与他们的社会处境有关。在他们上面,是养尊处优的社会上层——经济政治精英,对于他们是一种无休止的诱惑与吸引,常常会激起他们的雄心与抱负;而在他们下面,是他们刚刚脱离、再也不想回归的为生计所迫的社会底层,这对于他们可能还是尚未远去的记忆或者不堪回首的伤痛。正如齐美尔所言,"相对于最低阶层麻木不仁地生活在惯例里,相比与最高阶层有意识地维护惯例,中产阶级就特别显得与生俱来的易变、不安分,对于某种因素一占上风就要衰败的生活形式来说,它总体上处于合适的位置。要求不断变化的阶级与个人——因为他们的迅速发展使他们比别人更进步——在时尚中发现了可能使他们跟随自己内在冲动的东西。"③ 中产

---

① [美]C. 赖特·米尔斯:《白领——美国的中产阶级》,杨小东等译,杭州:浙江人民出版社,1988年,第270页。

② [美]格尔哈斯·伦斯基著:《权力与特权:社会分层的理论》,郑信平、陈宗显、谢晋宇译,杭州:浙江人民出版社,1988年,第3页。

③ [德]齐奥尔格·齐美尔:《时尚的哲学》,黄勇译,北京:文化艺术出版社,2011年,第88页。

阶级的消费人情、对社会时尚的热衷固然有更为复杂的因素和背景，但对地位的敏感却是中产阶级的"天性"——这是由其社会结构中所处的位置决定的。正是这种"天性"导引他们积极同时又无奈地投身于阶级区隔的竞争中。

对于中国目前正在兴起与发展的中间阶层白领而言，面临的处境与美国中产阶级有点相似，尽管中国的中产阶级尚未形成，中国白领与美国中产阶级有许多不一样的地方。但从中国白领自身的职业、身份、教育等为标志因素的重视以及在消费中的重点投入来看，中国白领阶层未来的发展不会不受这种"地位驱动"式消费的影响。不管这一消费诉求的内在逻辑如何，无疑这不是完全主动与自由的。这里需要说明的是，中国白领中间阶层的出现基本上与中国（当然也是一种全球化的表现）的"消费社会"、"媒介时代"同步的。这一点与西方国家的中产阶级是不同。如此一来，中国白领不得不面对这个本身充满矛盾与悖论的时代。他们可能不会被上层文化所引导，但却不能避免被消费社会无孔不入的广告、媒介的渗透与控制。也就是说，从消费处境来看，影响白领中间阶层未来发展的绝不仅仅是他们自身，还有我们这个时代的消费文化导向。一方面，中间阶层白领在消费中，积极表达与展现自我，但同时他们可能也会被消费文化所引导或设计。而正是这一点决定了中国白领阶层在未来仍将会面临中产阶层曾经和正在经历的两难处境。

在90年代都市小说，从消费的角度来展示白领阶层两难处境的作品很多。90年代是中国社会经济体制转型时期，经济体制的变革给世人带来了欲望和诱惑。张欣的笔下的一群内心高贵的白领（多位知识女性），生活在靠竞争才能生存的社会环境中，所以必须直面生存问题和发展问题，在生存的过程中也注定面临着两难的困境。如《首席》中的飘雪，大学毕业后凭着自己精明能干和独特的魅力，很快地成为玩具市场的重要推销员，独领风骚。但是在现实残酷的竞争中，她面临地位卑微的局面，经常受到同事的排挤，受消费文化的影响，她渴望有较高的社会地位，于是拼命地想登上首席。在工作表现非常优秀，大力扶持乡镇企业时，却被公司的同事投机取巧断送了她原有的市场，眼看着他人捷足登上首席。飘雪内心产生深深的焦虑感和失落感。飘雪说："女人真麻烦，做花瓶让人看不起，做女强人又没有人爱，两者兼顾吧，就说你是依靠背景、牺牲色相，总之不是因为你的努力和本事。"① 这里反映出飘雪内心的痛苦的矛盾，羡慕有身份的社会地位，但现实很残酷，不愿做地位低下的"花瓶"，反映出当代女性知识白领的困惑。

《岁月无敌》中歌手乔晓菲，她拥有真正的实力，更渴望拥有地位和财富。但是随着歌坛的日渐商业化，歌手成名凭借的不能仅仅是自己的实力，还需要大把大把的钱去包装自己、宣传自己。在消费欲望的驱使下，于是她选择嫁给一个与自己的父亲年龄相仿的从事殡葬业并有残疾的老板，最终依靠这个男人花重金包装自己、捧红自己，实现了自己的明星梦。无独有偶，在《亲情六处》中简俐清深受消费主义文化的影响，不甘与地位低下的下层人为伍，追求地位和利益，割舍了与同为话剧演员焦跃平的爱情，因为焦跃平既没有钱又没有社会地位，根本无法满足俐清对物质和利益的追求，于是她以自己的年轻美貌为资本，主动出击打入上流有产阶级，做了有钱人的"包妹"。签署了包养合同。

《仅有爱情是不能结婚的》中商晓燕是个时髦性感的白领，为了取得金钱和地位，一方面扎扎实实地投入现实的工作，另一方面又以自己的青春美貌作为资本，去迎合上司和客户。尽管她与智雄之间有感情，但是她是一个现实功利的女人，这从她对遵义的话语中就可以了解到："我们是自私的一代，你们和你们的上一辈牺牲了很多很多，最终并没有得到更精彩的东西，包括所谓的幸福。我是很看重自己的利益的，智

---

① 张欣：《商战请战——张欣文集》，北京：群众出版社，1996年，第145页。

雄和一个房地产公司的老板,无疑我会选择后者。"① 最终当老板回头来找她时,她爽快地投入了公司老板的怀抱,"我没什么精神更别谈什么爱情,我不贪财,但需要他的财力和社会关系。"这里的商晓燕为了拥有较好的社会地位和金钱,赤裸裸的用身体去还取。

《沉星档案》中的陶然是电视台著名的制片人兼主持人,她以活泼、清新的主持风格和靓丽、端庄的荧屏形象得到了广大电视观众的认可和喜爱。陶然刚到电视台的时候很不起眼,地位很低下,仅仅是个饮食栏目的主持人,陶然并不甘心一直做收视率极低的饮食栏目的主持人。为了获得较高的社会地位,她逐渐地学会了察言观色、八面玲珑。她先成为了一个退出江湖的黑老大贺少武的情妇、体会到金钱与物质的好处,学会精明的生存技巧。她甩掉自己的无赖丈夫,与自己的好姐妹的男朋友方子敬坠入情网,自私贪婪地享受着爱情的甜蜜;在工作上她深得顶头上司常征的赏识,陶然深谙权力带来的巨大的好处,在她看来"爱情是最靠不住的东西,钱比爱情重要,权力比钱更有魅力。"② 利用自己的资本和聪明的技巧将常征一点点的征服,进而稳住了自己的电视台的根基,为此甘心情愿成为"二奶"。此时的陶然不再是纯真的女性,她被消费异化而失去本来的面目,她不再是耿直正派,而是八面玲珑;不再是忠贞不渝,而是水性杨花;不再是忠于职守,而是捞取地位。但是陶然最终并没有得到她所想得到的一切,贺少武离她而去,本以为可以收获到的爱情也成为泡沫幻影。最后惨死于一场简单的抢劫案,社区保安老早就盯上了他,不知她的名气,只知道他是个有钱的单身女人。所以将罪恶的双手伸向了人前风光背后孤单无助的陶然,陶然在遗憾和悲哀中成了孤独的冤魂。这是一个白领在追求较高社会地位上

---

① 张欣:《中国当代名家作品精选》,北京:经济日报出版社,1997年,第56页。

② 张欣:《沉星档案》,北京:作家出版社,2000年,第153页。

出现的悲剧,并且为此还献出自己的生命。

但是白领追求身份认同的品位文化的具有积极意义。品位文化体现出白领的生活方式,总体上说,这种文化是大众文化的表征,其对都市市民文化的建构具有积极意义。姚建平在《消费认同》中指出:"消费是进行身份维持和身份建构的重要手段。"① 白领消费所建构的认同便是"消费者认同,"也可以称为"品位文化"。消费认同(品位文化)是指个体通过消费来表达自己与他人或社会群体之间的同一性或差异性,从而对自己进行社会定位与分类。消费过程中的身份认同的品位文化意识首先表现群体归属感,即通过消费将自己归属某个群体。中国当代白领的消费中存在着强烈的群体归属意识。一方面是为了排解陌生社会带来的孤独感,他们会通过消费将互不相识的人连接成一个消费者共同体,找到情感的寄托,形成心理的安全感。消费过程中的身份认同的品位文化意识还表现为个体自我识别,即通过消费强调自己不属于任何群体或阶层,是一种个体的自我识别。它所强调的不是群体内部的一致性和群体间的差异,而是自己与他人的差异。伴随着大众消费社会的到来,这种身份认同方式越来越占主导地位。波德里亚曾提到,消费社会中新的主题是通过消费达到个体的实现。戴维·刘易斯在《新消费者理念》中也指出,大众消费社会以来,人们在消费中不再过多地追求社会地位,而是注重购物体验、个性的张扬和自我实现。在这种意识主导下的消费就是个性化消费,个性化的消费行为中蕴含了这样的含义:消费者本身有一种称为自我主体的内在要求,所以他就会把这种需求外化到消费对象上。白领这种追求身份认同的品位文化有利于都市白领阶层最终形成,也有利于都市市民文化的建构。

---

① 姚建平:《消费认同》,北京:社会科学文献出版社,2000年,第245页。

第二节　白领享乐主义消费的误区：坠进欲望的陷阱

中国的白领中间阶层本身是伴随现代化而出现、发展和演变的，同时也是作为一个群体最为敏感地接受现代化挑战的。白领阶层面临的一个最大的挑战可能就是在消费社会中的问题。一方面，如同齐美尔所讲的，白领阶层在时尚与消费之中发现了自己，但同时他们在消费中的一个最大悲剧是：在消费之中白领中间阶层也面临着坠落与下降的可能。齐美尔所言："在面对压倒性的社会力量时，仍想保有一种自主性和个体性。"因此要避免被"社会科技的机制（大都会）"无情的"消磨殆尽。"① 齐美尔描绘了白领阶层在当代消费社会面临的困境。当今消费主义生活是一个看似轻松但多少有些无奈的存在方式，在物质享受与符号表现的背后，是永远难以真正满足的——现代社会纷至沓来欲望的诱惑。身处无休止的马拉松式消费竞赛中，除了力不从心的焦虑与疲惫，还有被物质和消费"异化"而迷失自我的可能。事实上，如同整个社会一样，白领中间阶层也在摸索中前进，认为未来一帆风顺固然过于浪漫，但看不到未来也过于消极悲观。就欧美发达国家中产阶级的当代际遇来看，那种理想式的"中产阶级社会"的呼声可能多少有些简单，因为它忽视了变数出现的可能性。因为"消费的人具有两面性，一面是正常的，一面是病态的。随着技术的发展，消费也得到发展，这是正常的。但如果人慢慢地只成了一个消费者，那就是病态的。"

在90年代都市小说中描写了处于消费误区的白领，有些人是在对"物"和"性的"依赖中，坠入了欲望的陷阱。许多都市小说展演的不

---

① ［英］罗伯特·搏科克:《消费》，张君致、黄鹏仁译，台湾：巨流图书公司，1995年，第45页。

是对物就是对性的追逐，或是两者兼而有之，像《我爱美元》、《东扑西扒》、《生活无罪》、《驶出欲望街》、《障碍》等等皆是如此。

对于物的渲染直接诉诸人的感官，并达到了空前的程度。歌舞厅、豪华轿车、高级别墅、高级写字楼、大饭店、大酒店等等使人炫目的一切频频出现在都市小说中，而且极尽渲染只能事。一些所谓的"成功人士"的男白领们衣着光鲜，休闲时光经常去高尔夫球场或者驾着宝车潇洒驰骋。如康伟业（池莉《来来往往》）曲刚（何顿《生活无罪》）艾强和伊修星（张欣《婚姻相对论》）。绵绵的小说充斥着酒吧的室内环境与氛围的颠来倒去的描摹；周洁茹的《告别辛庄》、《我们干些什么吧》则被飘忽的物欲撕扯得七零八落；卫慧的《爱人的房间》，沉迷于对房间的布置，装饰和外景的不厌其烦的刻画，白领主人公的主体之光隐没在隐晦不明的物体表面之下。以《上海宝贝》为例，这部作品中对商品品牌的彰显和强调远远超乎与任何一本小说，让人感到一种超级市场式的琳琅满目和精品屋式的华丽夸张，在《上海宝贝》中提到的各类商品品牌共 27 种，也许对于一部 10 万字的小说而言，这不是一个庞大的数字，但作者对品牌种种夸耀式的描写却让人不得不注意白领主人公奢侈生活。比如："天天在屋里轻声走动着，给我倒'三得利'牌汽水，用'妈妈之选'牌色拉乳给我做水谷色拉……"；"一条 Tedlapidus 牌香烟（似乎只有上海某此专柜才能买到），吉列剃须刀"这两段的描写之中，"三得利"和"妈妈之选"都是奢侈品。我们可以把这段文字分成几个层面，在表面叙事上，陈述的是白领天天的行为，表达男主人公对女主人公的关爱；在潜在叙事中，陈述的是对物质生活的过度痴迷。如果天天使用的不是"三得利"和"妈妈之选"，他就不是那个"我"所肯定、欣赏、钟爱的那个天天，而隶属于另外一个层面、是另外一个个体。物质符码化之后成了人的身份证，同时，人也进入了物质编码的序列，人只有通过物质才能证明和说明自己,如鲍德里亚在《消费社会》所言:"今天,在我们的周围,存在着一种由不断增长的物、服务和物质财富所构成的惊人的消费和丰富的现象,她构成了人类自然环境中的一种根本变化。恰当地说,富裕的人们不再像过去那样受到人的包围,而是受到物的包围……我们生活在物的时代:我是说,我们根据他们的节奏和不断替代的现实而生活着,在以往所有文明中,能够一代一代人之后存在下来的是物,是经久不衰的工具或建筑物,而今天,看到物的产生、完善和消亡的却是我们自己。"① 在《上海宝贝》之中,不存在任何一个可以自证其身的人,标识不同个体的是穿衣的品牌、喝酒的癖好(必须是洋酒)、家居的品位、乘车的牌子。《上海宝贝》塑造了一个庞大的商品拜物教,人们在商品的规约下纵情歌舞。

再看网络红人安妮宝贝《素年锦时》给我"提供"白领的生活方式:"桑蚕丝裙子。国外牌子的昂贵羊毛衫。抑郁。百龄坛威士忌。红绣鞋。白色刺绣上衣。Kenzo 的曲子。帕尔玛火腿和山羊奶酪头盘。加上了宗教和哲学。还有一些冷门的书籍。"在她的笔下,女人不但有好质料的衣服,两三样高贵的珠宝,还可以牵着大金毛犬在田野里散步休闲。这些泛化的形式背后涌动着永恒的欲望。正如邱华栋在其小说中所表达的:"整座城市只有一个祭坛,在这个祭坛上,物是唯一崇拜的宗教。人们为了物而将自己全无保留地献给了这个祭坛。"② "城市中,好像有一把伸入天空的梯子,在这梯子的上端有着上好的风景,那些来这里的人则从下往上爬,……他们一边丧失一边得到,但他们乐此不疲,

---

① [法]让·鲍德里亚:《消费社会》,刘成富,全志钢译,南京:南京大学出版社,2001年,第1页。
② 邱华栋:《摇滚北京:小说家感觉的都市新人类》,《闯入者》,北京:中国文联出版社,1998年,第243页。

就那样靠着欲望的火箭推力器在向上运动,向那美丽的上空爬去。"①
"物"既包含所谓金钱,和一切与金钱相关的物质利益和享受,也包括所谓新式或贵族化的生活方式,如各式革命派服装、车、房屋以及沉醉的午夜生活。

面对包围的"白领"的物欲消费社会,波德里亚曾有所批判:"而丰裕社会中我们自己的消费是白色的,不可能有异端邪说。这是一个充斥着预防性白色的饱和了的社会、一个没有眩晕没有历史的社会、一个除了自身以外没有其他深化的社会。"② 事实上,当消费如果真是如他所言,那么消费带来的就不是幸福生活而是灾难了。因为"在这里,我们重新进入了那种贪恋不舍的语言性话语之中、陷入了物品及其表面富裕的陷阱之中。不过,我们知道物品什么也不是,在其背后滋长着人际关系的空虚、滋长着物化社会生产力的巨大流通的空洞轮廓。"③ 一些都市小说中的白领不仅痴迷物欲,而且对性欲有疯狂地依赖,坠入无尽的欲望的海洋。波德里亚在《消费世界》中指出:"性欲是消费社会的'头等大事',她从多个方面不可思议地决定着大众传媒的整个意义领域。一切给人看和给人听的东西,都公然地被谱上性的颤音。一切给人消费的东西都染上了性的暴露癖。"④ 在都市小说所描写的世界里,充斥着华丽而可以消费的身体,肉身以压倒性的优势挤压着精神。在林白的小说中的白领们自己窥视着自己的身体:"她一拉带子,睡衣立即向一摊水瘫在她的脚下,光洁的身体从朦胧的光线中浮现出来,颀长的颈

---

① 邱华栋:《摇滚北京:小说家感觉的都市新人类》,《哭泣游戏》,北京:中国文联出版社,1998年,第172页。
② [法]让·鲍德里亚:《消费社会》,刘成富,全志钢译,南京:南京大学出版社,2001年,第231页。
③ 同上,第231页。
④ 同上,第159页。

项、光洁的肩膀、挺起的乳房、凹陷得腰、饱满沉实的臀部以及双腿,意义在晕蒙的光中散发出各自的美感。凸起的地方扶着一层淡而薄的黄光,如同某种年代久远的珍贵的瓷器,凹陷的地方则陷藏在浓重的阴影中。……她的下体浓密的毛丛异常茂盛,光滑皎洁的皮肤上黑亮卷曲的毛触目惊心,给人视觉以强烈的刺激,这与柔软的身体极不协调的凶猛的体毛遮盖着一个本质的器官,那是这个身体的开口,粉红、柔软、光滑,常年湿润。那是一种花朵,与所有的花朵毫无二致,在盛开的花期渴望着种子、风、鸟类、昆虫以及蝶类。"① 在陈染的《私人的生活》也有类似的情形:"这躯体的胸部鼓鼓的,肉肉的,像两只桃子被缝在上衣兜里;腹胯部忽然变成了一块宽阔而平滑的田地,仿佛插上麦苗,她就可以长出绿油油香喷喷的麦子;土木堡圆润而沉着,极为自信地翘起,使得腰处有一个弧度,无法平贴到床上;两条大腿简直就是两只富于弹性的惊叹号,颀长而流畅。"②

还有部分女白领对性爱大胆的追求,直接高悬性爱的旗帜,放纵感官享受,耽于性爱的世界里。我们可以试看以下几段性爱的描写:陈染的《私人的生活》:"我肌肤在他的抚摸里发烫发红,所有的欲望从皮肤最深处的血液里被呼唤出来。我朱唇半启回应他的邀请,他吻遍我的每一个部分……我们两个人快乐地战栗着分享残酷的快感。我在他给我的快乐里向下飞翔,黑夜的世界突然变得明亮,这就是欲望啊!我的快乐而残酷的欲望实现了我的飞翔梦。"③ 周瑄璞的《夏日残梦》:"在漆黑的世界里,那双手点燃她欲望的火苗,她被渐渐燃烧起来,黑暗的世界中,只有那束火苗越来越大,越来越亮,将她的欲望照耀得脉络明晰,蓬勃运动起来,……她毫不迟疑并且急不可待地迎接着明亮而耀眼

---

① 林白:《守望空心岁月》,广州:花城出版社,1996年,第214页。
② 陈染:《私人的生活》,北京:中国作家出版社,1996年,第97页。
③ 玫瑰灰:《极乐人生》,武汉:长江文艺出版社,2002年,第227页。

的燃烧。四周一片漆黑,她沉醉在丰满的漆黑。有了这耀眼的漆黑,她觉得今生再无能让她痴狂的东西。"① 吴小曼的《重庆的森林》:"我痴迷地看着他,我能听到我们之间的呼吸和近乎要爆裂的血液,他身体在发生某种变化,两嘴不由自主地吻合在一起。他的舌头完全填满了我的思想,我的头脑里一片空茫。我只能感觉到明媚的阳光和海一样蓝的天空。"② 张抗抗的《情爱画廊》:"水虹眼里满含火一样的情欲,倒在他怀里。双颊绯红,浑身绵软,她伸手勾住了他的脖子,又从颈部慢慢往下,轻轻抚摸着他的全身……然后像一条光滑柔软的白蟒,紧紧地缠住了周由的全身。……水虹快乐地呻吟着,修长而秀美的胴体在他身下扭曲旋转、尽情地舞蹈。后来他听见水虹在他耳边发出一声痛快淋漓的叫喊,尖脆而锐利,像来自遥远天堂的回声。"③ 杉娃的《爱是生命的舞蹈》:"她的舌头温热而滑润,在阿维的身体上没有方向性地滑行,像一道带火的绳索,所到之处撩拨起火辣辣的痕迹。她的呻吟声在空气里飞扬,要把他拉进欲望的漩涡。欲望啊,她将他拉到欲望的顶端。"④ 万芳的《我是谁的谁是谁》:"她充满了渴望,她贪婪地抚摸着那令她无比快乐的年轻的纯洁的身体,她陶醉与痴迷的疯狂中,不能自己……他像献祭一般,把自己的身体,交到了苏晴的手里。握着他那茁壮的、坚挺的、炽热的生命之根,苏晴从心底发出一声长长的叹息。苏晴不说话,她不想说,她只想要,要他想要的一切。她牵引着夏河,把它引向自己的身体。"⑤ 张抗抗的《作女》:"她吻他。她看不清他的脸,直觉的他嘴里有一种草叶的倾向,从舌尖传过来,微微有点苦涩却又渐渐变

---

① 周瑄璞:《夏日残梦》,西安:太白文艺出版社,2005年,第184页。
② 吴小曼:《重庆的森林》,北京:中国工人出版社,2002年,第184页。
③ 张抗抗:《情爱画廊》,长春:时代文艺出版社,2006年,第91页。
④ 杉娃:《爱是生命的舞蹈》,北京:知识出版社,2002年,第196页。
⑤ 万芳:《我是谁的谁是谁》,西安:中国文联出版社,2000年,第149页。

甜了……她在梦里抚摸他,近于疯狂地回应着他的邀约。她仍是觉得渴,她还想要。他给她,不再是狂风暴雨,而是江南的那种和风细雨,绵绵不断的。那一夜她的身体始终沉湎在滑润的汁液里,像一片被春天的淫雨浸透的土壤,每一寸皮肤里都能拧出水来。……她的身体被渐渐抽空,像一片轻灵的羽毛,从湖面上悠悠飘起来……"。①

而一些外企的女白领们,集美貌和智慧于一身,时时流露出商业社会独立女性的知性气质。但是也正是这些商业社会的精英分子在生活中遵循商业交换的逻辑,坠入消费的泥潭:《生活之恶》中的眉宁,为了结婚必须的栖身之所一筹莫展,偶遇富豪,以初夜贞操为代价换得一套可观的住房,将身体交易体验视为必要的手段和牺牲。《走出欲望街》中的志菲凭借青春美貌傍上了多金的大款,成功赚得人生的第一桶金。邱华栋《手上的星光》中,流浪女画家为了实现自己的人生理想,心甘情愿地将自己的婚姻抵押给巨商大腕。当性爱的基础爱情被消解之后,在现实上已经变成一种娱乐、一种消费。"性不是坏东西,也不是好东西,我们需要它,这是事实。如果我们的生活中没有,正好商场里有卖,我们就去买,为什么不呢!……就像吃肉那样,你张开嘴把性吃下去吧,只要别噎着。"(朱文《我爱美元》)这是对于没有丝毫爱情可言的性欲的赤裸裸地张扬。文学从来没有这样肆无忌惮对于人的本能的性欲如此宣扬过。它为对于性的普遍的享受寻找着合理的理论依据,使其合法化。《我爱美元》中,儿子带着父亲去消费性时,没有任何精神上的焦灼与不安,没有任何心灵上的痛苦与挣扎,将灵与肉的交融完全变成了一种纯粹的物质性的消费。在这种消费中,精神需求已不复存在,生理需求成为第一要义,性的深刻内涵已荡然无存。这些欲望故事显示出人物行为与目的之间的分裂。

---

① 张抗抗:《作女》,武汉:长江文艺出版社,2004年,第249页。

第七章 白领的文化精神与都市文化的建构

丹尼尔·贝尔对消费文化的负面因素提出两个重要的观点。第一，消费主义是跨国资本在市场中生产出来的一种社会文化关系，它展示为享乐型的生活方式。第二，消费主义的发生的逻辑起点和最终诉求一致性。这样一来，那种与维系生存无关的消费，纯粹为了某种心理满足与享受的"赤裸裸的欲望。"这种消费主义的文化带给都市的正是日渐深化的"异化"现象。人在追逐欲望的同时，也在被各种各样的欲望所驱使，并成为欲望的奴隶或工具。人的个性在其中逐渐被粉碎，消失或隐藏在都市人生的各色欲望之中。尤其是当商品化生产方式进一步向私人领域渗透时，"异化"就成为生存的客观现实。都市小说家们充当了城市生活物化现实的激情表现者，对都市白领的异化现象作了深刻的揭示。邱华栋笔下的《公关人》、《时装人》、《持证人》、《化学人》和《环境戏剧人》无意例外都表现了这种价值的分裂和对峙状况。面对消费文化可能给白领中间阶层带来的风险，艾德加·莫兰曾这样警示我们："消费的神经官能症有可能像催化剂一样，是导致人的毁灭，人的净化，还是人的拯救？但无论如何，我们认为广告正如消费社会一样，会动员起整合的力量，也会具有破坏的力量。"① 弗兰克面对越来越多的奢侈品打着美好的招牌堂而皇之地拥进人们的生活，也进行了深刻的反思："在我们中间，不管是富人还是穷人，特别是富人，都将更多的时间用来工作而缩短了独自的时间，人们用于睡眠、身体锻炼、旅游、阅读和其他有助于调节身心活动的时间在减少……"②。也就是说人们正在将更多的时间用于更多更重的工作与消费上，可能会忽视了他们真正需要生活，而过的是一种别人羡慕的而自己却身不由己的无奈生活，

---

① [法]艾德加·莫兰：《社会学思考》，闫素伟译，上海：上海人民出版社，2001年，第431页。

② [美]罗伯特·弗莱克：《奢侈病》，蔡曙光等译，北京：中国友谊出版公司，2002年，第11页。

这是一种"幸福"的,但不一定是人本化的生活。这种物质主义的生活方式已经在很多方面损害了人们对于新鲜的感受,而过多的欲望可能常常使人们处于一种非新鲜的生活状态之中,也常常使我们把新鲜的机会转让出去,为了换取更多的金钱、消费、享受而牺牲生活的自由和平静。

现在社会正在享受现代消费带来的益处,但同时潜藏在消费中的悖论也在不断表现出来。如果说消费生存是现代社会中的又一变化,那么这个变化对于当代中国城市中白领阶层来说,是一个很大的挑战。这一点目前缓步明显,但可能会随着其发展不断明晰。在人类所要共同面对的风险社会中,"不管是把人看得高于一切,还是把人看成商品,都是不完全的。我们要说,以为现代社会已经远离魔法时代的思想是不对的;但我们也要说,认为现代社会堕入了魔法时代的思想也是不对的。我们要说,认为人终于掌握了自己命运的思想也都是不对的。老实说,我们进入了一个新的时代,人,这个半想象的动物,在这个新的时代一半像夜游者一样跟跄摸索着前进。"① 这是消费社会中现代人的写照,同时也是白领阶层未来生存的写照。正是在这样的意义上,中国白领阶层的未来就更加充满变数。

第三节　都市小说白领形象塑造与消费张力场

中产阶级是现代化背景下的社会转型与社会结构变迁过程中的产物。由于不同国家的现代化程度不同,其中产阶级的产生、发展及其特征也就有所不同。随着东亚国家经济的迅速发展与社会转型的加剧,东

---

① [法]艾德加·莫兰:《社会学思考》,闫素伟译,上海:上海人民出版社,2001年,第432页。

亚中产阶级的兴起及其表现进入了人们的视野并得到了相应的重视。东亚中产阶级无论在形成、发展过程上，还是规模、特征上都堪称典型，都提供了一种与美国米尔斯的经典论述相异的另一种中产阶级模式，这种模式的出现足以使我们在认识中国当代白领中间阶层时保持应有的谨慎。

中国白领作为中间阶层，也是中国社会现代化进程中的改革与社会转型的产物，是在消费主义文化影响下慢慢地成长的。在谈及现代化背景中的社会转型时，现代化理论一般将其分为两种类型。一类是内源的现代化，这是有社会自身产生的内部创新，经历漫长的社会变革的道路，是一个自发的、自上而下的、渐进的变革过程，又称内源性变迁。另一类是外源或外诱的现代化，这是社会因外部冲击而引起内部的思想和政治变革并进而推动经济改革的道路，又称外诱变迁。在自身内部因素软弱或不足的条件下，外源现代化的主要推动力是外部因素的冲击和压力。[1] 以美国为代表的西方发达国家的现代化大多属于前者，而后发展国家特别是欠发达国家的现代化基本上属于后者。中国当然也不例外。这样的现代化模式与社会转型早已为人们谙熟，但对白领中间阶层形成与发展的影响却没有被明确揭示出来。正是由于中国不同的现代化进程和社会转型孕育了与西方发达国家不同的另一种中间阶层模式。

美国的中间阶层正如米尔斯分析的那样，是沿着商业化——工业化——后工业化的道路走过来的，先后经历了老中产阶级（小企业家、农场主、小商人等）出现——老中产阶级衰落——新中产阶级（国家管理、经理层、知识分子、白领办事员等）不断发展壮大的过程。在此过程中，中产阶级的划分标准由财产转为职业，中产阶级也发生了从有

---

[1] 罗荣渠：《现代化新论》，北京：北京大学出版社，1998年，第123页。

产到无产、由雇佣到被雇佣、有独立到附庸以来等相对较为明显的变化。① 在中国特定的社会发展模式中，早期国家主导的工业化、城市化并没有催生出现代意义上的中产阶级。随着改革开放与经济发展、市场经济的引入，中国进入了持续高速的经济发展期，经济结构与社会结构在短时间内发生了巨变。30 年的改革发展，使得社会产业结构在由第一产业向第二产业转变的同时，又出现了第二产业向第三产业转变的趋势。如此一来，中国的社会发展把前工业社会——工业社会——后工业社会的变迁路线集成压缩起来，进而导致社会职业结构上的变化。其结果之一：就是新旧中间阶层职业的共生并存。也就说，中国中间阶层产生伊始走的就是另一条不同的道路。

这种经历时空压缩的社会转型骤变模式，还使得中国中间阶层具有了一定程度的突变性。这使得他们处于传统与现代、东方文化与西方文化的夹缝之中，处于一种尴尬位置和两难境地。转型前的中国社会是典型的农业社会占主要部分的城乡二元社会，虽然改革开放后中国工业化、城市化均在快速发展，但是在社会转型尚未完成之前，目前的中国社会呈现的可能是一个并不和谐的"断裂"社会。这种不和谐本身就内含张力与矛盾，这也使得新生的中国中间阶层在很多方面表现不同的两面性。随着整个社会不断步入"消费社会"、中间阶层的消费将成为社会发展的动力与关键。我们研究表明，中国白领阶层的消费目前而言具有转型社会所共有的两面性，如传统与现代、节俭与奢侈、实用与品位、雅与俗、理性与感性并存的状态。但这种两面性在未来的发展中可能成为消费导向上的主要问题，中间阶层是否面临理论家所担心的"消费社会"中的消费异化问题呢？如浪费，从理性消费走向感性消费、炫耀性消费，他们的消费理念与消费模式会朝什么方向发展，在目前仍是

---

① ［美］C. 赖特·米尔斯：《白领——美国的中产阶级》，杨小东译，杭州：浙江人民出版社，1988 年，第 84—85 页。

第七章 白领的文化精神与都市文化的建构

一个难以确定的问题，但显然是一个值得作家们关切的问题，因为可能影响到未来中间阶层社会存在与发展方向。

中国中间阶层的政治参与也可能表现出与美国不同的形式。米尔斯曾认为美国的中产阶级是所谓的"政治后卫"特征，米尔斯所担忧的是美国中产阶级在政治上会表现出消极、保守的态度。而中国的中间阶层会像韩国的中间阶层一样对参与政治表现出一种积极的态度。最近研究表明：在新近发生的一些有关公民独立参与选举活动的报道中，中间阶层表现出了积极的参与意识。① 同时，由于个人权益受损而引发的社区维权式的公共参与活动，也表现出中间阶层集体参与的另一种可能。②

就内心的压力而言，目前中国白领中间阶层的压力主要来源于经济资本与文化资本的双重诉求。过一种奢华的生活不难，过一种格调高的生活也不难，难的是二者兼具。一方面他们欣赏朴实的日常生活，但另一方面，他们同时对社会精英们的尊荣生活却有着难以割舍的羡慕与追求。就文化资本而言，中国当代白领更多地自视为社会的精英；而就经济资本而言，他们有时却很难真正理直气壮地成为精英，这种情况下只是社会普罗大众的一个缩影。这就注定在未来的发展中，他们仍然会内心在世俗的物质经济方面有较大的诉求。在大众与精英之间，在文化诉求与经济诉求之间，城市白领中间阶层注定会比别的其他阶层更焦灼不安，他们注定要承受转型时期更多的心理冲突。在此意义上，我国城市白领中间阶层已经并将还继续表征着我们这个时代与社会的诸多心理症。他们是现代化过程中的物质受益者，但同时却不得不为这种物质方面的进步与享乐付出相应的心灵上的代价。

---

① 见《深圳竞选风云》，《南方周末》2003年6月5日A3版；《北京现象的政治经济学解读》，《南方周末》，2003年12月18日A4版。
② 见《一个明星社区的利益博弈》，《南方周末》，2003年6月5日1—2版。

30多年的改革开放与经济发展后,中国白领阶层在消费主义影响下步入了我们这个仍然变动不居的时代与社会。他们在未来社会以什么的姿态出现在历史舞台上?这不仅是社会学家关注的问题,同时也是作家们关注的主要问题。米尔斯对于美国中产阶级研究后的结论多少有些不尽如人意,他认为"不管他们的历史是怎样发展过来的,这历史中总没有任何惊世骇俗的事情;不管他们的共同利益是什么,这利益总不能使他们形成团结一致的力量;不管他们有怎样的未来,这未来总不是他们自己创造。如果说,这些人归根到底渴望的只是一个中间过程,那么,在没有中间过程可言的时代里,他们渴望的就是一个假象社会中的虚幻过程……作为一个群体,他们对任何人都没有威胁;作为个体,他们的生活方式很难说有什么独立性。"① 东亚中产阶级已经为此做出了新的不同注解,我们也由有理由认为,中国白领中间阶层不会按照与美国中产阶级完全相同的轨迹前进。如同当今备受争议的时代与社会一样,在争议、不满与怀疑当中,中间阶层也将会不断地发展、壮大。但在他们面前的,不是一帆风顺的坦途,甚至还充满了风险与不安。但毋庸置疑的是,他们必然会成为未来社会不容忽视的社会力量。因为在中间阶层兴衰成败的轨道上,反映的是现代社会发展的走势与规律。

　　因此,作家在小说中塑造白领形象时,要认识到中国白领的现状,要清醒认识被消费主义赋予的"中产阶级"想象,正确处理好节俭与奢侈、激情与理性、主动与被动、雅与俗的消费张力关系,这是书写白领品位文化的重要环节。文学在承认消费观念的同时,却不能一味追随消费依附消费,必须保持和追求文学固有的审美精神、审美个性和诗性生存,树立起价值理性的大旗,对欲望化现实保持清醒的反观和批判立场,通过文学的策略,在塑造审美形象的同时张扬审美观念,潜在地对当代价值体系形成一种介入和引导。

---

① [美] C. 赖特·米尔斯:《白领——美国的中产阶级》,杨小东译,杭州:浙江人民出版社,1987年,第1页。

结　语

在中国,"白领"这一词是舶来品,纯粹西方意义上的白领在中国的起源可以追溯到20世纪初期。有资料记载,进入20世纪以来,上海白领人数逐渐达到了20—30万之中。他们主要分布在外国势力设在中国的各种机构中,从事商业贸易和金融业的人数居多,另外还有大量各种新型职业的从业者,如记者、律师等。但是那时候的白领不仅规模有限,而且命运多舛,以至于在他们还没有成为令人瞩目的社会阶层时就已成为历史的过眼云烟。1978年改革开放以后,白领又悄悄走上社会舞台。一方面,外国企业纷纷在中国设立分公司,并开始雇用中国职员,这一部分外企雇员是最早的被人看成是"白领"的群体。另一方面,20世纪80年代以后,我国调整产业发展战略,同时推动了以物流和服务业为主体的第三产业的发展。产业结构的变化的带来了职业结构的变化,一方面,劳动力开始从第一产业向第二、三产业流动;另一方面,从事非体力劳动的人员开始增加。根据近几次人口普查的结果,1987—2000年间,我国企业人员中的负责人、技术人员、办事人员的比例都有所上升,而农业人员和生产人员的比例有所下降。可以看出,西方意义上的白领已经出现在中国社会中,他们正在发展与壮大,并且有着旺盛的生命力和远大的前途,终将成为中国经济社会稳定与发展的积极因素。这一阶层的成员一般拥有脑力性劳动的职业、具有高等教育程度、工资收入在特定的社区内处于中等水平,并且他们在社会中处于中等地位，是中国中间阶层的重要组成部分。通过文学的方式研究他们的生存状态和发展趋势，在社会学、文化学和文学上都具有重要的意义。

首先，对白领的消费现状的分析能够为我国当代社会分层的研究提供有益的思路。近些年来，社会分层理论家们意识到消费越来越成为决定社会分层标准的重要因素，我国的一些学者逐渐尝试把消费特征纳入阶层研究的指标体系。这一点在白领的研究中体现尤为明显，许多学者将研究的重点转移到白领的消费方式。李强指出，新中间阶层的一个重要特征是有很强的高消费倾向。但是由于中国关于白领的研究起步于上个世纪90年代，现在的有关白领消费方式的资料并不多，而且大多数资料是在西方已稳定的中产阶级和大众传媒所宣扬的白领方式的基础上提出的。因此，在处于萌芽阶段的中国白领中存在什么样的消费方式，学术界仍然没有定论。所以本研究有助于揭示白领的形成和未来发展状态，具有一定的理论意义。

其次，在文化上，研究白领的消费有助于认识转型期中国的消费社会。改革开放以后随着人们生活水平的提高，消费方式的多样性、异质性越来越突出。这种异质性虽然丰富了人们的生活，但是新的消费方式也为社会带来了负面的影响。西方学者对新的消费方式，尤其是消费主义强调自我和欲望的满足所带来的影响的批判从未停止。马尔库塞等西方社会学家认为，消费社会给人们带来的物质满足并没有给人带来幸福。他们指出，物质生活的满足是以牺牲精神生活为代价的。而中国人才刚刚学会消费，还没有来得及反思消费。因此，在中国的社会中出现了一些畸形的消费心态者，热衷消费心态与中国的"人性消费"、"面子消费"交织在一起，使中国社会中的消费问题更加复杂。作为未来社会的主力军，白领的消费行为、消费模式、消费观念以及由此形成的消费文化将对整个社会产生影响。尤其对于许多年轻人来说，大众传媒所宣扬的消费方式成为他们盲目效仿的对象。在消费过程中，他们很少考虑对消费品是否有需要，只要是白领的消费方式，他们就全部接受。因此，揭示白领消费的真实情况对解决中国消费问题意义重大。

最后，在文学上，有助于构建新的小说研究范式。在消费社会，人们不仅消费物质消费欲望，而且消费思想，消费语言符号体系，可以说，消费构建着当下社会体系，是当代社会关于自身的一种言说，也是自我表达的一种方式。消费社会深刻地影响着文学，文学的生产和接受都卷入到这样的历史场景，都市文学成为消费文化的演练、表现场所，文学对消费文化形成了某种程度上的呼应，因此研究探讨两者的审美互动关系，是当代小说创作、研究的一个重要范式。

文学的意义来自两个方面，一是来自其自身的文学性意义即康德所谓无目的无功利的美感，这即是文艺内部的自律体系，二是消费文化的价值体系。传统作家的成功大抵在于其作品的内在品质，即作品自身的艺术性是根本。当然由于90年代以前的中国文学带有明显的政治意识形态性，所以其运作生产基本都处在一个固定的行政机制之内。但在消费社会，媒介与资本通过包装、宣传、策划等系列市场化运作增强作品的符号价值，作品的艺术性反倒可能成为次要因素，比如文学中此起彼伏的造星运动、轰动效应都有市场运作的影子。无论作家的主观愿望如何，文学作品最后都必须进入市场，接受市场的评估和价值取向，毫无疑问会渗透到当代作家的文化心理构成和艺术价值观念中，不管是主动迎合还是抗拒，两者错综复杂的关系必然会反映到小说创作之中。置身于消费文化的潮流中，文学在承认消费观念的同时，却不能一味追随消费依附消费，必须保持和追求文学固有的审美精神、审美个性和诗性生存，树立起价值理性的大旗，对欲望化的现实保持清醒反观和批判立场，通过文学的策略，在塑造审美形象的同时张扬审美观念，潜在地对当代价值体系形成一种介入和引导。

90年代有关白领的都市小说在叙事方式基本上是"两性模式",这种模式遮蔽了其本应具有的广阔的历史内容和审美形态。比如张欣的小说基本上没有脱出一个具有中上层家庭背景的人物在家庭与社会之间的周旋这一套路。邱华栋的《环境戏剧人》、《城市战车》等文章本应对人的异化和物化有更深刻的表现主题,但两性之间的几乎泛情化的感官与情绪的重复叙述削弱了作品的批判力度,也丧失了一个作品本身的审美张力。如果论文在白领人物塑造的叙事方式方面加以拓展,论文的研究还有一定的空间。

参考文献

[1] 夏建中等：《社会分层、白领群体及其生活方式的理论研究》，中国人民大学出版社，2008年。

[2]〔美〕凡勃伦著：《有闲阶级论》，蔡受百译，商务印书馆，1997年。

[3]〔法〕波德里亚著：《消费社会》，刘成富，全志钢译，南京大学出版社，2001年。

[4] Pierre Bourdieu, *Bistinction: a social critique of the judgment of taste*. Harvard University Press, Cambridge, Massachusetts, 1984。

[5] 姚建平：《消费认同》，社会科学文献出版社，2000年。

[6]〔德〕瓦尔特：《发达资本主义时代的抒情诗人》，张东旭等译，三联书店，1989年。

[7] 包亚明等：《上海酒吧——空间、消费与想象》，江苏人民出版社，2000年。

[8] 王建平：《中国城市中间阶层消费行为》，中国大百科全书出版社，2007年。

[9]〔英〕迈克·费瑟斯通：《消费文化与后现代主义》，刘精明译，译林出版社，2000年。

[10] 陈昕：《救赎与消费——当代中国日常生活中的消费主义》，江苏文艺出版社，2003年。

[11] 成伯清：《现代消费与青年文化的建构》，南京大学出版社，2000年。

[12]〔法〕福柯：《性史》，杨德译，青海人民出版社，1999年。

[13] 戴锦华：《隐形书写》，江苏人民出版社，1999 年。

[14] 陈晓明：《表意的焦虑——历史祛魅与当代文学变革》，中央编译出版社，2002 年。

[15] 〔西班牙〕曼纽·卡斯特：《网络社会的崛起》，夏铸九等译，社会科学文献出版社，2001 年。

[16] 〔法〕尚·布西亚：《物体系》，林志明译，上海人民出版社，2001 年。

[17] 王宁：《消费社会》，社会科学文献出版社，2001 年。

[18] 张志忠：《1993：世纪末的喧哗》，山东教育出版社，1998 年。

[19] 李建军编：《十博士直击中国文坛》，中国工人出版社，2004 年。

[20] 方生：《后结构主义文论》，山东教育出版社，1999 年。

[21] 张京媛：《后殖民理论与文化批评》，北京大学出版社，1999 年。

[22] 〔英〕罗伯特·搏科克著：《消费》，张君致、黄鹏仁译，巨流图书公司，1995 年。

[23] 〔美〕C. 赖特·米尔斯著：《白领——美国的中产阶级》，杨小东等译：浙江人民出版社，1988 年。

[24] 〔德〕齐奥尔格·齐美尔：《时尚的哲学》，黄勇译，文化艺术出版社，2011 年。

[25] 王晓明主编：《在新意识形态的笼罩下——90 年代的文学与文化分析》，江苏人民出版社，2000 年。

[26] 邵燕君：《倾斜的文学场——当代文学生产机制的市场化转型》，江苏人民出版社，2003 年。

[27] 焦雨虹：《消费主义与 20 世纪 90 年代以来都市小说》，华东师范大学，2004 年博士论文，见中国学术期刊网。

[28] 程菁：《20 世纪 90 年代都市小说与消费主义文化研究》，华东师范大学，2004 年博士论文，见中国学术期刊网。

[29] 谢有顺：《身体修辞》，花城出版社，2003 年。

[30] 李今：《海派小说与现代都市文化》，安徽教育出版社，2000 年。

[31] 吴福辉：《都市漩涡中的海派小说》，湖南教育出版社，1995年。

[32] 秦言：《中国中产阶级——未来社会结构的主流》，中国计划出版社，1999年。

[33] 林建法编：《中国当代作家面面观》，华东师范大学出版社，2002年。

[34] 张志忠：《90年代的文学地图》，山西教育出版社，1998年。

[35] 孟繁华：《众神狂欢——当代中国的文化冲突问题》，今日出版社，1995年。

[36] 陈晓明主编：《现代性与中国文学转型》，云南出版社，2003年。

[37] 包亚明主编：《后大都市与文化研究》，上海教育出版社，2005年。

[38] 孙逊主编：《都市文化研究》，上海三联出版社，2005年。

[39] 罗钢、王中忱主编：《消费文化读本》，中国社会科学出版社，2003年。

[40] 赵园：《北京：城与人》，上海人民出版社，1991年。

[41] 汪安民主编：《身体的文化政治学》，河南大学出版社，2004年。

[42] 王岳川：《中国镜像：90年代文化研究》，中央编译出版社，2001年。

[43] 王阳：《小说艺术形式分析：叙事学研究》，华夏出版社，2002年。

[44] 罗书华：《中国叙事之学：结构、历史与比较的维度》，中国社会科学出版社，2008年。

[45] 南志刚：《叙述的狂化和审美的变异——叙事学与中国当代先锋小说》，华夏出版社，2006年。

[46] 谭君强：《叙事学导论——从经典叙事到后经典叙事学》，高等教育出版社，2008年。

[47] 〔法〕艾德加·莫兰著：《社会学思考》，闫素伟译，上海人民出版社，2001年。

[48] 〔美〕罗伯特·弗莱克著：《奢侈病》，蔡曙光等译，中国友谊出版公司，2002年。

[49] 罗荣渠：《现代化新论》，北京大学出版社，1998年。

[50]《中国统计摘要，1993年》，中国统计出版社，1993年。

[51]《中国统计摘要，1994年》，中国统计出版社，1994年。

[52] 张欣：《岁月无敌》，长江文艺出版社，1996年。

[53] 张欣：《沉星档案》，作家出版社，2000年。

[54] 邱华栋：《摇滚北京：小说家感觉的都市新人类》，中国文联出版社，1998年。

[55] 林白：《林白文集》，江苏文艺出版社，1994年。

[56] 玫瑰灰：《极乐人生》，长江文艺出版社，2002年。

[57] 吴小曼：《重庆的森林》，中国工人出版社，2002年。

[58] 张抗抗：《情爱画廊》，台湾业强出版社，1998年。

[59] 杉娃：《爱是生命的舞蹈》，知识出版社，2002年。

[60] 万芳：《我是谁的谁是谁》，中国文联出版社，2000年。

[61] 张抗抗：《作女》，华艺出版社，2002年。

[62] 朱文：《我爱美元》，作家出版社，1995年。

[63] 卫慧：《卫慧文集》，陕西旅游出版社，2001年。

[64] 邱华栋：《都市新人类》，中国广播电视出版社，1997年。

[65] 张欣：《商战请战——张欣文集》，群众出版社，1996年。

[66] 何锐主编：《把脉70后》，江苏文艺出版社，2010年。

[67] 棉棉：《糖》，中国戏剧出版社，2000年。

[68] 〔美〕吉尔波特·罗兹曼：《中国的现代化》，"比较现代化"课题组译，江苏人民出版社，1995年。

[69] 〔美〕柯文：《在中国发现历史——中国中心观在美国的兴起》，林同奇译，中华书局，2002年。

[70] 〔美〕海登·怀特：《后现代历史叙事学》，陈永国、张万娟译，中国社会科学出版社，2003年。

[71] 〔法〕利奥塔尔：《后现代状况——关于知识的报告》，车模山译，三联书店，1997年。

[72]〔法〕布罗代尔:《资本主义的动力》,杨起译,三联书店,1997年。

[73]〔法〕福柯:《知识考古学》,谢强、马月译,三联书店,1998年。

[74]〔英〕安东尼·吉登斯:《民族—国家与暴力》,胡宗泽、赵力涛译,三联书店,1998年。

[75]〔英〕安东尼·吉登斯:《现代性的后果》,田禾译,译林出版社,2000年。

[76]〔美〕丹尼尔·贝尔:《资本主义文化矛盾》,赵一凡等译,三联书店,1989年。

[77]〔美〕本尼迪克特·安德森:《想象的共同体——民族主义的起源与散布》,吴教人译,上海世纪出版集团,2005年。

[78]〔美〕艾恺:《世界范围内的反现代化思潮》,唐长庚译,贵州人民出版社,1991年。

[79]〔美〕刘易斯·科塞:《理念人——一项社会学的考察》,郭方等译,中央编译出版社,2001年。

[80]〔德〕韦伯:《韦伯作品集》,康乐、简惠美等译,广西师范大学出版社,2005年。

[81]〔德〕韦伯:《文明的历史脚步》,黄宪起等译,上海三联书店,1988年。

[82]〔德〕韦伯:《新教伦理与资本主义精神》,黄晓京等译,四川人民出版社,1986年。

[83]〔美〕帕克等:《城市社会学》,宋俊岭等译,华夏出版社,1987年。

[84]〔比〕亨利·皮雷纳:《中世纪的城市》,陈国梁译,商务印书馆,1985年。

[85]〔英〕汤姆林森:《全球化与文化》,郭英剑译,南京大学出版社,2002年。

[86]〔德〕恩格斯:《家庭、私有制和国家的起源》,张仲实译,人民出版社,1959年。

[87] 张京媛主编：《新历史主义与文学批评》，北京大学出版社，1993年。

[88] 俞吾金：《现代性现象学——与西方马克思主义者的对话》，上海社会科学出版社，2002年。

[89] 罗钢、刘象愚主编：《文化研究读本》，中国社会科学出版社，2000年。

[90] 张世保：《从西化到全球化——20世纪前50年西化思潮研究》，东方出版社，2004年。

[91] 徐迅：《民族主义》，中国社会科学出版社，1998年。

[92] 罗风礼主编：《现代西方史学思潮评析》，中央编译出版社，1996年。

[93] 周穗明等：《现代化：历史、理论与反思》，中国广播电视出版社，2002年。

[94] 汪晖：《现代中国思想的兴起》（四卷），三联书店，2004年。

[95] 刘小枫：《现代性社会理论绪论》，三联书店，1998年。

[96] 陶东风：《文化研究：西方与中国》，北京师范大学出版社，2001年。

[97] 汪民安等主编：《现代性基本读本》（上、下），河南大学出版社，2005年。

[98] 罗钢、刘象愚主编：《后殖民主义文化理论》，中国社会科学出版社，1999年。

[99] 〔美〕罗伯森：《全球化：社会理论与全球文化》，梁光严译，上海人民出版社，2000年。

[100] 〔美〕杰姆逊：《后现代主义与文化理论》，唐小兵译，北京大学出版社，1997年。

[101] 陈嘉明：《现代性与后现代性》，人民出版社，2001年。

[102] 余碧平：《现代性的意义与局限》，三联书店，2000年。

[103] 罗荣渠：《从"西化"到现代化》，北京大学出版社，1997年。

[104] 周宪：《审美现代性批判》，商务印书馆，2005年。

[105] 〔英〕冯客：《近代中国之种族观念》，杨立华译，江苏人民出版社，1999年。

[106] 〔德〕哈贝马斯：《交往行动理论》，洪佩郁等译，重庆出版社，1995年。

[107] 费孝通：《乡土中国》，三联书店，1985年。

[108] 王宁等主编：《全球化与后殖民批评》，中央编译出版社，1998年。

[109] 李泽厚：《中国近代思想史论》，人民出版社，1979年。

[110] 吴亮：《思想的季节》，海天出版社，1992年。

[111] 〔法〕白吉尔：《上海史——走向现代之路》，王菊等译，上海社会科学出版社，2005年。

[112] 〔法〕白吉尔：《中国资产阶级的黄金时代》，张富强等译，上海人民出版社，1994年。

[113] 陈旭麓：《近代中国社会的新陈代谢》，上海人民出版社，1992年。

[114] 〔美〕裴宜理：《上海罢工》，刘平译，江苏人民出版社，2001年。

[115] 〔美〕韩起澜著：《苏北人在上海：1850—1980》，卢明华译，上海古籍出版社，2004年。

[116] 〔日〕刘建辉：《魔都上海——近代知识人的近代体验》，甘慧杰译，上海古籍出版社，2005年。

[117] 〔美〕罗兹·莫菲：《上海：现代中国的钥匙》，上海社会科学院历史研究所译，上海人民出版社，1986年。

[118] 〔美〕柯文：《在传统与现代之间——王韬与晚清改革》，雷颐等译，江苏人民出版社，2003年。

[119] 熊月之、周武主编：《海外上海学》，上海古籍出版社，2004年。

[120] 费成康：《中国租界史》，上海社会科学院出版社，1991年。

[121] 张洪祥：《近代中国通商口岸与租界》，天津人民出版社，1993年。

[122] 唐振常：《近代上海探索录》，上海书店出版社，1994 年。

[123] 杨东平：《城市季风》，东方出版社，1994 年。

[124] 郑祖安：《百年上海城》，学林出版社，1999 年。

[125] 于醒民、唐继无：《从闭锁到开放》，学林出版社，1991 年。

[126] 石柏林：《凄风苦雨中的民国经济》，河南人民出版社，1993 年。

[127] 〔美〕莫里斯·梅斯纳：《毛泽东的中国及其发展——中华人民共和国史》，张瑛等译，社会科学文献出版社，1992 年。

[128] 李天纲：《文化上海》，上海教育出版社，1998 年。

[129] 〔奥〕卡明斯基：《海上画梦录》，钱定平译，辽宁教育出版社，1998 年。

[130] 北京大学历史系编：《北京史》，钱定平译，北京出版社，1985 年。

[131] 忻平：《从上海发现历史》，上海人民出版社，1996 年。

[132] 许纪霖编：《二十世纪中国思想史论》（上、下），东方出版中心，2002 年。

[133] 许纪霖：《中国知识分子十论》，复旦大学出版社，2004 年。

[134] 许纪霖：《20 世纪中国知识分子史论》，新星出版社，2005 年。

[135] 〔德〕本雅明：《发达资本主义时期的抒情诗人》，张旭东等译，三联书店，1992 年。

[136] 〔美〕王德威：《被压抑的现代性——晚清小说新论》，宋伟杰译，北京大学出版社，2005 年。

[137] 〔美〕李欧梵：《上海摩登——一种新都市文化在中国》，毛尖译，北京大学出版社，2001 年。

[138] 〔美〕李欧梵：《未完成的现代性》，李欧梵为美籍华人，此书为中文写作，北京大学出版社，2005 年。

[139] 〔美〕李欧梵：《中国现代文学与现代性十讲》，李欧梵为美籍华人，此书为中文写作，复旦大学出版社，2002 年。

［140］〔美〕詹明信：《晚期资本主义的文化逻辑》，陈清侨等译，三联书店，1997年。

［141］吴福辉：《都市漩流中的海派小说》，湖南教育出版社，1995年。

［142］李今：《海派小说与现代都市文化》，安徽教育出版社，2000年。

［143］许道明：《海派文学论》，复旦大学出版社，1999年。

［144］徐逎翔、黄万华：《中国抗战时期沦陷区文学史》，福建教育出版社，1995年。

［145］孟繁华：《传媒与文化领导权——当代中国的文化生产与文化认同》，山东教育出版社，2003年。

［146］韩毓海主编：《20世纪的中国：学术与社会》，山东人民出版社，2001年。

［147］韩毓海：《从"红玫瑰"到"红旗"》，上海远东出版社，1998年。

［148］陈晓明主编：《现代性与中国当代文学转型》，云南人民出版社，2003年。

［149］唐小兵：《英雄与凡人的时代——解读20世纪》，上海文艺出版社，2001年。

［150］陈青生：《年轮——四十年代后半期的上海文学》，上海人民出版社，2002年。

［151］刘心皇：《抗战时期沦陷区文学史》，台湾成文出版有限公司，1970年。

［152］许秦纂：《战后台北的上海记忆与上海经验》，台湾六安出版社，2005年。

［153］范伯群主编：《中国近现代通俗文学史》，江苏教育出版社，1999年。

［154］〔美〕王德威：《想象中国的方法》，王德威为美籍华人，此书为中文写作，三联书店，2003年。

［155］赵稀方：《小说香港》，三联书店，2003年。

[156] 陈思和:《中国现当代文学名篇十五讲》,北京大学出版社,2003年。

[157] 陈平原、王德威主编:《北京:都市想象与文化记忆》,北京大学出版社,2005年。

[158] 吴秀明:《三元结构的文学——世纪之交的当代文学思潮研究》,春风文艺出版社,1998年。

[159] 吴秀明主编:《当代中国文学五十年》,浙江文艺出版社,2004年。

[160] 吴秀明:《转型时期的中国当代文学思潮》,时代文艺出版社,2001年。

[161] 董健、丁帆、王彬彬:《中国当代文学史新稿》,人民文学出版社,2005年。

[162]〔美〕夏志清:《人的文学》,夏志清为美籍华人,此书为中文写作,辽宁教育出版社,1998年。

[163] 陈平原:《文学史的形成与建构》,广西教育出版社,1999年。

[164] 陈平原:《中国小说叙事模式的转变》,上海人民出版社,1988年。

[165] 夏晓虹:《觉世与传世——梁启超的文学道路》,上海人民出版社,1991年。

[166] 陈平原:《20世纪中国小说史稿》,北京大学出版社,1989年。

[167] 戴锦华:《隐形书写——90年代中国文化研究》,江苏人民出版社,1999年。

[168] 戴锦华:《犹在镜中》,知识出版社,1999年。

[169] 包亚明、王宏图、朱生坚:《上海酒吧》,江苏人民出版社,2001年。

[170] 邱明正主编:《上海文学通史》,复旦大学出版社,2005年。

[171] 王文英主编:《上海现代文学史》,上海人民出版社,1999年。

[172] 杨幼生、陈青生:《上海"孤岛"文学》,上海书店出版社,1994年。

[173] 黄擎:《废墟上的狂欢——文革文学的叙述研究》,作家出版社,

2004年。

［174］ 汤哲生：《中国现代通俗小说流变史》，重庆出版社，1999年。

［175］ 洪子诚：《问题与方法》，三联书店，2002年。

［176］ 李春玲主编：《比较视野下的中产阶级形成》，社会科学文献出版社，2009年。

［177］ 周晓虹：《中国社会与中国研究》，社会科学文献出版社，2009年。

附录1 白领：新兴的中产阶级（吕大乐）[①]

一

一个新兴阶级的出现，往往是一个社会在结构层面上发生重大的变化的先兆。新兴阶级的来临及其带动的社会变化，对我们了解社会发展的趋势有所启示。大概是基于这个原因，每次在社会经济结构出现大转变的时候，正处于冒起的状态的阶级，总是特别引人注目。

随着中国继续深化社会主义经济的开放和市场改革，"白领"成为继个体户、私营企业主之后，[②] 广泛引起社会各方面注意的一个新兴阶层。有人将这些新兴阶层归纳为"中产阶级"或"中产阶层"，并对其存在加以肯定："中产阶级在中国世纪末的出现是一个重要的社会现象，人民拭目以待，期待着他们对中国新世纪的推动与影响。他们有相对独特的社会要求，但他们对社会稳定并不构成威胁，相反，他们是中国社会长治久安的'安全阀'。正因为有了他们，中国未来的社会结构将更

[①] 吕大乐博士，香港中文大学社会学系教授，本文选自周晓虹主编：《中国社会与中国研究》，北京：社会科学文献出版社，2004年，第351—374页。（以后的个案访谈皆出自此书）

[②] 有关个体户及私营企业主的讨论，可参考贾铤、秦少相：《社会新群体探秘》，北京：中国发展出版社，1993年；秦言：《中国中产阶级》，北京：中国计划出版社，1999年；文明：《中国有产者报告》，北京：中华工商联合出版社，1999年；张厚义、明立志：《中国私营企业发展报告（1978—1998）》，北京：社会科学文献出版社，1999年；张厚义、明立志：《中国私营企业发展报告（1999）》，北京：社会科学文献出版社，2000年。

趋于合理，更走向稳定。"①

另外也有一种观点认为这些新兴阶层的出现，象征了社会体制的重大转变："从'身份型'干部到'契约型'合同工的根本性转变，使企业中的脑力劳动者，变为白领工人……"②。

除了体制及分层的基本性质发生了变化之外，正如本文开篇所引用的一段文字所言，中产阶级的出现会对整个社会制度走上开放、理性化的轨道有着正面的作用："在'九五'及新世纪初年，认识到中产阶层特殊功能的中国政府将会在制度安排及政策导向方面全盘考虑，加强收入分配的宏观调控，为更多的人通过正当途径进入中产阶层拓展坦途。随着脑体倒挂问题、收入分配不正当倾斜问题、行业垄断问题等的较好解决，中产阶层收入构成将日益趋于合理化。中产阶层的大幅增加及收入合理化程度的提高，将使社会更趋稳定，政府的信誉大大提高。"③

同样视中间阶层为有助于缓和社会冲突的"缓冲层"，"代表温和的、保守的意识形态"，李强认为，"现在的问题是，迄今为止，中国社会结构仍然是以中间层严重欠缺为特征的"④。但社会各界——由学术研究员到传媒记者到写社会文化观察的专栏作者——对"白领"的注意，主要还是近年的新现象。

翻阅20世纪90年代初的社会分层研究，仍未见到有关"白领"的讨论。⑤ 从当时社会发展的可观条件的角度来看，这完全是可以理解

---

① 必须指出，秦言在书中所讨论的中国中产阶级，主要以私营企业主为参考。参见秦言：《中国中产阶级》，北京：中国计划出版社，1999年，第5页。
② 朱光磊等：《当代中国社会各阶级分析》，天津：天津人民出版社，1998年，第81页。
③ 戴炳源、万安培：《中国中产阶层的现状特点及发展态势简析》，《财政研究》，1998年第9期。
④ 李强：《中国社会分层结构的新变化》，汝信等主编：《社会蓝皮书——2002年：中国社会形势分析与预测》，北京：社会科学文献出版社，2002年，第142页。
⑤ 王汉生、张新祥：《解放以来中国的社会层次分行》，《社会学研究》，1993年第5期。

的。至于 1995 年出版的《中国新时期阶级阶层报告》，虽然提到中产阶级的问题，但却认为："现阶段就业结构的置换主要是指'农'转'非农'，还根本谈不上脑力劳动对体力劳动的置换，也不可能产生一个占人口多数的'中产阶级'。中国稳定社会结构的目标应当是促成一个'小康大众'。从中国的国情来说，它应当包括多数从事农耕和兼业的农业劳动者、绝大多数企事业单位的工薪阶层、所有职业的知识分子和专业技术人员、普通的政府公务员以及各种拥有一定资产但自己也从事劳动的小业主"。①

不过，随着经济进一步改革，新兴的社会阶层已渐见规模。按《当代中国社会阶层研究报告》的推算，经理人员阶层占目前社会阶层结构的 1.5%，而专业技术人员阶层则占 5.1%。② 当然，这些阶层在地理分布上城乡差异很大。

近年对"白领"的关注，反映出愈来愈多人已经意识到经济进一步开放改革对社会结构所带来的转变。③ 大家似乎都明白将新兴的阶层生硬地套入旧有的社会结构分析框架之内，无助于认真理解"社会阶层构成发生了新的变化"。④

---

① 李培林主编：《中国新时期阶级阶层报告》，沈阳：辽宁人民出版社，1995 年，第 38—39 页。

② 陆学艺主编：《当代中国社会阶层研究报告》，北京：社会科学文献出版社，2002 年，第 15、18 页。

③ 潘允康：《"白领"与现代社会结构》，《社会科学战线》，1999 年第 3 期。

④ 引自江泽民讲话，原文为："改革开放以来，我国的社会阶层构成发生了新的变化，出现了民营科技企业的创业人员和技术人员、受聘于外资企业的管理技术人员、个体户、私营企业主、中介组织的企业人员、自由职业人员等社会阶层。而且，许多人在不同所有制、不同行业、不同地域之间流动频繁，人们的职业、身份经常变动。这种变化还会继续下去。在党的路线方针政策指引下，这些新的社会阶层中的广大人员，通过诚实劳动和工作，通过合法经营，为发展社会主义社会的生产力和其他事业做出了贡献。他们和工人、农民、知识分子、干部和解放军指战员团结在一起，他们也是有中国特色社会主义事业的建设者"（江泽民：《在庆祝中国共产党成立八十周年大会上的讲话》，《论"三个代表"》，北京：中央文献出版社，2001 年，第 169 页）。

附录 1　白领：新兴的中产阶级（吕大乐）

本文旨在整理目前有关"白领"阶层的讨论，并尝试通过报告与 50 位当代上海"白领"或"准白领"阶层人士的访谈资料，来分析目前这个中产阶级在阶级构成问题上的表现形态。我在下文所报告的访谈资料，来自 1999 年年底在上海所进行的访问。访问的对象是 50 位来自不同类型的企业和机构的专业、行政及管理人员（或者可以这样说，都是根据一般阶级分析中所定义的"中产阶级"或"新中产阶级"[①]）。访谈的内容涉及他们对当前社会各方面所出现的转变的观点，其中特别谈到他们对"白领"的定义及看法，同时也问及他们是否会自我界定为"白领"。这个访谈计划本身原意是为筹备一个更大型的上海"白领"研究的试访，因此资料难免粗疏，而且资料分析亦仅在起步探讨的阶段。本文并不准备对上海的"白领"的阶级认同及阶级构成做系统的分析，而是希望在初步整理访谈资料之后，对如何理解当代中国社会是否已经形成了一个中产阶级提出一些想法。

[①]　有关中产阶级的讨论的简介，入门书籍有：Abercrombie, Nicholas, and John Urry, *Capital, Labour and the Middle Classes*, London: George Allen & Unwin, 1983; Carter, R., *Capitalism, Class Conflict and the New Middle Class*, London: Routledge & Kegan Paul, 1985; Savage, Mike, *Class Analysis and Social Transformation*, Buckingham: Open University Press, 2000. 虽然有关的讨论争议甚多，但当撇除种种意识形态和学派上的分歧后，某些共识是相当明显的。所谓的中产阶级，有论者认为是从事脑力劳动的"白领"，有点指"专业/经理阶级"，也有的认为中产阶级处于矛盾性的阶级位置。不同论者的理论起点亦有分别——有的是马克思主义者，而另一些则受韦伯的社会学理论的影响。但当我们留心这些不同理论取向的分析中所要研究的对象时，不难发现其实主要就是一群在现代（特别是资本主义）社会里担任经理、管理及专业工作的雇员。这些经理人、行政人员和专业人士是当代资本主义社会最新近兴起的一个阶级。他们并非是在封建社会过渡至资本主义社会过程中扮演重要角色的布尔乔亚（亦有人称这些资产阶级为中产阶级）；现在我们称这一阶级为资产阶级或资本家。与此同时，他们也不是在传统及现代社会都长期存在的小布尔乔亚——即自雇者或小老板。有些研究员喜欢特别在中产阶级钱加上一个"新"字，称这一群在现代资本主义社会里担任行政、管理及专业工作的雇员为新中产阶级，就是要凸显他们跟自雇者的分别。

消费主义文化与90年代都市小说白领书写

中产阶级的出现及其成为一个阶级跟现代资本主义社会在制度及组织上的变化有着密切的关系。首先，是科层组织及其强调理性化制度的普及化。最为明显的就是在军队和公务员系统里通过公开考试来招揽人才；而愈来愈多的专业强调学历和专业资格，对公开考试及资历评审走向制度化有着重大的推动作用。教育制度及其相关的学历评等的安排便成了整个社会分层制度的一个重要环节。第二，是专业化的趋势。这同样是强化了教育及学历在社会分层过程中的重要性。与此同时，专业人士在工作环境也起了变化；他们不一定以自雇形式执业，随着政府在提供社会服务方面的角色愈来愈重要，不少专业人士都是以雇员身份在庞大的机构里担任工作。第三，随着企业的规模扩大和股份制的普及，企业的运作已不再可能全部由老板个人所控制。企业运作的复杂化、对车间需要加强控制以及股份公司日趋普遍，都助长了专业经理人的出现。所谓"经理人革命"的出现，正好说明了上述这种趋势，并且凸显了经理人在日趋庞杂的拥有资本的股东不一定直接参与管理的情况下地位不断提升的状态。经理人的职业生涯跟专业人士和政府机构的行政人员不尽相同。他们并不一定单靠学历来帮助晋升高层；视乎劳动市场的具体情况而定，在某机构或某行业累积到一定的工作经验，往往亦可以成为日后升职的本钱。

以上只是对中产阶层的冒起的社会背景做一相当粗略的交代。我们想从这个背景来说明当今现代社会的中产阶级的几个特点：（一）今天的中产阶级跟以往所谓的"小布尔乔亚"（自雇者或小老板）不一样，前者的地位和处境并非建基于因为拥有资本或产权而可以支配整个工作程序；（二）今天的中产阶级多凭着个人的学历、专业资格或于工作机构所积累的本钱来取得较佳的工作及雇佣条件——具体表现为有机会参与工作机构的决策、工作的自主性较高、优厚的薪酬和福利以及工作较有保障；（三）所谓中产阶级的中间位置，乃在资本家与一般雇员中间，虽属雇佣但其生活条件却较一般雇员为佳的一群。

附录1 白领：新兴的中产阶级（吕大乐）

二

在报告有关上海"白领"的访谈资料之前，在此有必要对"白领"一词做一个简单的交代。所谓"白领"，是指当前中国进行市场改革以后所出现的一个新兴阶级。"私营企业主是当代中产阶层中的一支主流，当代中产阶层中另一主流白领阶层，则是在外资流进中国的大背景下诞生的"①。在一般人的心目之中，所谓的"白领"乃指在私营企业——特别是三资企业——工作的经理、专业及行政管理人员。但更具体而言，则到目前为止"白领"仍未有一个完全一致的定义。"白领"的含糊性多少跟这个流行话语有关、概念之缘起有关。据何沛锦的观察："大概5年前（笔者估计应指1994年），当上海友谊商城率先把自己称为'白领的理想世界'，'白领'开始以某种前卫的姿态和物欲的色彩进入社会大众的视野。……白领从边缘走向中心，从非主流走向主流，得益于商业消费无与伦比的魅力；在实际意义上，白领不仅是一种人群的指称，还是一个及其重要的消费概念"②。

"白领"这个名词、概念在短时间之内便可以深入民间，成为一个流行话题，③ 很大程度上是因为不少流行产品的广告都凸显出所谓的白领身份和形象来刺激消费的欲望。尽管社会上对"白领"的评价各不相同，但在潮流文化里——特别是在消费的环节——这个名词代表着一群有高消费能力、讲究生活品位的高收入人士。在这样的宣传推广之下，陆续有以"白领"为对象的"白领杂志"出现。④ 报刊如《申江

---

① 殷一平：《高级灰：中国城市中产阶级写真》，北京：中国青年出版社，1999年，第11页。
② 何沛锦：《夜光杯随笔精选》，上海：文汇出版社，2000年，第55页。
③ 陈少琪：《阶层：中国人的格调与阶层品位分析》，北京：大众文艺出版社，1999年，第85页。
④ 陈少琪：《阶层：中国人的格调与阶层品位分析》，北京：大众文艺出版社，1999年，第108—112页。

服务导报》便设有以"白领心事"为题的专栏。近年广州的高档消费品（尤其是住宅楼盘）广告，亦纷纷以白领身份、形象及生活方式招徕。① 上述种种现象背后，都说明了社会上有不少人均渴望有晋身"白领"队伍的一日。

时至今日，"白领"已经不是什么新名词。不过，若现在就宣布"对'白领'的失望"，② 又似乎言之尚早。近期对所谓的"金领"的关注，③ 基本上只不过是名词上的转换而已。事实上，近期一些刊物上所谈论的"乐富一族"，其实质内涵只不过是另一种重新包装的"白领"生活方式："'乐富'，顾名思义，'乐'是快乐，'富'是富有。较之于五六十年代年轻人喜欢在不食人间烟火的'英雄'身上寄放乌托邦情感，现在的'乐富'族热情的流向，要贴近地面、贴近生命本能得多了"。④

表面看来，这是对一个新的群体、一种新的（富裕的）生活方式的描写。但写得更具体时，这其实是向高收入的"白领"推销产品："为了满足这些时尚人士的生活品味及需要，精明的'瑞虹新城'推出一房或两房的'Loft'单元"。⑤

通过上文介绍有关"白领"一词在民间的流传，我想指出两点：一是"白领"一词在民众日常生活中间之应用，主要缘起自消费活动的推广及宣传。这个名词及概念之普及，多少是由于各媒体及消费活动大力推动的结果。"白领"成为富裕的阶层及其生活形态的代名词。第二，在20世纪90年代中期至末期，"白领"一词也是中产阶级或中间阶层的代名词。正如上文所提及，到了90年代中期，在经济开放改革的带动之下，一群在三资企业里当经理、专业及行政管理人员，有着高

---

① Chu, Sheng-hua," Consumption and Advertising in Urban China: THE construction and Pursuit of a Middle Class Way of Life." Unpublished M. Phil. The sis, Sociology Department, The Chinese University of Hong Kong, 2001.
② 何沛锦：《夜光杯随笔精选》，上海：文汇出版社，2000年，第55页。
③ 李宗陶：《五问金领》，《新民周刊》总160期，2002年，第12—17页。
④ 《"乐富"一族向成功看齐》，《生活周刊》，B版第1页，2000年12月15日。
⑤ 《沪上涌现乐富一族》，《生活周刊》，B版第2页，2000年12月15日。

学历和高收入的认识已逐渐为人所注意。当时,由于一般人对于以阶级来划分群体会有不必要的政治联想,而同时好些"白领"对于以中产阶级或中间阶层作为自我定位仍有一定的疑虑,① 所以一个较为中性的新名词——"白领"——很快便流行起来了。在解释"白领"一词的含义时,参与讨论的往往都会引用米尔斯(C. Wright Mills)的著作《白领:美国的中产阶级》(White Collar: The American Middle Class)(例如潘允康,1999:184)。② 在使用"白领"一词时,背后的意思其实就是指中产阶级或中间阶层。

踏入 2001 年,愈来愈多见到直接以中产阶级或中间阶层为主题的分析及研究。③ 而于 2001 年 11 月出版的《新周刊》,更以"忽然中产"作为封面专题,并且宣称:"中产是谁?他们分布于上海浦东、北京朝

---

① 疑虑的成因是多方面的。Pearson 在讨论新兴的商业精英时,提到政治环境及意识形态对一般人如何看待阶层分类的影响,见其著作中注 6 所提出的问题(Pearson, Margaret. M., China's New Business Elite, Berkeley: University of California Press, 1997, p. 6)。潘允康则以 Cooley "镜中的我"的概念来分析天津市个体户和私营企业者的"自我映像中的反差"的现象(《中国的新兴个体和私营者阶层》,日本东京中央大学"System Transformation and Social Change in Urban China"国际研讨会上宣读之论文,2000 年 9 月 20—21 日举行)。

② 米尔斯:《白领——美国的中产阶级》,浙江:浙江人民出版社,1987 年,第 58 页。

③ 例如李正东:《试论中国中产阶层》,《广东社会科学》,2001 年第 2 期;李强:《市场转型与中间阶层的代际更替》,边燕杰等主编:《华人社会的调查研究》,香港:牛津大学出版社,2001 年;李强:《关于中产阶级和中间阶层》,《中国人民大学学报》,2001 年第 2 期;肖文涛:《中国中间阶层的现状与未来发展》,《社会学研究》,2001 年第 3 期;更近期的如张宛丽:《中国中间阶层研究报告》,陆学艺主编:《当代中国社会阶层研究报告》,北京:社会科学文献出版社,2002 年。在这一领域,较早以中产为论题的文章及报告,则有戴炳源、万安培:《中国中产阶层的现状特点及发展态势简析》,《财政研究》,1998 年第 9 期;郑国霞:《关于我国中产阶层的思考》,《统计与决策》,1998 年第 9 期;张建明等:《关于我国中产阶层的思考》,《中国人民大学学报》,1998 年第 2 期。

阳 CBD 的高高低低的写字楼里，以及大大小小的各色开发区、高新区中。最善用概念的商家而非学者们。房地产商一举废弃了"高尚人士"、"白领"、"富裕阶层"等华而不实的广告名号，改为'中产'。'中产'是个套，装进了先富阶层或准富裕阶层的社会梦想。'中产'又是个网，将散落于全国各地的各色高收入群体一网打尽。这个经历了'愤青'、'小资'、'飘一代'、'白领'等多种阶层替换的国度，正在逐渐被一种浓浓的'中国梦'包围着①。

到了 2002 年 1 月，《新周刊》又以"阶层之谜"为题做封面。其中一位作者讲出了一种对待阶级的新态度："现在的许多阶层划分，我想，恶意的成分就少得多了，它只不过为了满足于凝结出几条纲要，希望让人从中看到自己的坐标，而且，每个人都可以提出自己的划分标准，只要你把自己划归为不同的阶层……原本冷酷的阶层观点，现在解构为一种符号，可以是时尚，可以是情绪，可以是文字游戏，可以是无厘头，可以是报刊的急就章……我觉得这很好，因为这败坏了阶层划分的神圣感，它仅仅是一个符号了，只是一个符号了。尽可能多地把仇恨、绝望、对立的因素剔除出去和消解掉了"②。

在认识各个新兴社会阶层的过程之中，整个社会也在重新认识及建构阶级及相关的话语。

当然，从中国近代历史发展的角度来看，上海早在 20 世纪 30 年代已初步形成了一个从事非体力劳动的、负责管理专业及文职工作的"白

---

① 《新周刊》，2001 年，第 82 页。
② 连岳：《阶层突围》，《新周刊》，总 122 期，2002 年，第 51 页。

领"阶层。① 但经过50年代初的社会主义改造工程之后,"在共产党取得胜利之后的仅仅三年之内,专业及经理阶层便完完全全的吸纳于党政的公务系统里"②。这也就是说,在经济体制未进行改革之前,无论是办事人员或者专业技术人员,都是归属于"身份型"体质底下的工作单位,而不构成一个职业群体或阶层。③ 明显地,这跟现时冒起的"白领"的位置和处境不一样。

经济改革以后出现的"白领"阶层之所以被形容为一个新兴阶层,其意思正在于此。但"白领"阶层的冒起较个体户和私营企业主来得晚:

"在九十年代的中国,中产阶级除了传统的中产阶级——他们拥有私人资产,有独立的地位;还出现了一个新的中产阶层:白领。白领分布在大公司、文化传播、商业交通以及第三产业等部门,身份是经理、

---

① 有关的讨论及这个阶层的一个数字上的估计,见忻平:《从上海发现历史》,上海:上海人民出版社,1996年,第81—88页及第126—149页。而张忠民:《艰难的变迁:近代中国公司制定研究》则尝试从中国企业、公司治理结构的历史发展来分析一个职业经理阶层在二三十年代中国社会成型的过程。参见该书上海:上海社会科学院出版社,2002年,第439—460页。

② Davis, Deborah S., "Sclass transformation in urban China", Modern China, 1999, 26 (3): 253. 另外,这些经理、管理人员曾被界定为"资本家代理人":"在私营企业中,凡代表资本家执行或决定经营方针、财产处理、人事任免和奖惩等事项者,称为资本家,如经理、副经理、襄理、协理、厂长等。资本家代理人是资产阶级的一部分,他们在经济利益、思想意识、生活方式上也基本上与资本家一致。但他们与资本家又有区别,因为他们一般地没有资本(有的有小额股或干股),在企业的职权和责任的划分上,在经营管理的方针和盈余分配上,他们与资本家之间往往存在着某种矛盾"(《中央批转中财委党组、中央统战部关于处理资本家代理人的意见》,1952年8月)。

③ 王御覃甚至认为:"在我国计划经济的时代,根本无白领工人这一概念"(王御覃:《为人:中国当代社会各阶层生活品味报告》,北京:西苑出版社,2000年,第94页)。

业务员、制作人、技术专家、和办公室职员等,从事着非直接生产性的管理与工作。他们并不拥有显赫的地位和权力,似乎是微不足道的普通人,但对一般劳动者来说,他们又是成功者的象征:衣着整洁,表情冷漠,举止高雅地出入银行和馆所,稳定的收入使他们衣食无忧"①。

"白领"阶层的出现,反映出中国的经济改革继续深化,令更多人可以在个体经营和成为私营企业主以外的空间里,找到个人发展的机会:

"在三资企业工作的白领们是中产阶层的一个重要组成部分,而且到90年代初期可以说是最庞大的一支。最早进入这个圈子的人是一批'下海'者,只是他们选择的'海'不是私企而是外企。和那些私营企业家比起来,他们的创业风险较小,当然获得的回报也少,毕竟他们是替人打工,赚的是有数的钱,但他们却相对较为稳健地不如中产阶层。90年代中期大批进入三资企业的中方雇员是一些刚毕业不久的大学生,风险对他们而言几乎谈不上,他们也无所谓放弃旧有,所以借此迅速跻身这个社会的中产阶层是年轻一代较为自然的考虑"②。

正如我在上文一再强调,所谓"白领",其实并没有一个完全一致的、明确的定义。早期一般人指在外资、合资企业打工的为"白领"。但随着市场改革的深化,各类企业、机构均进行组织的改组,当中担任高层的人员无论在身份地位及收入都有所变化,所谓"白领"也就不再局限为外资、合资的雇员了。从某个角度来看,"白领"这个概念的含糊性、可变性和可塑性,正好反映出目前中产阶级在中国社会里新兴地位和不确定性。但无论如何,到了20世纪90年代末,"白领"一词成为民众日常生活中常用的话语的一部分。这个概念也同时是新兴的中

---

① 陈少琪:《阶层:中国人的格调与阶层品位分析》,北京:大众文艺出版社,1999年,第108页。

② 殷一平:《高级灰:中国城市中产阶级写真》,北京:中国青年出版社,1999年,第12—13页。

产阶级在主观的阶级认同、自我感觉的参考。①

三

有关阶级构成（class formation）的讨论，正如阶级分析的理论争论一样，一直存在多种不同的意见，至今仍未有共识。有的论者从一个认知的角度入手，集中研究受访者如何将其客观的社会经济地位转化为"准确的"阶级认同；② 有的较强调客观的共同阶级经验之形成（也因此而专注于从代间及同代的社会流动经验、职业生涯的路径来讨论阶级构成）③ 有的则沿用马克思主义阶级分析的推理，细致地连接不同层面（从产业机构、车间组织至社区环境）的阶级经验，以解释阶级意识何以以某种状态出现。④ 上述各种对阶级构成的处理方法，在一定程度上均没有完全摆脱传统马克思主义阶级分析中"自由在阶级过渡至自为阶级"的历史目的论思维。它们不但假设了阶级意识的发展方向（例如工人阶级一定会发展出推翻资本主义的革命意识），并以此来衡量某个阶级的具体历史状况（在西方工业社会的研究，通常研究的命题都是为何工人阶级没有展出一种激进的革命意识），而且更将阶级构成纯粹局限为一种阶

---

① 关于自我感觉（self feeling）的讨论，参考 Cooley, Charles Horton, *On Self and Sovial Organization*, Chicago: University of Chicago Press, 1998, pp. 162 – 174。

② Jackman, Mary R., and Robert W. Jackman, *Class Awareness in the United Stats*, Berkeley: University of California Press, 1983.

③ Goldthorpe, John H., "On the service class: its formation and future," in Anthony Giddens and G. Mackezie (eds.), *Social Class and the Division of Labour*, Cambridge: Cambridge University Press, 1982, pp. 162 – 185.

④ Katznelson, Ira, and Aristide R. Zolberg (Eds.), *Working-Class Formation*, Princeton: Princeton University Press, 1986.

级内在条件的变化（所以有所谓未成熟和成熟的工人阶级）①，而忽略了阶级构成的过程乃嵌于（embedded）特定的历史时空及社会、政治、文化环境中进行。正如 Boltanski 在研究法国的 cadres——中级至高级的行政人员——时指出，阶级认同与阶级构成乃一个互动过程。阶级认同与阶级构成并不是阶级利益所单向决定的；社会上的叙述及阶级话语也会反过来为建构阶级认同提供一种或多种参考。尽管不同的行政人员对 cadres 这个概念各有不同的理解，而该概念亦并非没有含糊及不明确之处，但它却起着一种参考作用；好些中级至高级的行政人员都尝试拿这个概念来商议出一种集体的阶级认同及阶级利益之界定。事实上，阶级认同及阶级构成本身就是一个有着暧昧和含糊性的一个社会过程。②究竟受访者怎样看某一个阶级认同的身份（class identity）？他们对这个身份有何自我感觉？他们会怎样从社会上的阶级话语中商议出一种对阶级的集体认同及阶级利益之界定？这些问题对我们分析一下阶级如何在特定的历史时空及社会、政治、文化环境里形成十分重要。③

---

① Cf. Somers, Margaret R., "Class formation and capitalism." European Journal of Sociology, 1996, 37(1): 180 – 202; Somers, Margaret R., "Deconstructing and reconstructing class formation theory: narrativity, relational analysis, and social theory," in John R. Hall (ed.), *Reworking Class*, Ithaca: Cornell University Press, 1997.

② Boltanski, Luc., The Making of a Class: *Cadres in French Society*, Cambridge: Cambridge University Press, 1987; Also see Savage, Mike, et al., *Property, Bureaucracy and Culture*, London: Routledge, 1992; Savage, Mike, Gaynor Bagnall, and Brian Longhurst, "Ordinary, ambivalent and defensive: class identities in the northwest of England", Sociology, 2001, 35 (4):875 – 892.

③ 近期国外有关中产阶级的研究也愈来愈重视这个在社会层面上的阶级形象、话语与阶级认同和阶级构成的互动关系，见 Zunz, Olivier, Leonard Schoppa, and Nobuhiro Hiwatari (eds.), *Social Contracts Under Stress: The Middle Classes of America, Europe, and Japan at the Turn of the Century* (New York: Russell Sage Foundation, 2002). 该书集中探讨中产这个概念在第二次世界大战后，东、西德两个社会的不同建构，及日本社会"上班族"在职业生涯与文化构成的状况，值得参考。

附录1 白领：新兴的中产阶级（吕大乐）

上海"白领"刚好就正是处于上述这个阶段认同及阶级构成的互动过程。下面的讨论主要分为三个部分。首先，我们可以从访谈的资料中看见，受访者对"白领"这个概念的理解。在说明他们对"白领"这个概率的理解时，我们可以见到受访者都意识到不同阶级之间的分野。第二，我们在访谈的过程中追问受访者本人是否会自我界定为"白领"；这个问题不单有助了解受访者的自我定位，更让我们有机会知道他们对"白领"这个概念和阶级定位的感觉。第三，我们也希望透过访谈而窥探一下受访者如何建构出一种"白领"的"社会心像"（image of society），以了解其身处的社会环境及其切身利益。[①]

据一份由零点调查公司在11个城市所进行的调查资料所显示，市民心目中的"白领"，主要参考这些元素——职业（53%）、修养水平（21.7%）、收入（13.3%）等。[②] 可以这样说，在一般人眼中，"白领"除了有高职位、高收入和高学位之外，还包含了其他意思。

在访谈的过程中，绝大部分受访者对"白领"都有相当清晰的概念：

要我来谈白领，我想我自己算不算白领还不能肯定，但是我觉得白领这个阶层现在在社会上已经是存在了。我想他们的工作性质应该是文职性质的吧，然后是属于高收入阶层，至少三千以上吧。我并不觉得他们会和他人有很明显的不同，主要分别应该是一种内在的东西，外表看

[①] "社会心像"这个概念来自 Lockwood [Lockwood, David, "Sources of variation in working-class images of society", Sociological Review, 1996, 14(3): 244—267]，但他的用法仍倾向于视工人阶级的主观世界乃客观社区状况所塑造而成，而未有考虑社会上相关的叙述和流行话语的影响。相应上一段有关如何理解阶级构成的讨论，我们在此谈"社会心像"，并不视它为阶级处境内在变化所带来的结果，而是视它为社会互动所建构出来的。

[②] 引自杨雄：《上海"白领"青年职业生活调查》，《青年研究》，1999年第6期。

不太出吧。和工人的区别，白领应该受过比较好的教育，有一定的修养，其实在意义上的白领都是些年纪挺轻的，是科班出身的，也就是正统大学教育出来的，工作时间不长却位置挺高的，大部分在三资企业上班，有一份高收入，又有比较稳定的工作。干部的话，这里应该是指那些国家机关或国企中的干部吧。感觉上有一定的年纪，一定资历，很老成，收入不一定高，但经常有外快，资格也挺老的那种人。现在的个体户和原来的已经大不一样了，原来似乎一提个体户就是暴发户，但现在的个体户要真正做得好，一定的学历背景是必不可少的。很多自己创业的个体户各方面的综合素质绝对不比白领差，不是现在的大学毕业生很流行毕业就创业嘛，他们不做白领，做个体户，但素质还是很高的。但是有些小摊小贩还是不能和白领比的。①

我觉得白领这个阶层在计划经济时代就存在了，那些专门靠出卖智力生存的人都可以被称作白领。不过白领这个阶层是在计划经济时代并没有凸显出来，在市场经济时代才一下子冒出来了。在我的印象中，白领应该是在那些外企中工作的那些人，收入吗，一般（每月）在6,000元至8,000元左右，像我这样的只能算是加引号的"白领"，实际上不能算是真正的白领。你没看到那些在外企工作的小姐，都有一个共同的标志，譬如说吧，开放的服装，名牌服饰，她们买东西都要讲究一个牌子。②

衡量一个人是否是白领，首先要有几个指针：第一，按现在的消费和生活标准，收入一般是（每年）60000—100000元。白领首先是一个高收入阶层。第二，从工作性质来看，应该是银行业、证券业中的高层管理人员，至少是有一定的社会身份的人才能算是白领。不能把有了一点钱的人都算做白领。第三，消费要时尚化。白领是一个高收入阶层，

---

① 访问个案7，中外合资企业副课长。
② 访问个案20，政府公务员。

但又是一个高消费阶层,而且他们的消费应当是具有一定的档次和品位,白领的生活、消费都是有品位的,不能把大把大把花钱的人都算做白领。第四,工作节奏比较快,工作压力比较大。因为白领是一个有知识的阶层,他们是靠出卖自己的知识和智力来实现他们的社会价值的。①

我感觉白领主要是凭借自己的智力、脑力劳动,来获得自己的社会地位。他们的收入比较高,个人的综合素质也是比较高的。由于白领主要是一些年纪较轻的人,一般不超过40岁,因此他们的消费也就比较超前,属于"能赚会花"的那种。外形打扮上比较注重档次,但不是十分花哨。教育程度至少应该是本科以上。职位上来说,应该是属于部门经理以上的。行业呢,我感觉集中在第三产业的比较多一点,尤其是上海的第三产业比较发达,从我们经济学上讲,可能就是一些大的合资企业,像贝克、通用,可能还是要看各个企业的具体情况。就居住条件来说,在证券、保险、银行业的股份制企业工作的,他们的住房就相当好,有些人有洋房、汽车。国有商业银行呢,就比较平均,在职务上可以算是白领,但在收入上就要差一些。②

从访谈资料中可见,除了上文所提及的（三高）外,受访者心目之中的"白领"的素质还包括高档次的消费和脑力劳动。

由于"白领"包含了一种代表旧体制以外的、经济改革更规范化的特点,大部分受访者都会将"白领"跟干部及个体户清楚地划分出来,反映出在他们的心目之中,一种划分阶级关系的意识是存在的：

与个体户相比,白领是打工地位,他们只能取得他们劳动成果的一部分,用马克思的话讲,剩余价值被剥夺了,而个体户则取得了其劳动

---

① 访问个案20,政府公务员。
② 访问个案44,国有银行支行行长助理。

成果的全部，政府干部收入层次可能不高，但他们社会地位非常高，他们有一定的特权，可以取得很多灰色收入。①

　　白领和个体户最大的不同，我这里指的主要还是暴发户之类的，应该是一种心理素质和道德素质上的不同：很多暴发户靠的是投机取巧、钻空子、打擦边球等等方法；而一些比较标准的白领，说老实话，他纯粹是靠自己的智力，靠一种勤奋，就是一种正常的途径，达到这个位置的。而一般的工人可能就是靠体力，他所从事的工作是有较强的可替代性，你可以做，他也可以做，只要有力气都可以来做；而白领的话，可替代性的程度比较低，他必须达到一定的智力程度和管理水平，才能在这个位置上。而机关干部中，有相当一部分人层次是非常高的，在我的概念里，机关干部里有一批人也应该算是白领。虽然他们的收入不是很高，但就他们的素质来讲，有一部分也是要靠脑力劳动和他们的管理能力，也应算是白领的一个阶层，对于一般混日子的机关干部来讲，白领跟他们最大的区别就是，机关干部有铁饭碗，而且日常工作已经形成了一套行政程序，可以按部就班，而且行政上的权力比较大，不需要他们到社会上去拼。白领呢，基本上都属于股份制、三资企业、第三产业里面的，他们所面临的市场压力就比较大，竞争性也比较强，可能这方面的区别比较大一点。②

　　当然，也有受访者认为上海"白领"仍未发展为一个稳定的阶层；谈品位、生活方式，言之尚早。

　　现在中国上海的白领，并非像国外那样，形成一种稳定的阶层，如中产阶级。中国白领处于很不稳定的状态，只是有一个状态而已。因而他们有什么共同要求也很难说，个人都不一样。只能说白领对本单位、本工作，或自己的生存环境会有所要求。随着社会的发展，可能会像国

---

① 访问个案12，国有企业副经理。
② 访问个案44，国有银行支行行长助理。

外的白领那样,会有基本的要求,有车有房,但现在上海有的人不多。而且有车有房之后在消费上也会体现层次感,现在上海的商店已经有些分层次的味道了,但还没做得很地道。①

四

总结上述访谈结果,一般而言,大部分受访者对"白领"都有相当深刻的认识,而他们多数对"白领"均有正面的评价。

可是,当问及他们是否会认为自己属于"白领"阶层的时候,在48个对这个问题有详尽答案的个案之中,只有17人肯定,其他21人认为他们不是"白领",10人没有明确的是与否的答案。在那17位自我定位为"白领"的受访者当中,9位属于在三资或私营企业里打工的经理、管理人员。由于这次访谈对象之抽样并不含统计上代表性的意义,在此没有必要花时间做数量的点算。概括地说,大部分认为自己属于"白领"阶层的受访者,都是外资或合资企业的行政管理人员;而不认为自己属于"白领"者,则多是在国有企业、政府部门或文教单位工作的受访者。当然,这样说难免有点将问题简化。受访者是否会自我定位为"白领",并非直接决定于他们现时身处的工作处境和位置。他们的社会流动经历往往会影响到选择用哪一个分类和理解阶级的库存(repertoires)来为自己定位;② 例如一些由国企或政府机构转到私营或外资当管理人员的中年的受访者,会较倾向于以过往的知识分子的观念来看"白领",因此也有人会对"白领"有所保留,嫌他们缺乏知识分

---

① 访问个案4,民营企业副经理。

② Lui, Tai-lok, "The Shanghai bai ling: its formation and identity." Paper presented at the international conference on "System Transformation and Social Change in Urban China", Institute of Social Sciences, Chuo University, Japan, 20 – 21 September, 2000.

子的某些特质（如文化的深度）。

不过，大致上，在市场系统工作的受访者比较敢于肯定自己属于"白领"的身份，对"白领"阶层亦有较强的认同。究其原因，一是跟物质条件及具体的工作处境有关。

我说自己不是白领，只能算是一个中等的收入阶层。①

我觉得自己是个蓝领。在国有企业中，不论工人、领导，我觉得都是蓝领，只是分工有所不同，比如在收入上，我们与职工的收入并不是拉的很开。②

但在访谈过程中，一种更强烈的感觉是不少受访者想跟"白领"阶层保持一定的距离。"白领"阶层的自我感觉仍有着一定的暧昧性格和不确定性。

总的来说，白领的经济地位已经达到相当的层次；从社会声望上来说，白领的自我感觉还不错，但和芸芸众生又有不相融合的地方，因而社会上的人对他们又比较羡慕，又有所排斥。③

我的一个基本观点是：白领就是城市的"富农"，以前农村的富农具备什么特点，今天城市的白领就具备什么特点。……白领阶层既无变革的动力，也没有变革的魄力，只具有强烈的保守倾向……我认为自己勉强属于白领阶层，无论从收入还是思想状态来看。虽然，我很讨厌白领这个阶层。④

其实白领有时候思想很简单的，有一种"时装模特"的感觉，表面看上去很漂亮，其实什么思想都没有，你让他说话，他什么也说不出

---

① 访问个案22，政府公务员。
② 访问个案11，国有企业经理。
③ 访问个案44，国有银行支行行长助理。
④ 访问个案14，国有企业副经理。

来的。①

很多受访者都不可以形容为完完全全的拥抱"白领"这个称呼和身份。言谈之间,仍会流露出一份保留、一种不确定的感觉。由于这是试访的资料,未曾进一步及更直接地询问道表层出这种对"白领"略带保留的原因。我相信这跟在社会上"白领"的定性尚有一定的不确定性有关。高消费可以视为富裕和追求生活品位,但也一样可以视为炫耀财富的浮夸作风;(泡吧)可以是个人生活的表现,但也可以视为媚外跟风。在讨论到"白领"的性格与文化时,好些受访者会引用知识分子的观念来做比较,也因此会针对"白领"在形象上的"浮夸"有所商榷。

响应本文早起段落所提到的一点,"白领"阶层尚属新兴的阶级。它的性质和位置还未完全得到政治确认。虽然,我们可以想象,当"白领"阶层在社会上的位置及影响力变得更重要时,上述有关这个阶层的不确定性,便会有所变化,到时这种不完全明朗的气氛会逐渐消失;而更多出于中产阶级位置的人相信对自我认定为"白领"的做法会消除疑虑,甚至中产或新中产阶级之类的名词的流通,也可以少了一些顾忌,而"白领"的自我感觉也一定会大大改变。

五

在问过受访者有关他们如何看待"白领"和是否会自我界定为"白领"之后,我们还尝试从他们所描述的"白领"的生活世界中了解一下"白领"的诉求与对目前社会转变的看法。换句话说,我们也想从访谈之中了解一些正在构建的"白领"的"社会心像"(image of society)。

---

① 访问个案36,国有企业投资公司助理。

概括地说，一般受访者都集中讨论两点：

第一，"白领"的处境代表了市场过渡中理性的一面。例如"白领"都讲究实力，不能单凭关系网络而晋升高层。白领所取得的成就，应该说是凭借他们的能力争取到的，社会关系和家庭背景实际上并不具有特别重要的地位；因为现在是竞争的社会，尤其是在上海，各种事情相对比较规范，你没有能力，是很难在一家单位长期做下去的。所以，我一直觉得能力是最重要的。特别是那些在外企工作的年轻人，他们的思想很开放，代表了社会发展的方向。①

从上海目前的发展来看，白领确实代表了一种合乎潮流和合乎时代要求的生活方式。他们有理想，但也肯干，他们的社会地位主要是靠自己的奋斗确立下来的。因此，他们的心态比我们这些在政府机关工作的人来说，要和平的多，不像我们这些人总是心神不定，总是有一种攀比的心理，接受了同样的教育，甚至具有同样的能力，他们的生活要比在政府机关工作的人要和平，我在政府机关工作了三年多，心态还没有完全稳定下来。②

第二，跟第一点相关的，是他们都强调竞争、体制转变的规范化（法律保障和市场制度的完善是规范化具体的表现）和通过改革深化而创造出更多的空间。

改革开放过程中，给予每个人的机会愈来愈多了，市场中每个人都可以找到自己的位置，未必是你最满意的，但我想应该是最适合你的……我觉得有问题的也是现在的市场制度，它还没有成熟到可以自我调节的地步……出人头地是很多人的梦想，现在的社会环境至少使他们知道应该往哪个方面去努力。……我本人认为竞争过程如果公开、公

---

① 访问个案20，政府公务员。
② 访问个案22，政府公务员。

平,过程比结果更重要。①

对未来有没有安全感?只能说没有很大的危机感,危机感是有的,但不是那种朝不保夕的危机。我现在有工作,能自力更生,所以说危机感不大。而且即使我不在这个公司做,我相信以我的实力,可以找到适合我的工作。……保障我们阶层的利益,深化改革是啊,强化法治也是啊,法律能好好保障我们的利益,我现在只想得到法律的保障,其他暂时想不出。②

白领对社会的要求,无非是社会稳定吧。……竞争在现在是很重要的,我一直教育儿子要懂得竞争的残酷性,不要嘻嘻哈哈掉以轻心。……保障我所属阶层的最佳安排,无非是继续改革,门户开的更大些,那我的公司就有壮大的希望,外国人投资更多些,办事处可以变成公司,我就可以做总经理啦(笑)。③

白领可能最希望社会能够给他提供一种比较宽松的环境,使他在事业和生活的追求上所受到的束缚小一点,个人的能量能得到最大限度的发挥。就现在社会的情况,总体来看,尤其是上海这个城市,整个社会为他提供干事业、成才的机会包括个人的发展空间,满意度还是比较大的;然而可能受整个大环境的影响,从一些体制和人们惯有的心态来讲,在很多方面对人的发展还是有影响的。这只能随着社会和时代的发展,逐步改变。……应该说现在的社会更有利于有才能的人找到成功的机会,这种机制是愈来愈完善了。本人自己也是通过公开招聘,找到现在的这样一份工作,可以算是这种机制的受益人吧。④

在访谈的过程中,较多听到受访者谈到经济及市场改革对他们发

---

① 访问个案5,中外合资公司上海办事处行政助理。
② 访问个案7,中外合资企业副课长。
③ 访问个案8,外资公司上海办事处总代表。
④ 访问个案44,国有银行支行行长助理。

展个人事业的影响（是上面各段引用的访谈内容），但却很少感觉到他们在职业群体方面的意识。这也就是说，在他们的主观世界里，感受最深刻的是市场过渡对旧体制所造成的冲击及带来的转变——一方面，经济分层的作用是变得愈来愈重要，一个更开放的、重视人力资本的劳动市场也开始形成，但另一方面，一个主要以职业来划地位及个人事业发展路径的制度却似乎尚未完全成型。这种情况反映出社会发展的可观状况。与此同时，这亦可以看到在民间的论述及个人的意识中，市场转型——国家计划经济体制以外的社会、经济空间的扩大——最深刻的印烙在他们的集体意识之中。这个情况跟一般现代工业社会或后工业社会里的中产阶级的处境和意识不一样。在现代工业社会或后工业社会里，晋升中产阶级的渠道早已制度化：① 学历、专业资格及企业内的资历成为了决定晋升经理、专业人士、行政管理人员的位置的主要因素。职业群及与其事业发展路径相关的文化都是工业社会及后工业社会里的中产阶级的生活世界中的重要元素，对他们的自我定位和自我认同都产生着重要的影响。但目前上海"白领"仍未有这一种以职业为中心的意识。日后随着经济改革进一步深化，对人力市场开放和市场转型的诉求，或会逐步更贴近工作生活经验的变化，有可能发展出这种围绕着职业群及职业生涯而衍生的中产意识。以目前的情况所见，上海"白领"的中产意识只是一个雏形而已。

---

① Martin, Bill, "Transforming the contemporary 'new middle class': from professionals and managers to 'bricoleurs'", Downloaded from http://hi.rutgers.edu/szelenyi60/martin.html。

六

本文报告了在上海进行的"白领"研究的访谈资料。通过本文的报告,我希望可以初步扫描上海"白领"的阶级认同及阶级构成的情况。可以这样说,上海"白领"目前还只是表现为一个中产阶级的雏形。他们在整个社会结构的位置上、精神面貌上会有怎样的变化,主要还视乎未来经济分层如何制度化了。

附录2 社会学实证研究：白领群体的消费特征[①]

（一）工作与生活：孰先孰后

白领群体是以高收入的工作和丰富的休闲生活所著称的，因此我们首先来考察调查中白领群体对于工作与生活关系的看法。在被问及您认为现在的工作和生活是一种什么样的关系时，回答的情况如表6—1。

表6—1 工作与生活的关系

	频数	百分比(%)
工作更重要，生活是工作的延续	72	14.5
生活更重要，工作是为了更好地生活	212	42.7
两者同样重要	113	22.8
两者之间没什么关系，工作是工作，生活是生活	69	13.9
说不好	21	4.2
缺失值	9	1.8
合计	496	100

---

① 本文选自夏建中等著：《社会分层、白领群体及其生活方式的理论与研究》，北京：中国人民大学出版社，2008年，第158—170页。

从统计数据看,认为工作重要的只占全体的 14.5%,远远低于认为生活重要的 42.7%。而认为两者同样重要的比例到达了 22.8%,说明白领群体对生活质量是十分重视的,工作的目的仍然是为了更好地享受生活。怎样解释这样的现象呢?我们认为对于白领群体来说,他们本身已经拥有了较好的工作和职位,因而工作的需求并不是最大的,反而是在工作获得一定的稳定性和良好的收入之后,开始追求生活品质和品位。问卷中的另外一道题也验证了我们这一假设,当被问及您对现在的工作是否满意时,回答的情况是:认为满意和比较满意的比例相加达到了 42.6%,回答一般的达到了 44.8%,只有 10.3% 的人回答是不太满意的,而没有人选择很不满意。可以说明被调查群体对于自己目前的工作还是比较认可的,进而开始注重生活水平的提高。

另外还有一道题也可以反映这一情况。在被问及您最关心生活的哪个方面(选三项并排序)时,回答的情况(加权得分)是:实现个人理想(550 分)、自己身体健康(384 分)、父母身体健康(352 分)、工资收入(335 分)、家庭生活和谐(215 分)、房子(214 分)、个人教育(209 分)、汽车(132 分)、婚姻(121 分)、子女教育(121 分)、个人职务的晋升(71 分)、舒适的工作环境(55 分)、个人福利(54 分)。统计情况很明显地反映出白领群体对于生活不同方面的关注程度。排在第一位的是实现个人理想,这是大家都比较渴望的,它代表的意义不仅仅只有工作方面,而且也包括生活和家庭上,因此可以说是一个综合性的指标。对自己和家人的健康关心超过收入,正好说明了白领群体对于生活、尤其是健康的关心大于对工作和收入的关心。其他排在前面的一系列指标也都是侧重于生活方面,而像个人职务的晋升、工作环境和个人福利的得分是最低的,也能说明一定的问题。

同时我们也考虑到性别之间是否存在着对工作和生活关系的不同理解,通过数据分析,发现在男女两性之间确实存在着对这一问题的不同看法，女性比男性更多地倾向于认为生活更重要，男性更倾向于认为工作重要。具体的结果如表6—2。

表6—2 工作和生活是一种什么样的关系 X 性别的列联表

		性别		合计
		男	女	
工作更重要，生活是工作的延续	Count	35	37	72
	% within 性别	17.7%	12.8%	14.8%
生活更重要，工作是为了更好地生活	Count	76	136	212
	% within 性别	38.4%	47.1%	43.5%
两者同样重要	Count	50	63	113
	% within 性别	25.3%	21.8%	23.2%
两者之间没什么关系，工作是工作，生活是生活	Count	28	41	69
	% within 性别	14.1%	14.2%	14.2%
说不好	Count	9	12	21
	% within 性别	4.5%	4.2%	4.3%
合计	Count	198	289	487
	% within 性别	100.0%	100.0%	100.0%

（二）日常休闲行为的选择

重视工作之外的休闲是白领群体的一个重要特征，这是我们上面反映出来的，下面我们就来看看哪些日常的休闲活动是白领群体所喜欢的，在被问及过去是否经常进行下列活动（活动基本上涵盖了大众日常休闲的所有方面）这一问题时，回答的情况统计入表6—3。

表6—3 白领群体日常休闲行为的选择

活动	经常 频数	经常 百分比(%)	偶尔 频数	偶尔 百分比(%)	从不 频数	从不 百分比(%)	缺失值 频数	缺失值 百分比(%)	合计
体育锻炼、健身	119	24	313	63.1	22	4.4	42	8.5	496
看电影	51	10.3	308	62.1	89	17.9	48	9.7	496
听音乐会	20	4.0	224	45.2	200	4.03	52	10.5	496
参观艺术展会	12	2.4	256	51.6	168	33.9	60	12.1	496
逛公园	75	15.1	326	65.7	48	9.7	47	9.5	496
与朋友聚会	237	47.8	204	41.1	6	1.2	49	9.9	496
读书看报	363	73.2	83	16.7	7	1.4	43	8.7	496
下棋、打牌、打麻将	47	9.5	250	50.4	146	29.4	53	10.7	496
打保龄球	34	6.9	285	57.5	126	25.4	51	10.3	496
到酒吧娱乐	39	7.9	208	41.9	196	39.5	53	10.7	496
到其他各种餐饮娱乐场所消遣	120	24.2	258	52.0	66	13.3	52	10.5	496
国内旅游	60	12.1	322	64.9	59	11.9	55	11.1	496
出国旅游	8	1.6	92	18.5	330	66.5	66	13.3	496

在对以上的数据作出分析之前，我们应该说明的是，调查过程中为了减少回答时间，把众多的消费行为放在了同一个表中询问，也就是我们看到的存在"经常"、"偶尔"和"从不"三项回答，但是对于有些休闲行为的分析，我们更多重视的是有没有发生过，发生的频率是次要

的比较项，因此重点的分析放在了是否存在该类活动上。通过表6—3的统计，白领群体日常最多的休闲行为依次是"与朋友聚会"、"读书看报"、"体育锻炼健身"、"逛公园"和"国内旅游"，从不发生的频率依次是1.2%、1.4%、4.4%、9.7%和11.9%，应该说比较准确地反映出来白领群体的特征。

他们比较重视工作之外的生活休闲，在文化和精神需要方面高于普通大众；比较重视体育健身，反映出重视生活质量和个人感受。没有国内旅游经历的比例也相当低，反映出白领阶层在获得比较充足的收入后追求身心快乐的特征。另外对于经常从事的活动的统计也反映出于前面一致的情况，"读书看报"、"与朋友聚会"和"到各种餐饮娱乐场所消遣"的比例是最高的，排在前三位。普通大众日常经常参与的娱乐项目像"下棋、打牌"在白领群体中的比例很低，反映出了一定的差异。但是我们也发现对于"听音乐会"、"看艺术展览"这些文化消费方面，经常从事的比例还是比较低的，说明我国现阶段白领群体在追求品位和精神享受方面与西方发达国家还存在一定的差距。这点在后面还会具体论述。

（三）白领群体的消费观：实用与个性并重

消费观是人们对商品及其消费行为的一种主观评价，与一个人的好恶是紧紧联系在一起的。但是对于特定的消费群体来说，消费观常常表现出一种趋同性，因此我们可以对消费观作出一定的区分。比较常见的消费观包括：（1）实用性消费观。这一类的消费者在消费时十分看重商品本身的实用价值，虽然重实效的消费观不一定和经济能力受限制存在必然联系，但在实际研究中，我们仍然发现持这一消费观的比例随着收入水平的下降而上升。（2）炫耀性消费观。同第一类的消费者完全不同的是，这类消费者在消费过程中，首先考虑的不是商品的实用价值，而是一种主观的感受，也就是别人的评价。能不能够引起别人的注意的是他们消费的关键，因此，这类消费者十分重视外化的消费。(3) 个性化消费观。这一类型的消费者在评价能力和审美标准方面，与一般的消费者不同，他们比较注重个性的发挥，愿意追求一种别具一格的特色；生活方式上也同一般人表现出很大的异质性。与炫耀性消费观不同之处在于这一类消费者的目的主要在于表现自己的个性，而炫耀性消费者的目的主要在于取得他人对自己社会地位和金钱力量的评价。

我们来考察一下白领群体在消费观方面的状况。在被问及假如给您足够的钱让您购买物品，您会选择如何购买这一问题时，回答表现出了比较大的差异性（见表6—4），这一题所测量的正是消费观的差异。统计结果反映出，在白领群体中，追求实用的人数最多，达到了46.3%，似乎与我们所理解的白领群体追求品位与个性的看法存在出入，但是我们发现，个性化消费观与炫耀性消费观也分别达到了38.4%和15.3%，两项之和实际上超过了实用性消费观。我们进一步将白领群体的数据与普通大众作比较，比较对象数据来源于课题组2000年对海淀区居民生活方式的调查。通过比较，我们还是可以比较明显地发现，白领群体在个性化消费观和炫耀性消费观方面都明显高于普通大众。从这一数据结果我们大体上可以发现现阶段我国白领群体的消费观存在很大差异，实用性与追求个性和炫耀性的消费观共存，而且也说明我国白领群体与普通大众的消费观差异并不是很大，他们已经开始认识到通过消费来显示自己的品位和社会身份，但理性也起很大的作用，重视实用性的消费观在白领群体中仍占很大的比例。

表 6—4

消费观	频数		百分比(%)	
	白领群体	普通大众	白领群体	普通大众
个性化消费观	191	125	38.4	25.3
炫耀性消费观	76	38	15.3	7.7
实用性消费观	230	331	46.3	67.0
合　计	497	494	100.0	100

（四）白领群体的日常消费

考察完总体的消费观，我们具体看看白领群体的日常消费行为。在被问及日常的花费主要用于哪些方面，并进行三项排序时，对答案进行加权（第一位3分，第二位2分，第三位1分）处理之后，得分依次为：（1）购买食品；（2）购买日常生活用品；（3）购买衣服；（4）用于个人教育；（5）娱乐消费；（6）供子女上学；（7）供养父母；（8）供房；（9）用于投资；（10）购买高档消费品；（11）供车。可以发现，现阶段我国白领群体的日常消费中用于日常生活必需的消费，也就是衣食住行，仍然是主要部分，前三项的加权得分远远高于后面各选项。应该说反映了白领群体并没有完全脱离普通大众的日常消费构成，追求物质生活的丰富仍然是生活的重点。不过对教育的重视仍然位于比较靠前的位置，通过受教育程度进行相关分析，发现文化程度越高越重视教育。娱乐消费排在第五位，得分也很高。购买高档消费品排在很靠后的位置，说明现在白领群体在日常消费方面并没有过多地追求高档消费品。

前面对于消费观的考察证明了现在我国的白领群体是实用性与个性化消费并存，为什么在日常消费方面却排在较后的位置，可能的解释是对于高档消费品的理解存在一定的偏差，实际上对于白领群体，他们在日常生活衣食住行的选择上对品牌的认可是很明显的,这也使得他们对于高档消费品的理解脱离了日常基本的方面。也就是说目前我国白领群体对于品牌的追求主要集中在日常消费领域,尤其是对于穿着的要求。而对于高档的消费品或者说奢侈品的消费和享受还不是很普遍。

接下来,我们再来看看白领群体对于存款使用的选择。两者有很大的相似性,但是反映的指标却有很大的差别。一个是短期的消费,另一个则是一种长期的计划。我们把对存款的使用称之为消费决策,所谓消费决策一般是指消费者在消费过程中,根据自身所需要实现的特定目标,一句所掌握的信息、个人的经济条件以及不同目标的重要性,作出某种消费或投资的决定。消费决策一般与消费者家庭状况和家庭类型联系在一起,因此也称之为家庭的消费决策。

消费决策对于家庭来说是十分重要的,它引导着家庭消费的方向,往往反映出一个家庭或个人在消费方面的认识水平与能力。在发达国家,白领群体作为中高收入和高学历的代表,加之他们数量上的优势,他们的消费决策往往能够引导整个社会的潮流变化。我国的白领群体尽管发展时间较短,但是速度很快,把握他们的消费倾向对于进一步了解这一群体是很有必要的。对于消费决策的研究我们主要通过被调查者如何使用自己的存款这一问题来反映。表6—5 就是对回答结果的统计。从表6—5 和表6—1 中都可以看出,使用存款比例最高的是用于自己的教育,其次是赡养父母,然后是投资、买房。可以看出消费决策仍然偏重与传统,继续存银行的比例也较高,说明持积累态度的人在这一群体中还存在很多,同时也表现出很大的分化。对于自己和子女教育的重视、投资的高比例以及与白领群体密切相关的高档消费都显示出他们与传统的分化。

不少学者的研究都表明:中国中产阶级不仅在消费上在其他阶层的

前列，更重要的是他们形成了相对理性和具有超前意识的现代消费观念①，其中包括：具有较强的投资理财意识；消费注重个性化和文化品位；普遍接受了"分期付款"等现代消费方式；更为重视教育、旅游和文化方面的消费支出；并且比一般人更能理解大众消费对国民经济发展的拉动作用。这些看法与本次研究应该说比较类似。

表6—5　消费倾向

	存银行	用于投资	准备买房	准备买高档消费品	用于子女教育	用于自己教育	用于赡养父母	出国留学	其他
百分比（%）	27.4	32.5	31.3	4.4	23.8	38.7	37.3	14.7	4.6

（五）白领群体的文化消费——对品位的追求

从上面的分析我们已经知道，追求品位与个性是白领群体在消费过程中的重要特征，而这也是他们标榜自己的特点。根据布迪厄的理论观点，品位不仅是一种对物质消费的高度追求同时更是一种文化上的享受，它注重自我感受、他人的注意和社会的差异性。因此在数据的分析上，我们实际上是通过对白领群体的物质消费、文化消费以及自身的认可三个角度来考察白领群体对于品位的看法。

---

① 参见周晓虹：《中产阶级：何以可能与何以可为?》，网址：http://www.cc.org.cn/ping tai/020904300/0209043027.htm。

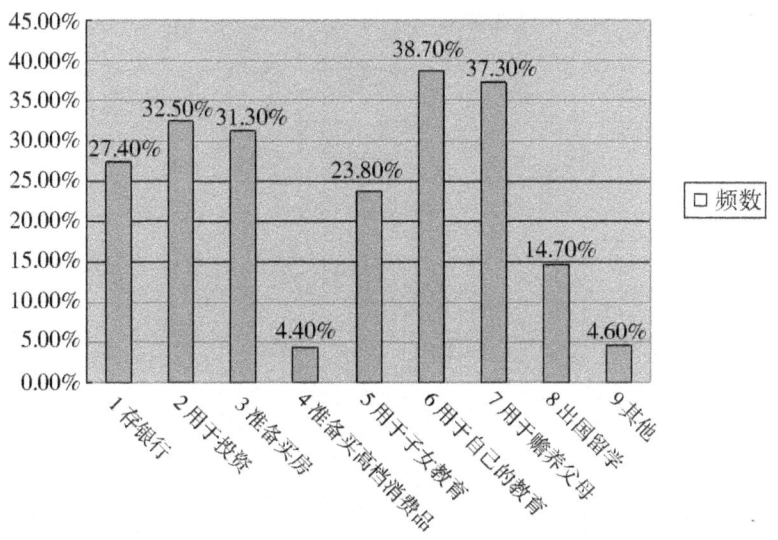

1. 对品牌与档次的追求

实际上在前面的消费观分析时,我们已经对此有过论述。在被问给您足够的钱让您购买物品您会如何选择时,选择自己喜欢的无论多少钱都行的比例达到了 27%,选择品位高一点的多少钱都行的占 11.3%,购买品牌货档次高一点的占 15.3% 三者的比例相加超过了 50%,实际上这三种都代表了一种炫耀性的消费观,对品位的追求暗含其中。

2. 文化消费

文化享受是追求品位和格调不可或缺的部分,我们这里的文化消费主要是指消费者在文化享受和文化传承方面的消费,具体如旅游、听音乐会、再教育等等,都是文化消费的部分。白领群体作为相对文化水平较高的群体,除了在物质消费和炫耀性消费方面有着自己独有的特征之外,重视自身修养和素质的培养也是群体普遍的现象之一,也就是所谓的追求品位与格调。下面我们就用数据来具体说明。

在被问及过去一年内是否从事过下列活动如听音乐会、观看艺术展览、国内旅游等问题时,回答如表6—6。

表6—6 白领群体文化消费

	有		没有		缺失值		合计
	频数	百分比（%）	频数	百分比（%）	频数	百分比（%）	
过去一年内是否听过音乐会	244	49.2	200	40.3	52	10.5	496
过去一年内是否观看过艺术展览	268	54.0	168	33.9	60	12.1	496
过去一年内是否有过国内旅游	382	77.0	59	11.9	55	11.1	496
过去一年内是否有过出国旅游	100	20.2	330	66.5	66	13.3	496

计数据很明显地反映出白领群体对文化消费方面的重视，在听音乐会、看艺术展览和国内旅游三项上，发生的比例都高于未发生的比例。尤其是出国旅游在我国还不是很普遍的情况下，也有20%多的被调查者回答有过。

3. 白领群体对自身生活方式的认同和理想状态

最后我们来考察白领群体对自己生活方式的认同这一维度，在被问及白领阶层的生活方式是否是一种现代的、将来会占主流地位的生活方式时，回答的情况如表6—7。

表6—7 白领生活方式的认同

	频数	百分比（%）
是，不久以后会成为主流	143	28.8
是，但需要很长时间才能成为主流	149	30.0
不是，但是将来会成为主流	65	13.1

	频数	百分比(%)
不是，将来也不会成为主流	69	13.9
其他	52	10.5
缺失值	18	3.6
合计	496	100

从统计结果看，总的来说白领群体对于自身生活方式是充满信心的，肯定认为不久以后会成为主流的占28.8%，这一比例应该说是比较高的。与认为将来会成为主流的比例加起来达到了70%多，十分可观，认为不会成为主流的只有13.9%，说明对这一生活方式的认同程度不是很高。

另外，当被问及认为人生最理想的生活状态（选择三项并排序）是什么时，对选项进行加权处理后，依次的顺序是：家庭和睦（956分）、事业成功（521分）、平静而稳定的生活（272分）、精神生活丰富多彩（269分）、物质富裕的生活（216分）、悠闲自在的生活（202分）、子女教育或事业成功（132分）、品位高雅的生活（127分）、获得很高的社会地位（51分）、和大家差不多的生活（19分）。反映出的情况有所差别，家庭和睦与事业成功是大家都努力追求的，两者在最前面，其次是生活的平静和舒服。对品位高雅生活的追求并没有排在很前面的位置，对此的解释是，相对于其他的选项品位高雅并不是一种很具体的情况，而且要达到存在一定的难度，我国的传统文化一直注重家庭和睦，生活追求一种稳定与富足。

（六）对传统文化与社会的关注

我们考察一下白领群体生活中的其他一些方面，希望从另外的角度更多的了解我国白领群体的生活状态。问卷中我们设计了一个问题，询问被调查者现在过哪些中国传统节日或西方传入我国的节日,实际上是从侧面了解一下白领群体对待传统文化与外来文化的态度。对待不同文化的态度会影响群体对待生活和消费的看法。传统节日强调一种团圆美满,节日往往是希望家人一起度过,典型的是春节和中秋节;西方的节日有其不同的情调和功能,不同的节日往往带给不同群体以不同的快乐或特殊的意义,比如父亲节、母亲节。相应的,我国的各种假期也与传统节日相对应,而西方传入的节日往往是没有假期的,因此过什么西方节日虽然与个人的喜好密切相关,但在一定程度上也反映出生活质量的高低与闲暇时间的丰富。具体的统计数据如表6—8。

表6—8 白领群体对于中外节日的态度和行为

节日	过		不过		缺失值		合计
	频数	百分比(%)	频数	百分比(%)	频数	百分比(%)	
春节	479	96.6	6	1.2	11	2.2	496
中秋节	220	44.4	264	53.2	12	2.4	496
小年	366	73.8	118	23.8	12	2.4	496
端午节	261	52.6	223	45.0	12	2.4	496
清明节	422	85.1	62	12.1	12	2.4	496
圣诞节	163	32.9	321	64.7	12	2.4	496
愚人节	328	66.1	156	31.5	12	2.4	496
情人节	248	50.0	236	47.6	12	2.4	496
父亲节或母亲节	76	15.3	408	82.3	12	2.4	496

前面我们已经讨论过白领群体对工作与生活的看法以及休闲活动的选择,下面再来看看他们最关注的社会热点与话题,这方面的情况可以反映白领群体自身素质与社会责任感的成熟程度。在稳定的工作和良好

的收入得到保证之后，哪些事物是他们比较关心和经常讨论的，这是我们希望了解的。在被问及经常与朋友谈论的话题有哪些（回答三项并排序）时，经加权得分的顺序为：个人工作与事业（664 分）、结婚恋爱（366 分）、社会新闻（311 分）、家庭事务（273 分）、国内外的时事（182 分）、本行业内的事务（182 分）、单位里的事务（180 分）、子女教育（171 分）、商品行情与购物（118 分）、影视文学等（83 分）、福利待遇（52 分）。结果表明，除了工作和家庭婚姻之外，对于社会新闻和国内外时事的关注程度是很高的，排在了第三位和第五位，这也从一个侧面反映出白领群体作为一个受教育程度较高的群体，对于社会的关系程度和责任感是较强的，他们必将成为我国以后社会进步的一股主要推动力。

最后我们看看他们对于一些观点的看法（见表6—9）。

表6—9　白领群体对社会上一些观念或说法的看法

	非常同意	比较同意	一般	不太同意	非常不同意
现代社会不但要努力工作，也要学会享受生活	36.3%	38.3%	12.7%	4.2%	1.2%
现代社会里，人和人之间的关系越来越变成钱和钱之间的关系	8.5%	25.8%	31.0%	22.0%	5.8%
只要是自己挣来的钱，怎么花都可以，没必要太节俭	5.0%	18.3%	22.6%	34.5%	12.3%
工作是个人的天职，人们应该尽可能努力工作	23.8%	35.5%	24.4%	7.5%	1.8%
个人信誉比金钱更重要	40.1%	27.0%	8.7%	1.6%	1.4%

以上所选取的这些观点仍主要是围绕我们的主题：工作与生活的关系以及消费观。从调查者的主观感受角度进一步验证我们前面分析过

的，比如对于"现代社会不但要努力工作，也要学会享受生活"这一看法，支持的比例相当高，"非常同意"和"比较同意"的比例相加达到了75%，很大程度上代表了现在白领群体的心态——努力工作、尽情享受。其他的看法如白领群体对待信誉和人际关系的看法，也反映了白领群体正确、积极的价值观。

后 记

我博士论文做的是诗歌方面的研究,而我现在工作和生活在深圳这样的一个大都市,整天看到的是五彩斑斓的巨幅广告,听到的是房价太高的议论,感觉消费主义文化无时无刻不浸透在深圳这所充满诱惑力的城市。我就突然冒出一个想做都市消费文化方面研究的念头。虽然博士已毕业,但明显感觉自己才疏学浅,还需拜名家导师给我耳提面命的指导和教诲。于是,就众里寻"师"千百度,虔心求拜都市文化研究颇有造诣的张鸿声教授为合作导师。张老师从我草拟的十个题目中挑选出"消费主义文化与90年代都市小说白领书写"为博士后出站报告的题目,然后对我博士后出站报告的提纲进行详细的修改和高屋建瓴的指导。在这里我谨向张鸿声老师致以真诚的感谢和衷心的祝福:传道者,伟大;授业者,崇高;解惑者,幸福!

其次,在这里要感谢中国传媒大学的师生给我的关心和鼓励,感谢逄增玉等老师给我学术上的指导。特别要感谢学科建设办的张蔚和张洪磊老师,她们在我三年博士后的工作中给予很多的帮助和关怀。

最后,还要感谢深圳大学的郁龙余、吴俊忠、汪田霖、李凤亮等教授和深圳社科院的张骁儒、黄发玉、王世巍、莫大喜、何国勇、许鲁光等研究员在我撰写博士后出站报告期间给予我精神上的鼓励和支持。我会用一生的努力来感谢所有支持过和帮助过我的人们。